神へ帰る

ニール・ドナルド・ウォルシュ
吉田利子＝訳

SB
サンマーク
文庫

神へ帰る――

神とともにあるわが家へ

終わりなき生命

神との最後の対話――

愛に満ちたすばらしいメッセージ

はじめに

これは聖なる対話の全記録である。

今回の「神との対話」のテーマは神へ帰る――つまり「神とともにあるわが家」である。「神との対話」は一〇年以上かけて行われ、人生／生命のあらゆることがらについて語り合ってきたが、本書が九冊におよぶ並はずれた対話シリーズの最後の一冊となる。

今回の対話では、人間の経験のさまざまな領域をこれまで以上に深く突っこんで取り上げているが、とくに中心的なテーマがひとつある。死と死の過程、そして死後の生命だ。

この対話はあるところで、霊性《スピリチュアリティ》のなかでも最もはるかな辺境まで踏みこんでいく。すべての生命の宇宙論である。そして比喩《ひゆ》的な表現を通して、驚くべき「究極の現実」を垣間見せる。そこではシンプルなわかりやすい言葉で、生きる理由と生きる目的、ひとが最大の喜びを実現する方法、わたしたちすべてが乗り出している旅とはどんなものなのか、そしてその旅の思いもよらない終点が――その終点はじつは終点ではなくて、なおも続く輝かしい経験の歓喜に満ちた幕間《まくま》にすぎず、その経験の全容はどんな想像力をも超えているのだが――明らかにされる。

今回の対話は、らせん階段を上るようにぐるぐると回りながら進む。かつて表現されたことも想像されたこともない新たな驚異の領域へと歩を進め、それからまた慣れた場に戻ってくる。しっかりと足場を固めたうえで、つぎの衝撃的な探索を始めるためだ。辛抱強く本書をお読みいただければ——あなたの人生についても同じことだが——きっと大きな実りがあると思う。

本書は、人類がこれまで受けとったなかで最も役に立つ、最も希望に満ちたメッセージではないだろうか。

あなたがどんなふうにこの対話に出会ったかを理解することが大切だ。偶然だと思ってしまえば、たったいま自分にどれほど大きなことが起こっているかを見のがしてしまう。あなたがこの対話に出会うようにしむけたのは、(どんなかたちであれ、これまでにあったかもしれないほかの「神との対話」との出会いも同じだが) あなたの魂《たましい》だ。魂がこの本をあなたの前に置いたのである。いまのこの瞬間もそうだが、いままでの無数の環境が、まさしくあるべきときにあるべきように組み立てられていたから、あなたは本書に見いだす言葉へと穏やかに導かれた。そんなことがやすやすと実現するのは、あなたの聖なる魂の介入があればこそである。そのことをはっきりと認識すれば、ここに見いだす言葉の受けとり方が違ってくるだろう。

あなたがこの場に導かれたのは、人類がひとり残らずいだく質問への答えを、あなたもひそかに求めていることを「宇宙」が理解しているからだ。

地上のこの人生ではほんとうは何が起こっているのか、この人生が終わったら何が起こるのか？　先に逝《い》った愛する人びとと再会できるのか？　そこで神が迎えてくれるのか？　それは審判の日なのか？　永遠の地獄に落ちる可能性と直面させられるのか？　天国に入れてもらえるのか？　そもそも死後どうなるのかを知ることができるのか？　その後も何らかが「存在」しつづけるのか？

これらの問いに対する答えは、すべてのひとにとって非常に大きな意味をもっている。もしその答えを知っていたら、わたしたちの生き方は変わるだろうか？　変わる、とわたしは思う。死の恐怖が減少したら人生への恐怖も減少し、わたしたちは本来そうであるはずの──不安や恐れの少ない、愛情あふれる──生き方ができるのか？　答えはイエスだとわたしは信じている。

あまりに多くのひとたちが、この世からあの世へ移行するときが近づいたときに怯《おび》えを感じている。それどころか、この世にいるときにも怯えていることを思うと、心が痛む。人生／生命はつねに喜びであるはずなのだ。死はさらに大きな喜びのときであるはずなのだ。そのとき、すべての人びとがただ平安と幸せな期待だけをいだいているなら、どんなにすばらしいことか──ちょうどわたしの母のように。

死の床《とこ》にいた母は完全に安らいでいた。臨終の秘蹟《ひせき》のために訪れた若い神父は、母の部屋から出てくると首を振りながら言った。「お母さまのほうが、わたしを慰めてくださいましたよ」

母は神の腕《かいな》にいだかれることを微塵《みじん》も疑っていなかった。母は人生／生命とは何なのか、死とは何なのかを知っていた。人生で大事なのは、自分がもっているすべてをためらいなく、問いもせず、限りなく、愛するすべてのひとたちに与えることだ。死とは、閉じて終わることではなく、開かれることだ。

母はよく言っていた。「わたしが死んでも、悲しんだりしちゃだめ。わたしのお墓の上で踊りなさいな」

母は生きているあいだつねに神がそばにいると感じ、だから死後も神はきっと自分のそばにいてくれると信じていた。

だが、自分は神なしに生きて死ぬのだと思っているひとたちはどうなるのだろう？　そんな人生はひどく寂しいだろうし、死はきっとひどく恐ろしいだろう。それなら、自分が死ぬのだと知らずに死ぬほうがずっとましに違いない。

わたしの父がそうだった。父はある晩、安楽椅子《いす》から立ち上がり、一歩踏み出して崩れるように床に倒れた。救急車は数分で駆けつけてくれたが、もう手遅れだった。死の直前、父はこれがこの地上での最後の瞬間だとは夢にも思わなかっただろう。

母は自分が死ぬことを知っていた。平和な気持ちで喜びをもって死を迎えられるとわかっていたから、自分が死ぬことを知っても抵抗がなかったのだろう。父はそうではなかったから、唐突にこの世を去ることを選んだのだ。「そうか、わたしは死ぬのか。ほんとうに死ぬんだな」などと考える時間はなかった。

同じく、父は八三年の生涯に一度も、「そうか、わたしは生きている、ほんとうに生きているんだな」と感じなかっただろう。母はあらゆる瞬間に、自分が「ほんとうに生きている」と感じていた。

父はとてもおもしろい人で、神について、生命について、それに死についての彼の考え方は言葉のうえでは矛盾に満ちていた。日々の出来事が自分にはまったく謎《なぞ》だとわたしに一度ならず打ち明けたし、死後の世界もまったく信じられないと言っていた。

あるとき、父の死の二年ほど前だったが、とても印象的なやりとりがあった。そのとき父は自分の存在について思うことを口にした。そう長い会話ではなかった。わたしは父に、生命の意味をどう考えるかとたずねた。父はぽかんとした顔でわたしを見返して言った。

「さあ、まったくわからんよ」

さらにひとが死んだらどうなると思うかとたずねると、「無さ」と答えた。

あまりにそっけない返事だった。わたしは重ねて答えを求めた。

「闇《やみ》。終わり。それですべてさ。眠りに落ちて二度と目覚めないだけのことだ」

わたしはうろたえた。居心地の悪い沈黙のあと、父さん、それは誤解だ、「あちら側」ではわたしたちすべてをとてつもない経験が待っているはずだ、と説明し、必死に空隙《くうげき》を埋めようとした。自分が想像していることを話そうとしたら、父はいらだたしげに手を振ってさえぎった。

「くだらん」父はつぶやいた。会話は途切れた。

わたしはびっくりしていた。父は八〇代になってからも毎晩ひざまずいて祈りを捧げるような人間だったからだ。生命の神聖さと、はじまりとしての死を信じていないなら、父は誰に祈っていたのだろう？　そして何を祈っていたのか？　自分が間違っていますように、と祈っていたのかもしれない。まさかと思うがと、はかない望みにすがっていたのかもしれない。

今回の「神との対話」は父のように考えているひとたち、まさかとは思いながらも、はかない望みにすがっているひとたちのための本である。それに、死後どうなるのかぜんぜんわからず、だからこの人生で起こる出来事やその理由をもっと深く理解する確固たる基盤をもてないひとたちのための本でもある。それから人生／生命の生き方の処方箋《せん》にまったく気づいていないひとたちのための本であり、わけがわからないと頭をかかえているひとたちや、少しはわかっているつもりだから頭をかかえはしないが、ときおり自分は正しいだろうかといぶかるひとたち……そしてただ怖いと感じているひとたちのための本である。さらに前記のいずれでもないが、そういうひとたちを助けたい、だがその方法がわからない、というひとたちのための本でもある。

死にかけているひとに何と言ったらいいのだろう？　生きつづけるひとたちをどう慰めればいいのだろう？　そんなとき、自分自身にはどう言えばいいのか？　これはやさしい問題ではない。これで、あなたがなぜこの本に出会ったのかおわかりだろう。

あなたが本書に出会ったこと、それはまさに「奇跡」なのだ。ささやかな奇跡かもしれないが、しかし奇跡に変わりはない。なぜその奇跡が起こったか、それについてのわたしの考えは前述のとおりだ。あなたの魂《たましい》がこの本に出会うようにしむけ、それと同じ推進力によって、わたしたちはともにつぎのステップへ、つぎの理解へと前進し、ついには神性に至るのだと思う。

誰もがその推進力に従わなければならないわけではない。いつだって、針路を変えることはできる。方向を切り替えられる。とまどって立ち止まり、長いあいだじっと、どこにも行かなくてもいい。しかし誰もがいずれまた歩きはじめるだろうし、結局は目的地に到達しないはずがない。

――全員、目的地は同じだ。

――わたしたちはみな「神とともにあるわが家」へ帰る旅の途上にあり、帰り着かないことはありえない。

――神はそんなふうにはさせない。

この三つのフレーズ、これがこの本全体が送るメッセージの要約である。

神へ帰る●Home with God

目次

第23章 288

無益な死などひとつもない。
すべての死は地上を離れるひとたちと
遺されるひとたちにメッセージをもたらす。

第24章 298

宇宙全体が、異なるふるまいをするひとつのもので構成されている。
あなたがたは「多様な個別性」として自らを経験している。

第25章 316

死は物理的世界と霊《スピリチュアル》的な領域をつなぐ通路であり、
ふたたび戻ってくる通り道だ。

第26章 326

自分がどうやって経験を創造したかを知るまでは、
あなたは――この人生だろうとつぎの生だろうと――
経験を変えることはできない。

第27章 336

多くの人間は、ほとんどの時間、
ほんとうは重要でないことにばかり目を向けている。

第28章
358
死においては、
あなたの個々のアイデンティティはすべて脱ぎ捨てられ、
ついにあなたがたのあいだの分離が終了する。

第29章
364
愛に屈服し、
魂が行きたがるところへと愛の導きに身を委《ゆだ》ねるとき、
あなたには何の困難もない。

第30章
374
「あの世」には何の苦しみもない。

第31章
390
あなたは人生の個々の瞬間を、
「自己」という体験を創造するために使っている。

第32章
400
死ぬひとのほとんどは、初めて死ぬのではない。

第33章
420
わたしはあなたであり、
ただあなたにわたしを思い出させているだけだ。

第34章
434
「究極の現実」を真に理解するためには、
あなたは理性／心の外に出なければならない。

第35章
444
あなたがたはこの世界で、聖職者に「任命される」必要はない。
あなたが生きているということは、
神が聖職者に任命したということだから。

第36章
466
あなたの祖先があなたとともに歩む。
あなたの子孫があなたの傍らに立ち、
彼らのためのあなたの決定を見守る。

第37章
474
今日の出来事を使って、明日の約束を創造しなさい。

本文レイアウト――舟木　哲
編集――青木由美子

※編集部注：基本的に「わたし」の言葉は明朝体、神の言葉はゴシック体で表記してあります。それぞれの文中で、さらに書体を変えてある部分が、著者に強く響いてきた言葉や文章です。

1

誰でもすべてを自分自身のためにしている。
——死についてもこの真実があてはまることが理解できれば、
二度と死を恐ろしいとは思わないだろう。

神なしに生きることも死ぬことも不可能だが、神なしに生きて死ぬと思うことは可能だ。自分は神なしに生きて死ぬと思えば、そのとおりの体験をするだろう。自分が望んでいるあいだはその体験をするだろう。そして自分が選べばいつでも、その体験を終わらせることができるだろう。

これは聖なる言葉だと思うんです。神から直接に伝えられた言葉だと、わたしは信じています。

この四年間、この言葉はしょっちゅうわたしの心に浮かんでいました。いまとなってみれば、これは招待だったんだなとわかるんですよ。もっと大きな対話への招待だったんだ、って。

そのとおり。わたしはこのもっと大きな対話を確実にしたかったから、あなたが一瞬でもまじめに生と死について考えるたびに、この言葉をあなたの心に送りこんできた。あなたはこの対話をためらって、何度も先延ばしにしていたね。

そうでした。生命／人生について、あるいは死についてもっと深く話し合うのが怖かったというんじゃないんですよ。だけどとっても複雑なテーマだし、そんな大きなテーマの対話を始めるなら、充分に準備が整ってからにしたかった。心理的に、それからたぶん霊的《スピリチュアル》にも準備ができてからのほうがいいと思ったんですよ。

それで、もう準備は整ったのかな？

そうであってほしいと思います。だって永遠に先延ばしはできませんからね。したいと思ったって、あなたはしつこくさっきの言葉をわたしの頭のなかに送りこんでくるだろうし。

そのとおり、そうするだろうね。なぜなら、ここで打ち切って、もう二度と対話はしないとしても、あの言葉だけはちゃんと聞いてほしいからだ。

わかりました。ちゃんと聞きましたよ。

何度も何度もくり返して聞いてほしいね。

神なしに生きることも死ぬことも不可能だが、神なしに生きて死ぬと思うことは可能だ。

自分は神なしに生きて死ぬと思えば、そのとおりの体験をするだろう。自分が望んでいるあいだはその体験をするだろう。そして自分が選べばいつでも、その体験を終わらせることができるだろう。

この言葉は、生きることや死ぬことを恐れているひとたちが知る必要のある、すべてを言い尽くしている。

それじゃ、この対話はここで終わってもいいくらいだ。

そう、それでもいい。しかし、より高い理解をさらに深めたいとは思わないか？　この対話の継続を選択するなら、もっと教えてあげるよ。二百数十文字で語るすべての人生／生命の公式を。

思わせぶりですね。そそられるなあ。

そのつもりだからね。

たしかに効果的でした。もう対話を切り上げる気はなくなったな。それじゃ、生と死について、神と対話をしましょう。ふたたび、対話のはじまりです。

よろしい。だが、今回はこれまでは取り上げなかったさまざまなことを見ていこう。

いいですけど、信じてくれるかなあ……。

そんなことはどうでもよろしい。あなたは誰かのために対話をしているのではなく、自分自身のためにしているのだから。

なるほど、それを忘れないようにしなくちゃ。

ひとは自分自身のために何かをしているのに、誰かのためにしているつもりでいることが多い。
誰でもすべてを自分自身のためにしている。そこに気づけば、突破口が開ける。そして、死についてもこの真実があてはまることが理解できれば、二度と死を恐ろしいとは思わないだろう。
死を恐れなくなれば、生も怖くはない。最後の瞬間まで、自分の人生/生命を充分に生きることができる。

ちょっと、ちょっと待ってください。わたしが死ぬときにも、自分自身のためにそうするんだとおっしゃるんですか?

もちろんだよ。ほかの誰のためにするんだね?

2

死についていだいている疑問のほとんどに答えを得られたら、生命／人生についていだいている疑問のほとんどにも答えが出る。

始まってそうそう、おもしろくなってきましたね。さっきのはじつに興味深いお言葉です。

興味深い言葉はまだまだたくさん出てくるよ。だが、この対話はおもしろいどころか、ひとによっては信じられないというところまで行くはずだ。あなたがたが「思い出す」はずのことは、そういうものなのだから。

思い出す、ですか？

これまでの対話でも話したとおりだ。あなたがたが学ぶべきことは何もない。ただ、思い出す必要があるだけだ。今回の対話も、これまでのすべての対話と同様に、あなたがたが思い出す助けをする。あなたがたを導いて、生と死に関するあれこれを「思い出させる」はずだよ。

そのうちに気づくだろうが、「思い出すこと」の多くは死に関することだ。それにも理由があるのだよ。なぜなら死についてもっと深く理解することが、生命／人生についてもっと深く理解するためのいちばんの早道だから。

「思い出すこと」のなかには、あなたがたが知っていると思いこんでいるのとは違うことがあるので、びっくりするかもしれない。また、ぜんぜん意外ではないものもあるだろう。そちらのほうは、聞いたとたんに、なんだ、そんなことは前から知っていたと気づくよ。どちらにしても「思い出すこと」はあなたがたを自分自身に引き戻し、神へ帰る、つまり「神とともにあるわが家」を経験するために必要なすべてを思い出させてくれる。

そういう大事なことについての新しい対話を、人類は長いこと待ち望んできましたね。いま、わたしたちが集団的な現実としてもっている認識は、ずいぶん昔の古いものです。

そろそろ「新しい智恵」があってもいいころだな。

ひとは誰でも、宇宙がそれぞれの魂《たましい》に刷りこんだ智恵のすべてをもって生まれてくる。その智恵はあらゆるもののDNAに刻みこまれているんだよ。DNAとは「聖なる自然な気づき（Divine Natural Awareness）」の略語とも言えるから、まさにぴったりな言葉だね。すべての生きとし生けるものに、この自然な気づきが組みこまれている。システムの一部としてね。あなたがたが生命／人生と呼ぶプロセスの一部だ。だから偉大な智恵に出会ったとき、どこかなじみがあると感じることが多い。すぐに、そうだ、そのとおりだ、と思う。議論などいらない。ただ思い出すだけだ。聖なる自然な気づきの一部だからだよ。「ＤＮＡのなかにある」と言っていい。それで「そうそう、そうだった、もちろんそうだ」と思う。

さて、そろそろこの新しい対話を本格的に始めて、あなたがたがずっと知っていたことを思い出させようか。すでに知っていることを新しい声で語り合おう。あなたがたが細胞の記憶を新たにして、「わが家」へ帰る道を見つけられるようにね。

わたしは生きているあいだでも、「神へ帰る」ことはできるんですよね？　つまり、死ななければ「わが家」に帰り、神とひとつになれないわけじゃない、そうでしょう？

そう、そのとおり。

じゃ……もういちど、わたしにはっきりとわかるように……教えてください。どうして「思い出すこと」の多くは死に関することなんですか？

死とは、生命／人生の最も大きな謎《なぞ》だからだよ。この謎が解ければ、すべての謎が解ける。

死についていだいている疑問のほとんどに答えが出れば、生命／人生についていだいている疑問のほとんどにも答えが出る。

そうすれば、死ぬことなしに「神とともにあるわが家」に帰るにはどうすればいいかもわかる。

そうか、わかりましたよ。すごいな。

ただし、ここで語られることをすべてのひとにわかってもらえると期待したり、わからせなくてはいけないなどと思わないほうがいい。

そんなことを考えると、できるだけ多くのひとが理解して同意してくれるように、この対話を「編集」したくなるだろう。

そんなことはしませんよ。

だが、したくなるかもしれないよ。ひとに無視されたり、ばかにされたくないと思えばね。

そんなことは思いません。

この対話の一部――とくに生命の宇宙論全体を取り上げる部分だが――は、多くのひとに「トンデモ」説だと思われるだろうな。

これから始める心の旅と探検によって、あなたがたが生と死の真実を深く理解する力は非常に高まる。それは疑いのないことだ。しかし、なかにはあまりにとっぴで秘儀めいているので、編集してカットしたくなる部分もあるかもしれない。

いや、そんなことはしません。この対話でおっしゃることはひとつ残らず、すべて忠実に記録する決意をしているんです。

けっこう。では始めようか。まず、これだ――。

●思い出すこと――その一

死とは、あなたが自分のためにすることである。

おもしろいことをおっしゃる。だって、自分の死が誰かほかのひとのためにすることだなんて思えませんからね。それどころか、死が自分の行為だなんて思えないなあ。死って、自分の行為じゃなくて自分に起こることではありませんか。

そう、あなたに起こることだ。そして、あなたを通じて起こることでもある。「あなたに」起こることはすべて、「あなたを通じて」起こる。そして「あなたを通じて」起こることはすべて、「あなたのために」起こる。

死というものを、自分が何かの目的のためにする行為だなんて考えたことはないな。まして、自分のためにする行為だなんて想像したこともありませんよ。

死とは、あなたがあなたのためにすることだ。なぜなら、死はすばらしいことだから。そして、あなたは「目的」をもってそうする。その理由はこの対話を深めていけばわかるよ。

死がすばらしいことなんですか？

そう。あなたがたが「死」と呼ぶことはすばらしい。だから誰かが死んでも悲嘆にくれる必要はないし、自分の死を悲しみや不安のうちに迎えることもない。生命／人生を歓迎するように、死を歓迎しなさい。「死」とはべつのかたちの生命なのだから。

ひとの死を穏やかな祝意と深い幸福をもって歓迎しなさい。死はすばらしい喜びだから。死を——自分の死も他人の死も——安らかに経験するには、つぎのことを知っていればいい。死ぬひとはつねに自分でそうしている、ということだ。

そして、これが——。

●思い出すこと——その二

あなたの死を引き起こすのは、あなた自身だ。

いつ、どこで、どんなふうに死ぬのであっても、これが真実だ。

3

――死があなたの意志に反して起こることだと思うか?

驚いたな。さっきおっしゃったとおりだ。そんなことは信じられないと言うひとは、きっとすごく多いですよ。

生命/人生には基本的な原理がある――これについてはいずれ、もう少しくわしく見ることにしよう――それがわかれば、「思い出すこと」をしっかりと自分の現実に組みこむのも、もっと容易になるよ。

この基本的な原理を充分に理解すれば、あなたがたが「死」と呼んでいることが、じつは力強い創造のときであることもわかってくる。

おやおや、これはまた突拍子もないお言葉ですね。死が「創造のとき」ですって?

そう、あなたがたが出会うなかでも、最も力強い創造のときだよ。

死は道具《ツール》だ。本来の目的どおりに活用すれば、死はじつに並はずれた何かを創造することができる。このこともいずれ全部説明してあげよう。

死が道具《ツール》なんですか？　死はただの「入り口」だと思っていたけどな。

入り口だよ。だが魔法の入り口だ。どんなエネルギーによってその入り口を通過するかで、あちら側に何があるかが決まる。

なるほど、そうですか。だけど、ちょっとお手やわらかに願いますよ。息が切れて、ついていけなくなりそうだ。もう少しゆっくり進んでいただけますか？

いまの言葉をもう少していねいに話し合って、あちこちわからないところを詰めていきたいんですが。だって、いまのお話には疑問がたくさん浮かんできましたよ。

それでは、その疑問をすべて取り上げよう。そして疑問のすべてに答えよう。

よかった。それじゃ、死を道具《ツール》として活用する、ってことから始めていいでしょうか。そんな考え方は初めてですからね。道具《ツール》って、何かの目的のためにあるものでしょう？何かのために使われる、それが道具《ツール》です。でも、わたしは死にたくなんかないですよ。誰も死にたくないと思うな。

誰でも死にたいのだよ。

えっ。誰でも死にたい、ですって？

もちろん。そうでなければ誰も死なない。死があなたの意志に反して起こることだと思うかね？

そう思っているひとは、きっとたくさんいるだろうな。

なにごとも、あなたの意志に反して起こることはない。それは不可能だ。そこで──。

●思い出すこと──その三
あなたは自分の意志に反して死ぬことはない。

それがほんとうだったら、どんなにほっとするかしれないな。すごく癒《いや》されるでしょうね。

でも、自分の経験からしても、起こってほしくないことがたくさん起こっているのに、どうしてそれが真実だなんて思えますか？

あなたが起こってほしくないことは、何も起こりはしない。

まったく何も、ですか？

何も。

自分が起こってほしくないことが起こっていると「想像すること」は可能だよ。だが、実際はそうではない。そんなふうに想像すれば自分を犠牲者だと思える、それだけのことだ。しかし、そんな考えほど、あなたの進化を遅らせるものはない。犠牲者だと思うのは、視野が限られている証拠だ。真の犠牲などありえないのだから。

でも、娘をレイプされたひとや「民族浄化」という蛮行《ばんこう》によって村を滅ぼされたひとたちに、犠牲などありえない、なんて言えませんよ。

苦しみのさなかにあるひとたちにそういう言い方をしても、何の意味もないだろうね。そういうときには、ただ深い同情と心からの気づかいと優しい愛情をもって寄り添っているだけでいい。霊的《スピリチュアル》な決まり文句や知的探究心を、そのひとたちの苦しみを癒す薬として差し出してはいけない。まず痛みを癒し、それからその痛みを創り出した思考を癒すことだ。

もちろん、ふつうの人間的な感覚からいえば、恐ろしい出来事や環境の「犠牲者」はたしかに存在するよ。だがそのような犠牲という経験が現実として存在するのは、ふつうの——したがって、きわめて限られた——人間的な文脈のなかだけなのだ。真の犠牲などありえないと言う場合、認識のレベルがまったく違う。しかし、いったん痛みが癒されれば、ひとはそのレベルの認識に到達することができる。

感情的な痛みをかかえているかどうかとはかかわりなく、たいていのひとは、いまの言葉をなかなか受け入れられないと思いますね。

わたしがここで言っていることは、世界の伝統的な宗教のほとんどが長年にわたって言ってきたこととべつに違いはしない。「主《しゅ》のなさり方は謎《なぞ》だ」と言うじゃないか。「神には完璧《かんぺき》な計画がおありだと信じなさい」とね。

この完璧な計画という考え方については、対話のあとのほうで取り上げよう。そして、たくさんの魂《たましい》が交流し、作用しあって、具体的かつ完璧な理由のもとに、具体的かつ完璧なやり方で、この地上の暮らしにおける個々および集団的な結果を生み出していることも見ていこう。
それどころか、「わたし」のほうから「あなたに」、その事例をあげてくれと頼むつもりだよ。

わたしに？

そう。そのときにはあなたにも、わたしが何を言っているか、はっきりとわかるはずだ。
いまのところは、起こることはすべて完璧だと思っていればいい。

やってみますけどね。おっしゃったとおりに考え、それを忘れないようにします。
でも、どうも進行が速すぎるんですよね。先を急ぎすぎてはいませんか。対話はまだ始まったばかりなのに、もう……ええと、こう言ってもいいかな……オゾン層に突っこんじゃってますよ。失礼なことを言うつもりはないんですけど、でも、この対話はいったいどこへ向かっているんでしょう？

あなたがいつも行きたがっていたところへ向かっている。

といいますと……？

——真実へ。

4

――あなたのなかにある真実以外に真実はない。
そのほかはすべて誰かがあなたに言っていることだ。

なるほど、その言葉は聞いたことがありますよ。誰もかれもが、自分こそあなたを真実に導いてあげると言おうとする、ってね。

そう。だが、真実に連れていってくれるのは、ただひとりだけだ。

それは誰ですか。あなた？

いや。

それじゃ誰ですか？

あなただ。

わたし？

そう、あなただ。あなただけが、あなたを真実に連れていくことができる。なぜなら、真実のあるところは、ひとつだから。

まさか……。「わたしのなか」とおっしゃるんじゃないでしょうね。

そのとおりだよ。あなたのなかにある真実以外に真実はない。そのほかはすべて誰かがあなたに言っていることだ。

あなたがここでおっしゃることも含めて、ですか！

もちろん、そのとおりさ。

それじゃ何のためにこの対話をするんですか？　何についてであれ、ひとの言葉を聞く意味はまったくないことにはなりませんか？

わたしは、外部の何者も真実にあなたを導くことができない、と言ったのではないよ。

あなたを真実に連れていくことができるのはあなただけだ、と言ったのだ。

でも、わたしが生と死に関する真実への道を知っていたら、あなたに聞きはしませんよ。いま、この対話をすることもなかった。そうじゃないですか？わたしの知っているおおぜいのひとたちが、きっと祈っていますよ。生と死という最大の疑問に直面し、どうか答えと導きを与えてくださいと祈っているでしょう。答えを与えてくださいと神に祈り、その答えが……ときにはきわめて明確に……与えられたとき、神が祈りに応《こた》えてくださった、と言うでしょう。わたしがここで体験しているのも同じことかもしれない。この対話全体が祈りのひとつのかたちだとわたしは感じているし、それに答えが与えられていると思います。

いまのはすばらしい言葉だよ。なぜなら、真実だからね！

だからこそ、この対話のすべてを、プロセス全体を記録しているんです。すべてを書きとどめているんですよ。

ただし、明晰《めいせき》さは自分の外側に存在する。だからどこかに——たとえばあなたに——答えを求めなくてはならない、という印象を人びとに与えないように注意しなさい。智恵につながる道を発見したと、人びとがあなたをうらやむような状況を創らないように気をつけなさい。そうなると、人びとはあなたに道を示してもらいたがるだろうが、それは非生産的で、それどころか危険ですらあるのだから。

危険なんですか？

自分たちには近づけない神の答えにあなたなら近づけると人びとが信じはじめたら、あなたにとって危険だろうね。

だからできるだけ努力して、そんなふうに思われないようにするのがあなたの仕事だよ。あなたが世間で特別な存在にならないようにしたほうがいい。あらゆる手を尽くして、あなたを「非特別化」しなさい。もちろんあなたは特別だよ。ここで言っているのは、あなたがほかのひとよりももっと特別だなんて誰にも思わせてはいけない、という意味だ。

どうすればいいと思われますか？

特別な人間はこんなふうだろうという人びとの想像をまったく裏切るようなこと――「聖人」や「導師《グル》」なら決してしそうもないこと――をしてみるといい。ロックバンドのマネジャーになるとか。お笑いタレントになるとか。ボーリング場を開くとか。

ボーリング場を開いている聖人っていないんですか？　お笑いタレントに導師《グル》はいないんですか？

冗談だろう？　いくらでもいるよ。

でしょう。やったぜ！

ただし、人びとはそうは思っていないということだ。そこが肝心だ。だから突拍子もないこと、ひとが首をかしげるようなこと、特別な存在だと思われないこと、それどころか、なんて「特別でない」凡庸《ぼんよう》なやつだ、となじられるようなことをするんだね。

いやいや、わたしの人生について話したら、それだけで充分でしょうよ。いやになるほど過ちを犯してきましたからね。誰も賛成してくれないこと、特別な存在だなんて思われるはずがないことを山ほどしてきましたよ。

あなたが「不完全なメッセンジャー」だというのは、ほんとうだね——だからこそ、あなたは完全なのだ。

つまり、誰もメッセンジャーとメッセージを混同するはずがないから、ですね。

混同はしないだろうね。あなたが、そうしむけないかぎり。

だから人間らしいままでいなさい。

古いものも新しいものもひっくるめて、すべての過ちについてあなた自身を赦《ゆる》し、ほかのひとたちに赦しを乞《こ》いなさい。

それから出かけていって、すべてのひとに、あなたがたが求めている答えはあなたがた自身のなかにあると言ってやりなさい。

5

――どの方向へ進もうと、「わが家」に帰り着かないはずがない。

人びとにそう言うのはけっこう、とてもいいことでしょう。でも、いまは言い古された格言や警句以上の何かが必要とされる時代だとよく言われるじゃないですか。「答えはあなたがた自身のなかにある」っていうのは、「力《フォース》は汝《なんじ》とともにあり」って言葉と五十歩百歩ですよ。

しかし、言っておくが、あなたが知る必要のあるすべてのことを、あなたは生まれたときに知っていたのだよ。それどころか、あなたはそれを示すためにここにやってきたのだ。

あなたのおっしゃることは、その……何と言ったらいいかな……わたしたちの実体験とあまりにかけ離れているんです。

だって、すべての答えが「自分のなかに」、それも生まれたときからあるなんて、どうして信じられますか？　自分の経験では、こんなにたくさんのことを学ばなければならないのに。

あなたが学ぶべきことは何もない。ただ、思い出せばいい。人生／生命は成長のプロセスだ。成長は、神性が存在し、表現されている証拠だ。人生／生命のすべてはそのように作用している。

この部屋の窓の外にある木を見てごらん。あの木は四メートル以上にもなって大きな木陰をつくっているが、小さな苗だったころ以上に何かを知っているわけではない。いまの姿になるために必要だった情報はすべて、種のなかに含まれていた。何も学ぶ必要はなかったのだよ。ただ成長すればよかった。成長するために、細胞の記憶のなかに封じこめられていた情報を活用したのだ。

あなただって、あの木と違いはしない。

わたしは、「あなたがたずねるより前に、答えを与えているだろう」と言わなかったかな？

ええ、そうでしたね。だけど……もういちど聞きたいんですが……それなら、この対話をすることに何の意味があるんですか？　何かについて誰かと話したり、まして神に祈ったり語りかけたりするのは、なぜなんですか？

木だって、成長を促す太陽が必要だよ。

すべての生命はつながりあっている。「全体」のどんな側面もどんな個別化された部分も、ほかの側面、ほかの個別化された部分と無関係に動いているのではない。生命はつねに相互作用しつつ創造を続けている。わたしたちはお互いに結果を生み出しているのだ。それ以外に、わたしたちが結果を生み出す方法はありえない。ほかのひとたちとの対話や外の世界から得る情報のすべては、太陽の光のようなものだ。あなたのなかの種を成長させる。外の世界に存在し、あなたを内なる真実の方向へと導いてくれるものはたくさんある。人びとも場所もモノも出来事も、すべては思い出すきっかけだ。道標のようなものだね。それどころか、要するにそれが「外の世界」なのだ。物理的な世界は、あなたが内側で知っていることを外側で経験する場を与えるためにある。

それじゃあ、わたしはまわりの世界がいまのようであることによって、利益を得ているってことですね。

ひとは誰でもそうだよ。だから言っただろう。世界や自分に起こる出来事を見るとき、「判断してはいけないし、非難してもいけない」とね。もっと理解を深めるために、さっき例にあげた木に、引きつづき登場してもらおうか。

空き地から深い森に入っていくと想像してごらん。あなたは森のそんなに奥深くまで入っていくのは初めてで、元の空き地に戻る道を見つけるのに苦労するかもしれないと思う。そこで道々、木にしるしをつける。さて、森から戻るとき、あなたは木のしるしを見て、帰り道を見失わないようにしるしをつけたっけ、と思い出す。

そのしるしが、あなたの外の世界だ。そのしるしは最後にはあなたを「わが家」に導いてくれるが、しかし「わが家」そのものではない。しるしは、帰り道、道筋を示してくれる——そしてあなたは、ああ、見覚えがあると思う。しるしを認識(recognize)する。「もういちど知る(re-cognize)」んだね。だが、その「道」は目的地ではない。目的地に連れていってくれるだけだ。

ほかのひとたちもある道筋に導いてくれるかもしれないし、そのひとの道を教えてくれるかもしれないが、あなたを目的地に連れていけるのはあなた自身だけだ。あなただけが「わが家」に帰り、神とともにいようと決断できる。

外の世界は道だよ。「わが家」つまり神に帰るための道だ。実際、外の世界の出来事はすべて、そのためにある。そのために、あなたがつけたしるしなのだから。

わたしが木にしるしをつけたんですね。

そう。

でも、外の世界のすべては、わたしが内なる真実に戻るためにつけたしるしなら……そうなると、ええと……。

そう、そういうことだよ。あなたが理解したとおりだ。

……それなら、ある意味では、この本をわたしの手に置いたのも、わたしだってことですね。

そう、そのとおり。

では、この本がわたしのもとに来るように、それも、たったいまこうして来るように、わたしが「しむけた」。これは道標、木につけたしるしだ、ってことですね。

そう、よくわかったじゃないか。まさにそのとおりだよ。

でも、外の世界のすべてが道標なら、そのなかのどれがほんとうの道標なんですか？　だって通りを歩いていって十字路に出たら、それぞれの方向に向けた道標があって、そのどれにも「わが家への道」って書いてあるのと同じじゃないですか。

そう、じつによくわかっているじゃないか。

何をおっしゃっているのか、さっぱりわからないなあ。

どの方向へ進もうと、神に帰り着かないはずがない、と言っているのだよ。神がいる場所、そこがあなたの「わが家」なのだから。

それなら、どの道を行ってもかまわないんだ。

そう、どの道を行ってもかまわない。

あの、どの道を行ってもかまわないんですか？

まったく、絶対に、間違いなく、どの道を行ってもかまわないよ。

それでは、ある道を選ぶ意味はどこにあるんですか？　どの道も「わが家」に通じているなら、どの道をとったって違いはないんでしょう？

道には、険しい道とあまり険しくない道がある。

6

――どんなことがあっても、ここで言われていることを信じてはいけない。

そうか！　それじゃ、良い道とあんまりよくない道があるってことですね。

「険しくない」道というのは事実を言っているのであって、「良い」というのは価値判断だね。

そこで――。

●思い出すこと――その四

「わが家」へ帰る道のなかで、ほかの道よりとくに良い道はない。

ほんとうにそうなんですか？　教えてください。確認したいんですよ。だって地上の宗教のほとんどは、まったく逆のことを言っているんですからね。

誤解のないように、もういちどはっきりと言おう。

「わが家」へ帰る道のなかで、ほかの道よりとくに良い道はない。

すべての道が目的地に通じている。

なぜなら、目的地に到達するために必要なのは、ほんとうにそこへ行きたいと願う気持ち、純粋で開かれた心だから。

神は、どんな理由で誰が相手であれ、「いや、あなたはわたしと一緒にはいられないかもしれない」と言うはずがない。まして、違うやり方で神を信じたなどという理由でそんなことを言うはずがない。この信念、必要なのはそれだけだから。

真の宗教はすべてすばらしいし、真に霊《スピリチュアル》的な教えはすべて神への道であって、どの宗教、どの教えがほかのものよりもっと「正しい」ということはない。山頂に達する道はひとつではない。

宗教とは、必要なときには援助を、苦難のときには力を、混乱したときには明晰《めいせき》さを、つらいときには思いやりを与えてくれる源《ソース》がつねにあることをひとが知って理解できるように、人間の文化がそれぞれに創り出したものだ。

宗教はまた、この世界における人びとの存在を確かなものにするうえで、またそのために文化をひとつにまとめる接着剤として、儀式や伝統、祝祭、慣習には大きな価値があると、人類が直観的に気づいていることを示している。

文化にはそれぞれ美点があり、美しい中心的な真実を称《たた》える独自の伝統がある。

その真実とは——。

人生には人びと自身の欲求よりも、それどころかそれぞれの必要性《ニーズ》より、もっと大きく大切なものがあること。

人生／生命そのものが、多くの人びとがふつうに思っているよりはるかに深くて有意義な経験であること。

愛と思いやりと赦《ゆる》しと創造性と遊び心と共通の目標を達成するための一致した努力のなかにこそ、人びとの出会いがもたらす最も深い満足と最もすばらしい喜びが見いだせること。

だから、それぞれが自分の道をたどって「わたし」のもとへ来ればいい。それぞれ、「わが家」への道をたどればいい。

ほかのひとがどんな道を通ろうと、心配したり批判したりしないこと。あなたもほかのひとたちも、「わたし」のもとに到達できないはずはない。それどころか「神とともにあるわが家」に着いたとき、あなたがた全員が再会し、どうしてお互いのあら探しをしたのだろうと不思議に思うだろう。

それなのに、わたしたちは言い争っている、そうですね？　際限なく議論しているんだ。自分たちの道が正しい……それどころか唯一の……天国への道だと主張して、口論し、闘い、殺し、死んできたんです。

そう、そのとおりだね。

でも、あなたは「ほかの道よりとくに良い道はない」とおっしゃる。そこで失礼ながらおたずねしたいんですが、どうすればその言葉が信じられますか？　どうすれば何を信じたらいいのかわかりますか？

どんなことがあっても、ここで言われていることを信じてはいけない。

え、何とおっしゃいました？

わたしが言うことを、ひとことだって信じてはいけない。わたしが言うことを聞いて、それからあなたの心が真実だと告げることを信じなさい。あなたの心にこそあなたの智恵が存在し、あなたの心にこそ真実が宿り、あなたの心にこそ神が住まって最も親密な交わりをしているのだから。わたしが求めるのは、ただひとつだ。

どんなことですか？

どうか心を頭と混同しないでほしい。あなたの頭にあるのは他人がそこに置いたもの。あなたの心にあるのが、あなたがたずさえている、わたしだ。

だが、あなたはわたしに心を閉ざすことができるし、多くのひとがそうしている。多くのひとが頭も閉ざしているがね。

どうか、あなたの頭にあるものを信じなければ神に非難されるぞ、などとほかのひとたちに言わないでもらいたい。

それから、どんなことがあっても、わたしの名において人びとを非難しないでもらいたい。

でも、わたしたちはそういうことをしている。どうすれば止められるのか、わからないようです。そうやって、自分たち自身を地獄に突き落としているんですね。

だが、良い知らせがあるよ。人類は、天国に到達するために地獄を通る必要などない。

それどころか、帰り道を見つけるために木にしるしをつけなければならないような混乱の森に入っていく必要さえないんですよね。森は迂回《うかい》すればいいんだ。

そのとおり。

外から見たらその森がどれほど美しく魅惑的でも、茂みに踏みこむ必要はないし、そこで迷って戻る道を見つけようと努力する必要もない。

そう、そんな必要はない。

わたしは毎日、道からはずれないぞと自分に言い聞かせているんですが、それでも人生に誘われて、ありとあらゆるかたちで、ほんとうの自分とも自分が向かっている場所ともぜんぜん関係のない「ドラマ」に巻きこまれそうになります。気がつけば、また森に迷いこんでいるんですよ。

そして、あなたはまだ森から出てはいない。

わかっています。ロバート・フロストの詩がしょっちゅう浮かんできますよ。以前に聞いた詩ですが、いま聞くとべつな意味があるような気がします……。

——森は美しく、暗く、深い
だが、わたしには守るべき約束がある

眠りにつく前にまだ何マイルも行かなくてはならない
眠りにつく前にまだ何マイルも行かなくてはならない

それでは、わたしと一緒に来なさい。一緒に木々のない空き地に向かって旅をしよう。そうすればいつかは木と森の違いがわかるだろう。

わかりました。明晰《めいせき》さへの旅にご一緒します。

いまわたしは森のなかにいるんです。葛藤《かっとう》や混乱という暗い森のなかをつまずきつつ歩いていて、「わが家へ戻りたい」、「神へ帰りたい」と切実に願っています。でも近道ほど良い道じゃないんですか？　だって、道は短いほどいいでしょう？　それなら、いちばん短い道はどれなんでしょうか？

その質問に答える前に、ここで言う「わが家」とは何なのかを、はっきりさせなければいけないね。人びとが戻りたがっている「わが家」とは、いったい何なのだろう？

たいていのひとは、「わが家に戻る」とは、神のもとへ戻ることだと考えている。だが、神のもとに「戻る」ということはありえない。あなたは一度も神のもとから離れていないのだから――神は最初からずっと「わが家」にいたのだから――そしてあなたの魂《たましい》はそれを知っているよ。「あなた」は意識のレベルではそれに気づいていないかもしれないが、魂は知っている。

でも、自分は一度も神から離れていないのだから神のもとに戻る必要はないと、わたしの魂が知っているのなら、魂は何をしようとしているんですか？　魂の視点から見たこの地上での人生／生命の目的は何なんですか？

簡単に答えてあげよう。

あなたの魂は、知っていることを体験しようとしているのだよ。あなたの魂は一度も神から離れなかったことを知っているが、それを体験したがっている。人生／生命とは、魂が「知っていること」を「体験」に変えるプロセスだ。そしてあなたが知って体験することを現実と感じられるようになれば、プロセスは完了する。

言ってみれば、「わが家」とは「完了」の場なのだよ。

真の自分を知ることが完了し、体験が完了し、感じることが完了し、それによって真の自分についての「気づき」が完了する、それが「わが家」だ。そこで「あなた」と「神性」との分離が終了する。

この分離は幻想だし、あなたの魂はそれを知っている。だから「完了」とは、分離が終了し、あなたが「神性」とふたたびひとつになる瞬間のことだ、と言ってもいい。

でも、ほんとうの意味で、ふたたびひとつになるわけじゃないでしょう。ひとつでなかったことなどないんだから。ただそのことを忘れていると、ふたたびひとつになったように思うんですね。

そのとおり。そして、ふたたびひとつになる瞬間に何が起こるかというと、あなたはただ「真の自分」を思い出し、それを体験する。

だからある意味では「神のもとに戻る」と言ってもいいが、それは比喩《ひゆ》的な表現にすぎない。厳密に言うなら、自分は一度も神から離れなかった、自分と神はひとつであるという事実の「気づき」に立ち戻る、ということですね。

そうそう！

そして、その認識に立ち戻るプロセスの要素は二つある。

「知ること」と「体験すること」によって認識が得られ、それが「感じること」につながる。

「気づき」とは、自分が知って体験したことを感じることなのだよ。

何かを知ることと体験することとはまったく違うし、それを感じることもまた、まったくべつものだ。

「感じる」ことだけが、十全の「気づき」を生む。「知る」だけでは部分的にしか気づけない。「体験」だけでもやはり部分的にしか気づけない。

あなたは自分が「神性」であると知っているかもしれないが、「神性である自分」を体験し、その「感情」を生きることを通じて、はじめて気づきが「完了」する。

あなたは自分が「神性」のある側面であると――たとえば共感であると――知っているかもしれないが、「共感する自分」を体験し、その感情を生きることを通じて、はじめて気づきが「完了」する。

あなたは自分が「神性」のある側面であると――たとえば寛容であると――知っているかもしれないが、「寛容な自分」を体験し、その感情を生きることを通じて、はじめて気づきが「完了」する。

あなたは自分が「神性」のある側面であると――たとえば愛であると――知っているかもしれないが、「愛する自分」を体験し、その感情を生きることを通じて、はじめて気づきが「完了」する。

わたしはしょっちゅう、「今日は自分が自分でない気がする」と言ってきましたが、ようやくその意味がわかりましたよ。

「自分が自分でない気がする」のは、ほんとうの自分を知らないからではなくて、ほんとうの自分を体験していないからだ。

感じるためには知識だけでなく体験が必要なんだよ。

感情は魂《たましい》の言葉だ。

自分自身についての気づきは、ほんとうの自分を十全に感じることを通じて達成される。

気づきのプロセスには二つの要素があるから、そこに到達する道も二つある。

魂は霊《スピリチュアル》的な世界の道を通って完全な知に到達し、物理的な世界の道を通って完全な体験に到達する。どちらの道も必要で、世界も二つある。

この二つが合わさって十全な感情が創造され、その感情が十全な認識を生み出すための、完璧《かんぺき》な環境ができる。

「わが家」とは「完了」という名の場なのだよ。

7

——すべての魂《たましい》は死後に安らぎを見いだす。

ただし、すべての魂が死の前に安らぎを見いだすとは限らない。

わたしたちが人生／生命と呼んでいるこの経験で、ほんとうは何が起こっているのか、いまの言葉で見事に完全に説明できましたね。

しかも、この話はまだまだ終わらない。死に関する最も深い謎《なぞ》がもうすぐ明かされる。

いままでの対話は、ほんのさわりにすぎないのだからね。

そこで、あなたのさっきの質問をもっとくわしく考えてみよう。

あなたは「わが家」へのいちばん短い道が最善の道なのか、と聞いたね。必ずしもそうではない、それが答えだ。どんなに長くても、あなたにとっていちばん役立つ道があなたを「完了」に導く。

「絶対的な気づき」の瞬間——これはほんとうの自分を完全に知って、体験し、感じる瞬間だが——に達するには、順番に段階を踏まなければならない。

ひとつの生涯がひとつの段階だと考えていい。

どんな魂もひとつの生涯で「絶対的な気づき」に到達することはない。幾多の生涯を通じてたくさんの段階を積み重ね、その結果「完璧《かんぺき》な完了」「絶対的な気づき」が生まれるのだよ。

どの段階も、その段階固有の課題《アジェンダ》あるいは使命が完了したときに終了する。この生涯は、あなたが今回この物理的な世界で経験しようとしたことが完了すると終わる。そしてあなたは今回完了したことを、「時間」のなかのこれまでの旅で完了したことに積み重ね、やがてその積み重ねがすべて合わさったとき、「絶対的な気づき」が実現する。

すると「完了」には、二つのレベルがあるんですね。第一のレベルはプロセスのなかのひとつの段階の完了で、第二のレベルはプロセスそのものの完了なんだ。

そう。そしてほんとうのあなたを充分に知り、充分に体験し、充分に感じたとき、プロセス全体が完了する。

すばらしい説明です。「納得」がいきましたよ。

魂には、この地上で達成すべき課題《アジェンダ》と体験があるんですね。

達成するのに長い時間がかかる魂もあるでしょう。でも課題が完了したときこそ歓喜のときですよね。この世での仕事が成し遂げられるのだから。

よくわかったじゃないか。立派だ！　まことに立派だよ！

そして、必ずしも「短い」ほど「良い」わけではない。目的は完了することであって、早さではないから。すごいや。なんだかほっとしました。

だって、わたしはまだ、この世での仕事を完了したとは思えないですからね……もう六〇代に入っているというのに。

その仕事とは何かな？

確信がもてないんですよ。

何だかわからない仕事を完了するのは、むずかしいだろう。

わかってます。それもわたしのかかえる問題の一部なんです。

それについて話し合ってみようか？

ぜひともそうお願いしたいところですが、いま横道に入るのはどうかな。

さっき、それが必ずしも「良い」道ではないかもしれないけれど、「わが家」に戻るのにあまり険しくない道はある、とおっしゃいましたよね。いまは、そのことをもっと聞きたいんです。

障害が少ない道のほうが楽だからね。

そりゃそうです。で、そういう道はどうやって見つけるんですか?

見つけるのではない。創るのだよ。

どうやって?

いま、実行しているではないか。

その道を歩こうと決意しただけでも、ものごとは楽になる。

多くのひとたちは「その道を歩く」ことなどまったく念頭になく、人生を生きている。学ばない。祈りもしない。瞑想《めいそう》もしない。内面的な人生にぜんぜん関心を払わないし、もっと大きな現実について真剣に探ろうとも思わない。

だが、あなたはそうではない。いまのように探究している――この対話をしている――という事実によって、あなたは障害の少ない道を創り出している。

わたしが言っているのは、曲がりくねった道を歩こうとまっすぐな道を歩こうと、森を通ろうと迂回《うかい》しようと、生命と生きること、死と死にゆくことに関するあなたの真実に到達すれば、障害をすべて取り払い、険しくない「完了への道」を創り出せるということだ。

死について充分に知ったら、人生を充分に生きることができる。

そうすれば「自分」を充分に体験できるし――それが地上に生まれた目的だ――そうなれば自分は完了したとはっきり知って、感謝して穏やかな死を迎えることができる。

これこそ険しくない道だし、とても安らかな死を生み出す。

いまのお言葉は、わたしへの批判のような気がします。というか、命令に聞こえるな。「良い死を迎えられないなら、あなたのやり方は正しくないのだ」って、そんなふうに聞こえますよ。

わたしは批判などしていないのに、あなたが勝手に批判だと思っているのだよ。

「悪い」死などというものはないし、目的地に――これは「神性」および「真の自分の核心」との喜びに満ちた再会だ——行き着かないこともありえない。「神とともにあるわが家」にいないなんて、ありえないのだよ。

ここで話しているのは、あなたの人生／生命と死をどうやって険しくない安らかなものにするか、ということだ。さっきの言葉は批判ではなく、観察した事実の指摘だ。あなたが身体に宿って経験しようとしたことが容易に完了するなら、そして感謝して穏やかな死を迎えるなら、あなたは死の後ではなく死の前に安らぎを見いだす。

すべての魂《たましい》は死後に安らぎを見いだす。ただし、すべての魂が、死の前に安らぎを見いだすとは限らない。

あなたが死ぬとき、完了していないなんてことはありえないが、それに意識的に気づいていないことはありうる。

「安らぎ」とは、自分が完了したと意識的に気づいていることだ。

もう自分がなすべきことはないと気づくことだ。

もうなし終えたと気づくことだ。

すなわち、終了だ。

そして「わが家」へ戻れる。

びくびくと不安におののいてふるえながら死を迎えても、あきらめたくない、まだ終わっていない、これから自分の生命に何が起こるのか、自分はどうなるのか怖いと思っていても、やはり目的地に行き着く。そこに行き着かないことなどありえない。

でも、それだともっと「険しい」。そうですね？

そうだよ。

ここで、ひとつはっきりさせておこう。

あなたはつねに「神性」に浸されている。たったいまもそうだ。それどころか、あなたは「神性」なのだ。「神性」であり、「神性」に浸され、「神性」そのものを「神性」の個別化された側面である自分として表現している。

したがって、あなたは真の意味では「わが家」への帰り道にいるのではない。すでに「わが家」にいる。あなたはつねに「神とともにあるわが家」にいる。

じつはあなたは、自分が行きたがっているところにもういるのだよ。そして驚くべき秘密とは、そのことを知ったとたんに体験できる、ということだ。

なんだか、同じところをぐるぐる回っているみたいな気がしてきました。この対話はぐるぐる回っていませんか。まるで自分が夢中歩行者で、それに気づいていないみたいだ。

この対話ではなくて、あなたの人生がそうなのだよ。生きているとき――死ぬときも同じだが――びくびくと不安におののいてふるえ、あきらめたくない、まだ終わっていない、これから自分の人生／生命に何が起こるのか、自分はどうなるのか怖いと思うなら、それは自分がどこにいるのかを知らないということを表している。

ここで問題なのは、あなたが表していることがあなたの体験になることだ。いままでもそうだったし、これからもそうだよ。だから、あなたは「神性」とひとつであることを体験せず、実際にはすでに「わが家」にいても、「神とともにあるわが家」にいる体験もしないだろう。

信じていただけるかどうかわかりませんが、理解しようと努力はしているんです。対話の進行が速すぎるし、非常に複雑だけれど……そうなるだろうなとわかっていました……でも、ほんとうに努力しているんですよ。

よろしい。では努力を続けてついてきなさい。

あなたはもうすべてを知っている。わたしはただ思い出させてあげているだけだ。

あなたは「神性」をめざす旅の途上にいるのではなく、進むにつれてさらに多くの「神性」を経験する、永遠のプロセスのさなかにいる。人生／生命が続くにつれて、「真の自分の核心」を、真のあなたの「本質《エッセンス》」をもっともっと体験するだろう。

あなたは永遠にその「本質《エッセンス》」と融合（merge）している。そして、人生／生命のプロセスの一環として、そこからふたたび現れ（emerge）、その表現を新たにする。

この「エネルギーの融合（energy merging）」とも呼ぶべきプロセスが、すべての人生／生命の公式だよ。こう書くこともできるね。

――e＋merging と。

だからこそ、ときにはこれが霊《スピリチュアル》的な緊急事（emergenc-y）だと言われる。

これが死と、死にゆくことに関するすべてだ。

「死とは緊急事」だ。なぜなら、死にゆくこと（dying）ではなくて、融合し（merging）、現れる（emerging）ことなのだから。

それじゃ、わたしは「神性」と完全に一体になるだけでなく、そこから現れるというんですか？

そうだよ。

それは輪廻転生《りんねてんしょう》の話ですか？

そういう言い方もあるね。

やれやれ、またか。

これはとても一行や一語で言い表せはしない。そこを理解することが大切だと思うがね。しかし辛抱強く聞く気があるなら、決してあなたの理解を超えているわけではないとわかるだろう。

わたしが知りたいのは、死と死にゆくことについての真実なんです。「神の真実」を知りたいんですよ。

まだ、神があなたと離れていると思っているなら、あなたは——。

そうは思ってません。神とわたしが……つまり、あなたとわたしが……ひとつだということは知ってますよ。

ほんとうにわかっているのかね？

ええ、わかっています。あなたとわたしはばらばらじゃない。わたしは「個別化された神性」だってことも知っています。

それでは、どうしてさっきのような言い方をするのかね？どうして「神の真実」を知りたい、などと言うのかな？神の真実があなたのなかにあることは、わかっているはずではないか？

「神の真実」というのは、言葉のあやですよ。

ほう！　すると、あなたがほんとうに知りたいのは、あなたの真実なんだ。

そうです。この対話、この「祈り」が自分のなかの深部にある答えに、真実に戻る手がかりになればいいと思っています。

けっこう。この体験がその道に導くことは可能だ。

しかし、いままで何度もくり返したように、あなたは自分でそこに行かなくてはいけない。あなたに「わが家」への道を示してあげることはできるが、あなた自身が「わが家」への道をたどらなければならない。

以前にも言ったが、真の意味ではあなたは旅の途上にいるのではない。あなたはつねに、行きたがっているところにいる。だが、それを知らないから、自分が旅の途上にいるという体験をする。だから、旅は必要なかったということを発見する旅をしなくてはならない。道のはじまりと終わりは、つねにいまあなたがいるところだ、ということを発見する旅に出なくてはならないのだよ。

8

——あなたは死ぬことを恐れ、生きることを恐れている。
なんという生き方だろうか！

さきほどの言葉ですが、このテーマについていままでおっしゃったことのなかでも、とくにあの言葉が、生と死についてのわたしの真実に導いてくれると思いたいのです。どうしたらそう確信できるでしょうか？

さっきの言葉に同意しなければ、あなたの真実に導かれないわけではないよ。

そうじゃないんですか？

そうではない。さっきの言葉にまったく同意できなくても、あなたはあなたの真実に導かれるだろう——「わが家」に戻る道を見つけるだろうよ。

なぜなら、ここで語られる言葉に同意しないなら、ほかの何に同意できるかがわかり、べつの道をとるだろうから。もしその道もあなたの道でないとしたら、またべつの道、さらにべつの道と、混乱から抜け出て「わが家」に戻る道——神へ帰る道——を見つけるまで道を探すだろう。

そうやって、すべてがちゃんとうまくいくってことでしょうか。

そう、そうやってすべてがうまくいく。あなたの人生／生命全体が、あなたを「わが家」へ、「わたし」へと導く。だからすべての出来事、すべてのひと、すべての瞬間を祝いなさい。どれもが聖《きよ》らかなのだから。

ある出来事に同意できなくても、あるひとが嫌いでも、ある瞬間を楽しめなくても、すべては聖らかだ。生命は、生命というプロセスを通して、生命についての情報を生命に伝えているのだし、あなた「自身」について「生命／人生」が語ることを知って体験するほど聖らかなことはないのだから。

だから、たとえあなたが同意できなくても、この対話はあなたの真実へ、「わが家」への帰り道へとあなたを導くだろう。また、この対話に同意しても、やはり帰り道に導かれるだろうね。

どちらにしても、この対話は、あなたが行きたがっているところに連れていってくれる。

すべての道は「わが家」に通じている。

そう、ひとつ残らず、すべての道が。

それぞれの道にはそれぞれ、目的地がわかるようにと「木につけたしるし」があるんですね。

そのとおり。どうやら、わかってきたようだね。すべては、あなたが木につけたしるしだ。

見まわしてごらん。ここには、あなたが置いたのではないものは何ひとつない。だが、自分がつけたしるしだとわからないこともあるだろう。違う方向から見たら、違って見えるだろうね。誰かべつのひとがそこに置いたように見えるかもしれない。

もちろん、いま話しているのはあなたの人生についたしるし――とくにあなたが傷跡と呼ぶもの――のことだ。その傷跡は誰かにつけられたと考えがちだから、注意しなさい。そう考えるとあなたは被害者になり、誰かが悪人になる。しかし、以前にも話したように、人生/生命には被害者も悪人もない。そのことを忘れないように。

わたしのすばらしい友人であるエリザベス・キューブラー=ロスがよく、こう言っていました。わたしはこの言葉が大好きなんです。

「渓谷を覆って嵐《あらし》から守ったら、嵐が刻む見事な渓谷美は決して見られない」

そうだね。前にわたしが、人生／生命のすべてはすばらしいし、「死」もすばらしいと言ったのは、そのことだよ。すべては視点に左右される。視点が認識を創る。

そうですね。

いやいや、「そうですね」などと簡単にすませてはいけない。さっきの最後の言葉をも、もっとよく考えてごらん。もっと深く見つめてごらん。これはわたしが語る言葉のなかでも、最も重要な言葉のひとつだ。わたしはこう言った――視点が認識を創る。

どういう見方をするかで、何が見えるかが決まる。

そう、そのとおり。うまい言い方だ。ありがとう。

だから自分を被害者としてみれば、被害者の自分が見える。悪人としてみれば、悪人の自分が見えるだろう。協力的なプロセスの共同創造者としてみれば、そういう自分が見えるんだよ。

人生のすべての出来事を――死をも含めて――贈り物としてみれば、いつも自分のために役立ち、喜びに導いてくれる宝物が見えるだろう。

死をも含め、どんな出来事でも悲劇としてみるなら、あなたは永遠に嘆きつづけるだろうし、終わりのない悲しみしか受けとれない。
そこで――。

●思い出すこと――その五
死は決して悲劇ではない。死はつねに贈り物である。

さて、あなたがたが「死」と呼ぶ出来事に話題を絞ろう。死についてもこの言葉が真実だとわかれば、当然、人生／生命のほかのすべての出来事についても真実だとわかるからね。

そして、死さえも悲劇ではなく贈り物だとみることができれば、人生のほかの出来事もみんな……「かずかずの小さな死」も……贈り物に見える……わたしがされた悪いことや、わたしが誰かにした悪いこともすべて。そうなったら、もう悲しむことなんかないんですね。

あなたも、ほかのひとたちも、悲しむことはない。

あなたが自分の「かずかずの死」を上手に生きれば、ほかのひとたちも、あなたのかずかずの死を上手に生きるよ。小さな死も大きな死も。

うわぁ、なんという言葉でしょう。まさか、そんな言葉を聞くなんて。

でも、いつも「上手に死ねる」とは限りませんよ。「大きな死」のことですが。だって、とにかく死ぬのは怖いってことがあるじゃないですか。

もちろん、あるだろう。それに「かずかずの小さな死」を——つまり、挫折《ざせつ》や喪失《そうしつ》などを——怖がっていれば、生きることも怖くなる。だからあなたは死ぬことを恐れ、生きることを恐れている。

なんという生き方だろうか！

ですから、助けてください！

わたしがここで、何をしていると思う？

「大きな死」への恐れを取り除く手伝いをするために時間を割いているではないか。それが怖くなくなれば、もうほかに怖いものはないからね。そうしたら、ほんとうに生きることができる。

それじゃ、どうしてわたしたちはみんな、死ぬことを「死ぬほど恐れて」いるんでしょう?

それは、死について教えられてきたことのためだ。死について言われてきたことのためだ。死について新しい見方ができれば、新しい体験ができる。それはあなた自身だけでなく、あなたが愛するひとたちにも偉大な贈り物になるだろう。

オーストラリアにアンドリュー・パーカーという友人がいるんですが、彼にはすばらしい奥さんがいました。みんなに「ピップ」と呼ばれて愛されていたのですが、彼女がまさにそのとおりのことをしたんです。

ピップは二〇〇五年が明けた直後にガンで亡くなりました。アンドリューは自分と妻のおおぜいの友人にeメールでそのことを伝えました。わたしも受けとりましたが、いまここで話しているとおりのことが記されていましたよ。

メールのなかで、アンドリューはこう語っています。

ピップはぼくの人生最大の贈り物だった。出会ったのは、ぼくが人生のすべてをうまく処理しているつもりで、じつはそうではなかった、という時期だ。最初に結ばれた晩、彼女は月光を浴びて微笑《ほほえ》み、ぼくはこのひとと時間をともにするなら、結婚して子供をつくるしかないと確信した。ほんとうにすばらしい女性だった！　関係が始まり、それとともに彼女の美しい胸に巣食ったガンも旅を始めたが、しかし彼女の勇気と強さがぼくに道を示してくれた。

笑顔を絶やさず、からっとしたユーモアを忘れない彼女にはいつも元気づけられたが、何よりも感動的だったのは彼女の無条件の愛だった。彼女の愛は丈夫な樫《かし》の木のように強く、青い海のように深く、潮の干満や海流のように奥深くて力強かった。ぼくに対する思いとまなざしは一度もゆるがなかった。

彼女は原石のままのダイヤモンドの光を見抜くことができた。ニューカッスル訛《なま》りや、過去から持ちこした口の悪さや粗雑さには惑わされなかった。彼女はぼくのなかの最善の部分だけを見て、それを優しくはぐくんでくれた。

いまの医学なんてまだ原始的だから治療は過酷だった。手術、化学療法、放射線治療、ホルモン療法、早期の閉経。しかしぼくが愛した彼女の女性としての本質は、損なわれはしなかった。

彼女は治療がどんなに苦しくてもぐちや不満を言わなかったし、最初の子供が生まれたときには母になった喜びと女性らしいエネルギーと深い愛に輝いていた。誰もが彼女の内面と外面の両方の美しさに感動した。

双子が生まれて七か月あまりのとき、骨への転移が見つかった。彼女はごめんなさいと言った。そのとき彼女が考えていたのは自分のことではなくて、ぼくと三人の息子のことだった。それから彼女は起き上がり、身じまいをして、愛のボリュームを上げた。

二度めの乳房切除に彼女は少し傷ついた。女性の気持ちとしては無理もないが、しかし手術後のあの時期、ぼくには彼女がこのうえなく女性らしく見えた。手術の翌日に息子たちを病院に連れていくと、彼女はまったくためらわずに傷ついた胸に子供たちをひとりずつ抱いた。

彼女の力強さはいまもぼくの意識に刻みつけられているし、彼女の無私の勇気は、たくさんの思い出をいだきつつ、これからまだ生きていかなくてはならないぼくの慰めになっている。

あれから三年間、彼女はがんばった。そう、ほんとうによくがんばった！

ぼくはビジネスもキャリアもずたずたで、なんとか自分を、自分の方向と道を見つけようと苦闘していたが、彼女はぼくが成長するのを静かに見守ってくれた。ぼくの魂《たましい》を愛と受容と確かな導きではぐくみつつ、ぼくが逃げ出すことは決して許さなかった！　それを考えると、深い尊敬の念がわいてくる！

最後の半年は、ぼくには永遠にも思えた。

もういちど彼女に会えたら、と思う。チャンスが与えられたら、どんなに彼女を愛するだろう。もういちどあのころが戻ってきたら、一分一分、一秒一秒を、どれほど大切にするだろう。

ピップの生涯最後の日々は、ぼくにとって最大の贈り物だった。彼女は少しずつぼくの暮らしから後退していった。もうおいしい夕食もなく、ぼくが料理したり掃除をしたりする番だった。「あなたがしなかったら、誰が散らかった服を拾い上げるの？」……優しくたしなめる彼女の言葉がぼくの耳の奥で響いた。ぼくはベッドを整え、洗濯をした。

ピップはそうした家事をどんなに楽しそうにこなしていたことか。最後の日々に、彼女は生き方を通じてぼくを教育し、ぼくが彼女を慰めれば、彼女はぼくを慰めてくれた。あのころほど彼女を身近に感じ、彼女に尽くすチャンスを与えられたことをうれしく思ったことはない。

やがて、彼女を家族と友人たちのいるパースの自宅に連れ帰るときがやってきた。機上の五時間、彼女がとてもつらそうなのがよくわかった。あんな苦しい旅はなかったが、それもぼくしか知らないのだ！　彼女はいつものように毅然《きぜん》としていて、ほかのひとたちを気づかった。ロットネス・アイランドへの旅行も予定どおりにすると言って聞かず、紺碧《こんぺき》のインド洋で泳ぎ、人生の美しさと恵みとシンプルな出来事を感謝して楽しんだ。

最後の日々は聖書に出てくる場面のようだった。文字どおり砂漠での四〇昼夜の旅だ。

彼女は彼女らしいやり方で選んだ時間に逝《い》った。もうだいじょうぶだとわかって、彼女は最大の贈り物をぼくにくれた。一緒にいて手を握り合っているときに、彼女はこの世を去った。

大晦日《おおみそか》の夜、日付が変わった午前零時五〇分。

彼女は新しい年が明けるのを見届けたいと言い、そのとおりになった。寝ずの番のつらさ、すべてをうまく整え、充分なことをして、言うべきことを言うことができるかという心配……何もかも彼女は精神力で乗り切った！　彼女は生きているときいつもそうだったように、穏やかにこの世を去った。そして彼女が去ったとき、ぼくは何者で、どうしてここにいるのかという疑問がまったく消えていた。彼女がいなくなって、の最大の贈り物は、ぼくの不安を持ち去ってくれたことだった。彼女がいなくなって、彼女もちろんぼくくの人生は変わった。だが彼女は決して遠くに行ったわけじゃない！　息子たちにとってもつらいことだった……ピップの愛の代わりは簡単には見つからない。でも、ぼくたちはいまも一緒に成長している。ピップの人生という贈り物は蓮《はす》の花のようで、花びらが一枚一枚ゆっくりと開いていく。それとともに、ピップというすばらしい女性の愛情にはぐくまれて、ぼくたちの人生がかたちづくられていく。

ここに記したことは、ぼくの子供たちの母親への、そしてあなたへの、それからみなさんへの、ぼくなりの愛の捧げ物のつもりだ。ピップの存在は、ぼくたちみんなにとっての恵みだった。ぼくは片時も後悔したことはないし、誰も責めていない。

ぼくたちはみんな人生の出来事について選択肢をもっている。自分の存在の色合いにどう反応し、行動するかを選ぶことができる。

ピップとぼくは、愛し合うことを選んだ。ぼくたちの道は厳しかったが、ぼくに人生を与えてくれた。ぼくは喪失《そうしつ》や苦痛ではなく感謝の側から人生をみることを選んだ。もちろん、喪失も苦痛もあり、同時に感謝もあるので、それはまったくあたりまえの感情だ。不安を乗り越えたとき、ぼくたちは愛や自分たち自身の「神性」と結ばれて、ひとつになれる。

愛は癒《いや》しだ。魂《たましい》を癒し、人間関係を癒し、それどころか地球さえ癒すことができる。

ぼくの妻はそういう愛をくれた。それをみなさんと分かち合おうと思う。

元日、ぼくは家族と夕食をとり、それから友人たちのところへ行って一緒に飲んだ。辞去したのは午後一一時四〇分ごろで、うちまでの数マイルを歩いて戻ったが、ピップが一緒にいると感じた。人びとが裏庭で新年のお祝いに花火を上げているとき、ぼくは創造と可能性のエネルギーを感じ、天使のようなピップの声が頭のなかで響くのを聞いた。

「……そう、あなたが思っていたとおりよ。こうなるのはわかっていたのよね」

この言葉は、彼女が神とともにあること、集団的な意識のなかで、ふたたび創造の座にあることを意味していた。

ぼくは泣いた。

9

――この世界には被害者もいなければ、悪人もいない。

あなたの友人の話は、ひとが自分の死をよく生きることによって、ほかのひとたちにもその死をよく生きるようにしむけられるという驚くべき事例だ。とても印象的ですばらしい物語だね。

わたしもピップのように見事に死ねたらいいなと思いますよ。

いまこうして対話をしていることが、あとになって大きな違いを生むはずだよ。自分は死ぬことを選んだから死ぬのだとわかっていれば、大きな助けになる。

誰でも死ぬことを選んで死ぬんですか？　ピップが死んだのは、自分が選んだからですか？　延命装置をはずされて亡くなったテリー・シャイボは、ああいう死に方をしたかったんですか？

そうだね、ピップの場合はわかるだろう。彼女は、死ぬときを自分で選ぶと言っていたのだから。新しい年が明けるのを見届けたいと言ったのだったね。

そうですけど、でも彼女は、人生のあの時期にガンで死にたいと思ったんですか？ ほんとうに、あんなに早くこの世を去りたがっていたんでしょうか？ 夫や子供たち、それに家族にしてみれば、そんなことはとても受け入れられないでしょうね。きっと、とても悲しがってたずねますよ。どうしてピップはこんなふうにぼくたちを遺《のこ》して逝《い》ってしまいたかったんだ、って。

その答えを聞いたら、あなたは衝撃を受けるだろうな。

とおっしゃいますと？

それはあとにしよう。もっとあとになってから話すべきだ。その前に、しっかりと基礎固めをしておかなくてはいけない。そうすれば、その答えの衝撃もだいぶやわらぐだろうから。

まあ、その答えがどんなものかはわかりませんけど、テリー・シャイボの家族もきっと同じ疑問をもっていますね。彼らも、ひとは自分の死期と死に方を「事前に選んで」いるなんてことは、頭から否定するだろうな。いや、たいていのひとが言いますよ。「わたしの体験では違う。それにピップやテリーの場合だって違うよ」と。

前に、魂《たましい》は自分の仕事が完了したときにのみ身体を離れる、だからそれは祝福すべきときだとおっしゃいましたよね。それでも魂が身体を離れるのは、この物理的な世界に遺される者にとってはとても悲しいことですよ……遺されたひとたちに向かって、あなたの愛するひとはじつは自分で選んで逝ったんだ、と言えば、故人はもうあなたがたと一緒にいたくなかったんだと言っているように聞こえます……それはとてもつらい、ひどいことだと思うな。

知り合いの女性の夫が若死にしましてね。彼女はその悲しみを長いこと、引きずっていました。でも、ほんとうにつらかったのは幼い娘さんだったんです。娘さんは父親の死をどうしても克服できませんでした……自分を置いて死んでしまった父親にいまでも怒りを感じています。どうして父親がそんなことをしたのか、理解できないんです。その彼女に向かって、魂《たましい》はみんな自分がそうしたいから身体を離れるんだ、どの魂も自分の死を自分で引き起こしているし、それどころかそのときに死ぬことを望んでいる、なんて言ったら、もっともっと傷つきますよ。

その娘さんが、父親は自分が死を望んでいることを意識的には知らなかったかもしれない、ということを理解すればべつだろうね。

これは、もっとあとで話す驚愕《きょうがく》の答えとは違うよ。だが、ひとつの可能性として、いま考えておくことも大切だろうね。

よくわかりませんが。彼女の父親は自分が死を望んでいることを意識的には知らなかったかもしれない、ってどういうことですか？　だって、誰でも自分で自分の死を引き起こしている、誰も自分の意志に反して死ぬことはない、とおっしゃったじゃないですか？

人間の創造と「知っていることを知る」経験のレベル／段階には三つあることがわかれば、理解できるかもしれないね。

思い出してごらん。あなたが死ぬとき、完了していないなんてことはありえないが、それに意識的に気づいていないことはありうる、と言っただろう。

魂は超意識のレベルではこの生涯は完了したと知っているが、潜在意識や意識のレベルではそれに「気づいて」いないかもしれない。

経験の三つのレベル／段階というお話は、以前の対話でもありましたね。『神との友情』

のなかにあります。すごく不思議でおもしろかったな。

しかし、今回は不思議でおもしろいだけでなく、ちゃんと理解することが大切だよ。そうすれば、あなたの疑問に答えが出る。

それじゃ、おさらいをしましょうか。経験の三つのレベル／段階って何でしたっけ？

「潜在意識」の段階とは、あなたが自分の現実を知らず、意識的に創造してもいない経験の場だ。「潜在意識」で創造しているときは、自分が何をしているかにほとんど気づいていないし、まして、なぜそうしているかもわからない。

べつに「悪い」レベルの経験ではないから、批判しないように。これは贈り物だ。なぜなら、この段階ではものごとが自動的だから。

たとえばどういうことですか？「ものごとが自動的だ」というのはどういう意味ですか？

たとえば髪の毛が伸びる、まばたきをする、心臓が鼓動するというのは自動的な働きの例だね。腰を下ろして、さて「まばたきをしなくてはならない」などとは考えないだろう。こういうことは——あなたの身体システムの働きはすべて——とくに意識的な指示なしに進行している。

「潜在意識」では問題を瞬時に解決する。入ってきたデータをチェックし、記憶装置を探して無数の状況に応じた迅速な対応を引き出すのだが、それもやはり自動的に行われる。熱い鍋にさわったとき、手を引っこめなければならないと考えたりはしないね。あっと思ったらもう、手を引っこめている。これが「事前のデータにもとづいた自動的な対応」だ。

「潜在意識」はあなたの生命を救う場合がある。しかし人生のどの部分を自動的に創造することを選んだかに気づかないと、自分はものごとの原因ではなくて「結果」だと思うかもしれない。自分を犠牲者だとすら考えるかもしれない。だから、何を意識しないという選択をしたか、それを認識することが重要だ。

二つめの「意識」のレベル／段階は、何をしているかをある程度は認識して、自分の現実を知り、創造している経験の場だ。どの程度まで認識しているかは、「意識のレベル／段階」による。これが物理的なレベルだね。

霊的《スピリチュアル》な道で努力しているとき、あなたはつねに「意識を引き上げ」ようとする。物理的な現実の経験をもっと広げて、ほかのレベルで知っている自分の真実をそこに取り入れ、包みこもうとして生きている。

三つめの「超意識」のレベル／段階は、何をしているかを充分に認識して、自分の現実を知り、創造する経験の場だ。これが「魂《たましい》」のレベルだね。あなたがたのほとんどは、「意識」のレベル／段階では「超意識」の意図に気づいていない――気づいている場合はべつだが。

「超意識」とは、大きな魂の課題《アジェンダ》をかかえている部分だ――あなたが経験し、感じるために身体に宿ったことを「完了」しようとする。「超意識」は、つねにあなたをつぎの最も望ましい成長の経験へと導き、まさにそうであるべき正しく完璧《かんぺき》な人びとや場所や出来事へと引き寄せて、知ることと経験とを組み合わせて感情を生み出せるように――真の自分についての認識を創造できるように――しむけようとしている。

この前、このことについて話したとき、潜在意識と意識と超意識のレベル／段階で同時に同じ意図をもつことがあるか、とおたずねしましたね。

そう。そして、「ある」と答えたね。それは「三つが一体になった」意識のレベルで、超絶意識と呼ばれる。「キリストの意識」と呼ぶひとも、「高次の意識」と呼ぶひともいる。あなたがたはみな、その場所に行くことができる。瞑想《めいそう》によって行くひとも、深い祈りによって行くひともいるし、儀式やダンスや聖なる祝祭によって行くひともいる――それから、あなたがたが「死」と呼ぶプロセスを通じて行くひともいるのだよ。

そこに到達する道はたくさんある。そしてそこに到達すれば、完璧に創造的になる。意識の三つのレベル／段階がひとつになる。「すべてが足し合わされた」と言ってもいいが、じつはそれ以上だ。

なぜなら、あらゆるものがそうだが、そこでは全体は部分の総和よりも大きいから。「超絶意識」とは、単に潜在意識と意識と超意識が混ざり合ったものではない。すべてが混ぜ合わされ、さらにそれが超えられたときに起こる。そのとき、あなたは純粋な「存在」になる。この「存在」は、あなたのなかの創造の究極の源《ソース》だ。あなたはそれを「死」の前に体験するかもしれないし、死後に体験するかもしれない。

たぶん、生きている〈マスター〉はそうやって創造するんですね。

そう。

それじゃ、〈マスター〉は驚かないんですか？

いつも意識を引き上げているひとにとっては、成果や結果はつねに意識的に意図されたもので、決して意外なものではない。経験がどれほど予想外かをみれば、その経験を知覚している意識のレベルが直接的にわかる。

〈マスター〉をめざして学んでいる者は、たとえその経験が好ましく「見えない」としても、いつも自分の経験に同意する。それを「知っている」自分がどこかのレベルでそれを意図しているはずだと知っているからだ。それを「知っている」から、ほかのひとにとっては大きなストレスになる環境にいても、完全に安らいで「落ちついて」いられる。

〈マスター〉をめざす学習者は、どの意識のレベル／段階でその経験を意図したのか必ずしもわかっていないかもしれない。だが、どこかのレベルでは自分が責任を担っていることを疑わない。それを知っていることこそ、〈マスター〉への道を歩いている証《あかし》なのだ。

さっき、ピップは死にたがっていたのかと聞いたね。自分で自分の死を引き起こしたのかと。あのときわたしは、「意識のレベルでは違う」と答えた。その言葉の意味がもうわかっただろう。

人間の魂《たましい》に影響を及ぼす決定はすべて、三つの意識のレベル／段階のいずれかで、あるいは第四の超絶意識のレベルで、その魂自身によって行われている。

ピップはすべての魂と同じく、生涯のどの時期に身体から離れるかを選択した。彼女の場合、その決定は意識のレベルで行われたのではなかった。だが、超意識で大きな決定をしたあと、ピップは意識的に正しい出発の日時を——一月一日、新しい年が明けた直後を

――選んだ。事前に自分でそう言っていたのだから、この決定が意識のレベルで行われたことはわかるだろう。彼女は自分が何を選んでいるかを完全に認識して創造したんだよ。

テリー・シャイボの場合もそうだったのかもしれませんね。

彼女は植物状態になるまでの人生の出来事を、意識的に選んではいなかったかもしれない。でも、そのあと状況が変わったんじゃないかな。テリーは「意識を失った」と言われました。でも、ぜんぜん意識を「失って」なんかいなかったかもしれない。そうじゃなくて、意識を移行させたのかも。違うレベルの意識にいる自分を「発見」したのかもしれません……まず超意識のレベルで自分を発見し、自分がなぜ、何を創造しているかを充分に認識して、この世にやってきた目的を完成し、それから最後に超絶意識のレベルに移って、自分が本質的に「神性」と一体であるという「絶対的な気づき」を得たのでしょう。テリー・シャイボは生と死の問題について、魂《たましい》と神について、それから彼女のような場合には何が人道的な行為なのかについて、世界の人びとが探究を深めて新たなレベルに進むようにしむけるために、自分の生涯を活用したんだと思うんです。

霊的《スピリチュアル》なレベルでは、テリー・シャイボは決してああいう状況の犠牲者ではなかったと思います。最期の歳月には、彼女は何が起こるかを知っていたし、その運命に身をまかせて、全人類のために自分のケースに世界の関心を喚起《かんき》したんじゃないかな。

イエスもまったく同じことをしたんだと思いますね。

テリーについて、わたしの考えは当たっていますか？

個々の心の内なる超意識や超絶意識の働きを暴露するのは、まったく立ち入ったことだし、不適切だろうね。だが、すべての人間についてこれだけは言えるし、これまで何度も何度もくり返し言ってきたはずだよ。

この世界には被害者はいないし、悪人もいない。

そのフレーズは、この対話だけでも聞くのはもう三度めか四度めですね。でも、わたしは前にも同じようなことを言ったし、これからも言うんだろうな。被害者は誰もいないって考え方は、ときには気持ちのうえで受け入れがたいことがありますね。

それはほとんどのひとが人生の状況をふつうの人間の非常に限られた視点で見ているからだ、って前におっしゃいましたが、自分の意識を引き上げたい、そして人類全体の意識を引き上げる力になりたいと思っているわたしたちみたいな者は、どうすれば理解を広げられるんですか。

人びとに創造の道具《ツール》、つまり、思考と言葉と行為について話してやりなさい。これはあなたがたがミクロの現実を創造する仕掛けだ。完璧《かんぺき》な道具《ツール》だよ。すばらしい効果をあげる。あなたが考えること、言うこと、そして行うことが、あなたがたが「自分」と呼ぶ体験と人生の条件と環境を創造する。

以前にも言ったとおりだ。自分を犠牲者と考え、犠牲者だと言い、犠牲者のように行動するなら、あなたは実際には犠牲者ではないのに犠牲者の体験をする。

同じことは、ほかのひとたちの体験にどんなレッテルを貼《は》るかを決める場合についても言える。

誰かを犠牲者と考え、犠牲者として語り、そのひとが犠牲者であるように行動するなら、そのひとは実際には犠牲者ではないのに犠牲者の体験をする。

あなたの経験からすれば、テリー・シャイボは「犠牲者」だったか？　たぶん、そうだろう。では、テリーは犠牲者か？　違う。

自分が創り出した状況の犠牲者になることはありえない。

いつもこのことを覚えておきなさい。

自分が創り出した状況の犠牲者になることはありえない。

したがって、状況の犠牲者であるとは、その状況は自分が創り出したのではないと断言することだ。それは自分について嘘《うそ》を言うことだよ。

あなたは自分の人生のすべての状況を創り出している。意識のレベルで創造しているなら、自分で気づくだろう。潜在意識や超意識のレベルで創造しているなら、気づかないかもしれない。それでも、自分で状況を創り出しているのだ。

すべての〈マスター〉は、このことを知っている。だから他人を指して、「あなたがわたしにこんなことをした」と言う〈マスター〉は、このことを知っている。〈マスター〉は誰もいない。

だが、あなたは自分が選択した体験をするだろう。あなたは生まれる前の霊《スピリチュアル》的な領域における人生／生命の結果として、真の自分とは何者かを知るためにこの世界にやってきて、それを体験するかもしれないし、そうではない何かを、それ以下の何かを体験するかもしれない。

すべてのことがそうであるように、これについてもあなたには自由意思がある。

それでべつの疑問がわいてきましたよ。生まれる前にも意識はあるんですか？　いまお話しになったことからして、答えはイエスのようですが。するとわたしたちは「生まれる」前に自分自身を「認識」しているんですか？

もちろん、そうだ。はるかに前からだよ。「あなた」である「あなた」は、つねに永遠に自分自身を「認識」している。このことについては、もっとあとで誕生ということを深く見つめるときにくわしく話そう。いまのところは、「あなた」はこれまでも——いまも

——これからも、つねに在《あ》る、ということだけを知っていればいい。生まれるというのは、あなたが、ただ分解するだけなんだよ。

なんですって?

あなたは分解する。一体であることをやめる。「唯一無二」であることをやめて、自分を身体と精神と霊《スピリット》の三つの部分に分解する。あるいは潜在意識と意識と超意識と言ってもいい。

なるほど、そういう関係なんですか。

大ざっぱに言えばそうだね。ひろく言えばそうだ。こまかい部分まで完全に正確な関係というわけではないが、大きな全体像はこれでつかめるだろう。この聖なる三位一体《さんみいったい》——三つの部分からなる神——のなかで、あなたが意識的に活動するのは精神の場だ。

したがって、自分が体験しようと選択したことだけを考え、現実にしようと選択したことだけを語り、自分の最高の現実を示すために選択したことだけを行うよう身体に指示するために、精神を活用しなさい。これが意識のレベルでの創造のやり方だ。このことをよく考えてごらん。〈マスター〉はすべて、そうしているのではないか？　これ以上のことをした〈マスター〉がいるだろうか？

いないよ。はっきり言う――いないのだ。

10

――あなたの人生で起こるすべて、あなたの死も含めて――の因《もと》はあなただ。

すばらしいですね。ほんとうによくわかりました。ありがとうございます。ところで、できたらちょっと話を戻したいんですが。少しお聞きしにくいことなんですよ。

いいよ。どうぞ。

今回の対話で、誰でもみんな自分で自分の死を引き起こすのだと初めて聞いたとき、わたしがすぐに思ったのは、もしそれがほんとうなら、死はすべて自殺になるんじゃないかってことでした。あれからずっと、そのことが気になっているんです。

それは正確じゃないね。
誰もが自分で生涯を終わらせるといっても、意識のレベルで故意にそうすることを選んでいるという意味ではない。それに、ある条件や状況からのがれるためにそうする、ということでもない。
何かを引き起こすことと、それを意識的に選ぶかどうかとは、まったく違うからね。

どういうことですか？　わからないなあ。

あなたは事故を起こすかもしれないが、だからといって、事故を起こそうと意識的に選んだことにはならないだろう。

なるほど、そういうことですか。

もっとはっきりさせようか。あなたの人生で起こるすべて――あなたの死も含めて――の因《もと》はあなただ。ほとんどのひとは意識的には気づいていないがね。

でも、そのことにひとが意識的に気づいているとしたら……だって、人びとに意識的に気づいてもらうことがこの対話の目的ですよね……そのひとが死ぬのは自殺だってことになりませんか？　その考え方に照らせば、生涯を終えることの因《もと》には必ず本人がいるわけでしょう？　わたしは何か誤解していますか？

死が自殺であるためには、二つの条件が必要だ。

①自分が何をしようとしているかを認識していること。つまり、意識的に死を選択するこ

と。

②人生を完了させるためではなく、そこからのがれるために死を選択すること。

この対話の目的のひとつは、あなたがたに肉体的な生命の神聖さをわからせること、身体に宿る生命が言葉にならないほどの贈り物であると理解させることだ。

以前、死は力強い創造のときだと言ったが、そのとおりなのだよ。しかし、それはあることを「するため」のものであって、あることから「逃げるため」のものではない。

自殺にはとても大きな苦痛がつきまとうので、取り上げたくないくらいなんですけどね。もちろん、その苦しみを最初に味わうのは、苦悩のはてに自分で人生に終止符を打とうと決意する当人で、そのあとは家族や友人たちですね。自殺に関係するみんなの気持ちを楽にしてあげることはできるんでしょうか？

自殺したひとはだいじょうぶだ、オーケーだとわかれば、気持ちが楽になるだろうね。そのひとたちも神に愛されていて、決して見放されることはない。ただ達成しようとしたことができないだけだ。自殺を考えるひとは、そこをよく理解することが大切だよ。

それじゃ、自殺しても罰せられることはない、とおっしゃるんですか？

あなたがたが「あの世」と呼んでいるところには「罰」などというものはない。自殺によって罰せられるのは、遺《のこ》されたひとたちではないか？遺されたひとたちは信じられないほどの衝撃を受けるし、二度と立ち直れないひとだっている。みんな、とてつもない喪失感《そうしつ》を味わう。生涯、自分を責めつづけるひとも多い。自分は何か間違ったことをしたのだろうかと考え、何を言ってやれば自殺させないですんだのだろうと悩み苦しむ。

悲しいことに、自分の人生に終止符を打つひとたちは、これでものごとが変わると想像しているが、じつはそうではないのだよ。

何かからのがれるために人生を終わらせても、何からものがれられはしない。もういちど言うが、何かを避けるために人生を終わらせようと考えても、それは不可能なことを考えているだけなのだよ。

つらいことを避けたいと願うのは当然だ。それもみな、人間が踊りつづけているダンスの一部だよ。しかしこの場合には、ひとは魂《たましい》の経験を遠ざけようとしているが、魂はその経験からのがれるためではなく、経験をするために身体に宿ったのだ。

その経験がつらいとか困難だからと、ひとは何もない虚空《こくう》にのがれようとする。何にもぶつからずにすみ、怖いものもない虚空に入ってしまおうとする。

だが、ひとは虚空に入ることはできない。なぜなら入るべき虚空はないから。虚空などは存在しない。この宇宙のどこにも虚空はない。いや、どこにもありはしない。「何もないところ」などないのだ。

どこへ行っても、そこは何かで満たされている。

それは何なんです？　何で満たされているんですか？

あなた自身の創造物によって。あなたはどこへ行っても、あなたの創造物とぶつかる。のがれることはできない――それに、のがれたいとも思わない。なぜなら、その創造物を生み出したのは、自分自身を再創造して楽しむ（re-create）ためだから。したがって、その創造を回避しようとか、避けようというのは、あなた自身のためにならない。虚空《こくう》に躍りこむなんて、できないことなんだよ。

べつの言い方をしようか。虚空（a void）のダンスは不可能だ。

なるほど、うまい言い方ですね。とても印象的な表現だ。

わたしはよく、こういう言葉の使い方をする。こうすると、あなたがたも伝えたいと思うメッセージを覚えやすいし、忘れないでいられるからね。

そうですね、きっと忘れないだろうな。「虚空のダンスは不可能だ」

そう、不可能だ。なぜなら、死ぬときの状況を、その後も生きつづけることになるから。

それはとても強烈な言葉ですね。

そのつもりだよ。

ここでまたこんなことを言うと、話を蒸し返すことになって申しわけないんですが、人生に自分で終止符を打つってことですけれど……。前に、死はすばらしいことだとおっしゃいましたよね。死がほんとうにすばらしいのなら、どうしてつらい人生を終わらせようと思っちゃいけないんですか？

あなたがたが「死」と呼ぶことはすばらしいが、しかし「生命／人生」以上にすばらしいわけではない。それどころか、死とは、違うやり方で続く、生命／人生なんだよ。

このことはとくにはっきりさせておきたい。あなたは死のあちら側で自分自身と、それにこの世にいたときにたずさえていたすべてと出会うだろう。それから最も皮肉なことを実行する。

ひとは、いちばん最近の人生で取り組まなかったことに取り組むために、自分にふたたび肉体的な生命／人生を与えるのだよ。


また肉体的な生命／人生に戻るんですか？　非物質的な霊《スピリチュアル》的な領域で「おさまる」わけにはいかないんですか？


いや、そうはいかない。あなたはどんな経験をするかを霊《スピリチュアル》的な領域で選択する。その選択したことを経験する場を提供するのが、肉体的な生命／人生の目的だから。

だから肉体的な生命／人生を離れても何からものがれられず、また肉体的な生命／人生に、つまり、のがれようとした状況に戻ってくるだけだ——ただし、戻ってきたらまた一からやり直すことになる。

これを「罰」とか「要求」「重荷」と考えることはないよ。あなたは、それが自己創造のプロセスの一環だとわかって、自由意思でそうするのだから。それに、あなたは自己創造のために存在しているのだからね。

すると、いま取り組んでいることにまた取り組むんですか?

そうだよ。人生/生命はそのためにあるのだから。

人生/生命をそんなふうに使えば、新しい違った人生/生命を創造する道具《ツール》として死を使う用意ができたときに、あなたは死ぬだろう。自殺とは逃げるために死を使うことだが、そんなことをしても同じ人生/生命を、それに同じ課題《アジェンダ》や経験を何度も創り出すだけだ。

そういう説明は聞いたことがありませんでした。それで、いろいろなことがわかりますね。

だから、あなたがたは逃げるための道具《ツール》として死を使おうとすることもあれば、創造するための道具《ツール》として使おうとすることもあるだろう。前者は不可能だし、後者なら信じがたいほどすばらしいことが起こる。

でも、それってちょっと批判がましくはないですか? つまり、自殺は「悪い」ことだと批判していませんか? 神は批判しないものなんでしょう?

同じ人生の課題《アジエンダ》や経験を何度もくり返して創り出すことは、べつに「間違って」はいないし、「悪い」ことでもないよ。同じ課題に何度もぶつかりたいなら、そうすればいい。何でもそうだが、ここでもあなたは好きなようにしたらいい。

ただ、その課題《アジエンダ》からのがれるつもりなら、それはできないと知っておくことが大切だね。また同じ課題と正面からぶつかることになる。またくり返しだね。

もういやだ、現在の課題とぶつかりたくないとひとが感じるのは、自分がたったひとりで取り組まなくてはならないと思うからだ。これは誤解なのだが、多くのひとがそう思っている。

孤独はいまの世界における最大の苦しみだね。

感情的、物理的、霊《スピリチュアル》的な孤独——ひとりぼっちで、傷つき、重荷を背負っていて、それを誰も理解してくれないし、頼るべき何の力もない、と感じること——は確実に絶望を生む。

終わりのない絶望に直面していると、ついには逃げることしか考えられなくなる。だが、逃げることはできない。避けたいと思ったことを、はじめからくり返すだけだ。

だからこそわたしはここで、あなたがたには頼る力があると言うのだし、あなたもそのことを世界中のひとに伝えてほしい。

わたしがそばにいることを絶対的に知るためには、わたしに呼びかけさえすればいい。

絶対の信頼をもって手を差しのべさえすれば、わたしは手を差しのべてあげる。

しつこいようですが、ひとつおたずねしてもいいですか？

いいとも。

どうして、こっちから手を差しのべなければ、あなたは手を差しのべてくださらないんですか？ あなたが全知の神なら、わたしたちに助けが必要だってこともわかっているはずでしょう。ほんとうにこのうえなく慈悲深い神なら、わざわざお願いしなくても助けてくださるはずじゃないんですか？ わたしたちが打ちのめされてぐったりと膝《ひざ》を折っているなら、どうしてそのうえひれ伏してお願いしないと救ってはもらえないんですか？ あなたがこのうえなく愛情深い神なら、こいねがわなくても、その愛情で助けてくださってもいいんじゃないですか？

それから、ついでですが、こう叫ぶひとたちには、どうおっしゃるんでしょうか。「わたしはあなたに呼びかけたが、応《こた》えてはくださらなかった！ わたしが『神』に助けを願わなかったと思われるんですか？ とんでもない、どうしてこれほど絶望したと思われますか！『神』にさえも見放されたと思うから、これほど絶望しているんですよ！わたしはまったく見捨てられたんだ。もう、こんな目にあうのはいやだ。耐えられない。おしまいです。たくさんだ」

それでは、言おう——。

ここで、奇跡の可能性について考えてもらいたい。あなたがたがわたしの解決策を受ける経験をしていないのには理由があるのだが、その理由はいまは重要ではない。いま重要なのは、いま、たったいま、あなたの前に答えがあるかもしれない可能性について考えることだ。目を見開けば、見えるだろう。理性を開けば、わかるだろう。心を開けば、答えがあると感じるだろう。

それでは、言おう——。

絶対的に知って、わたしに呼びかけるときにだけ、あなたは答えが与えられていることに気づくだろう。なぜなら、「あなた」が知って、「あなた」が感じて、「あなた」が宣言すること、それだけがあなたの真の経験になるから。絶望のうちにわたしに呼びかけても、わたしはそこにいるが、しかし絶望があなたの目をくらませ、見えなくするだろう。

それでは、言おう——。

あなたが何をしようが、どんなことを引き起こそうが、取り返しがつかず、癒《いや》されることも不可能なほど恐ろしいことはありえない。わたしはあなたをふたたび完全にすることができるし、また、そうする。

しかし、あなたは自分自身を批判することをやめなくてはいけない。いちばん強力な批判をするのはあなた自身だ。ほかのひとたちは外側から見て批判するかもしれないが、しかしあなたを知らないし見ていないから、その批判は効果がない。その批判を自分の批判として取りこんで影響を受けることはない。そんな批判は無意味だから。

ほかのひとが真のあなたを見抜くまで待っていることはない。ほかのひとたちは、自分自身の苦痛を通してあなたを見ている。

そうではなく、たったいま、このわたしが驚嘆と真実のなかであなたを見ていること、あなたを完璧《かんぺき》だと見ていることを知りなさい。あなたを見るわたしには、たったひとつの思いしかない。

「これがわたしの愛する者、わたしがおおいに喜びとする者だ」

それでは、言おう――。

「神の王国」に赦《ゆる》しは必要ない。神は決して、腹を立てたり傷ついたりしない。宇宙全体のなかで大事な問題はたったひとつしかないし、それはあなたがたに罪があるかないかなどとは関係ない。大事なのはあなたがたのアイデンティティ、あなたがたは何者かということだ。あなたがたは真の自分を知っているだろうか？ 知っていれば、孤独な絶望も、自分はとるに足りないという思いもすべて消えうせ、絶望はあなたがたの人生／生命という奇跡に対する驚異の認識に変わるだろう。そして、あなたがたという奇跡の認識に。

そこで、最後に言おう——。

あなたがたはいまこの瞬間、一〇万の天使に囲まれている。

さあ、その天使たちの援助を受け入れなさい。それから天使たちの贈り物をほかのひとに渡しなさい。与えることで受けとることができ、癒《いや》すことで癒されるのだから。

あなたが待つ奇跡は、ずっとあなたを待っている。あなた自身がほかのひとの待つ奇跡になったとき、それがわかるだろう。

さあ、行ってあなたの奇跡を実行し、あなたの死が最大の悲しみを言明するときではなく、最大の栄光のときとなるようにしなさい。

死を破壊ではなく創造のための道具《ツール》に、後退ではなく前進のための道具《ツール》にしなさい。

この選択によって、あなたは人生／生命そのものを称《たた》え、あなたがまだ物質的な身体に宿っているあいだに、人生／生命があなた自身の最大の夢を運んでくる。

あなたの魂《たましい》の平和がついに実現される。

ありがとうございます。

そのお言葉、ほんとうにありがとうございます。

そのお言葉がすべての人間に届くことを願い、そうなるように祈ります。

それについて、もうひとつだけ質問があるんですが。ほかのひとに……医師や愛するひとに……人生に終止符を打つための手助けを頼むひとについては、どうですか？

安楽死のことだね。それはまったくべつの話だ。それは現実的なあらゆる意味で人生がすべて終わっていて、死のプロセスの間断のない苦しみと尊厳の完全な喪失《そうしつ》以外はもう何も残っていないことを認識したときのことだね。

安楽死を自殺と同じと見なすことはできない。活動的でそれなりに健康な暮らしをしていながら自殺を考えることは、きわめて特殊なひとつの判断だ。そして、あらゆる医学的な証拠からみて、どう考えても終わりが間近い人生に終止符を打つことは、まったくべつの種類の判断だよ。

あらゆる医学的な証拠からみて、肉体的な人生／生命が終わっているひとは、こう問いかけることを選ぶかもしれない。

「この最期の苦痛と屈辱に耐える必要があるのですか？」と。

それぞれの魂にはそれぞれに正しい答えがあり、どの魂もこの質問に間違った答えをすることはありえない——なぜなら「間違った」答えなどありえないから。

なるほど、違いがはっきりわかりました。道理をわきまえたひとなら誰だってわかった
と思います。

11

――あなたは神とは違うが、しかし神と離ればなれではない。これが、あなたが決して死ぬことのない理由である。

少し話を戻したいんですが。前に、生命の霊的《スピリチュアル》で基本的な原理を教えてあげよう、それがわかれば生命と死を理解することが容易になる、とおっしゃいましたよね。そのあと、いくつか原理のようなことを話していただいたんですが、これさえわかれば一瞬にして深い理解への扉が大きく開くというような生命の基本的原理がありますか？

あるよ。こういうことだ――。

●思い出すこと――その六
あなたと神はひとつである。両者のあいだに分離はない。

ひとによっては、これはきわめて初歩的な情報だと思うかもしれないが、この生命の基本原理を生命／人生にじかにあてはめてみれば、これまでに取り上げた、そしてこれから取り上げる「思い出すこと」のすべてがここに含まれると、わかるだろう。この六番めの「思い出すこと」の意味は、とても大きい。自分と神はひとつだと、そして両者のあいだに分離はないとはっきり理解すれば、人生で起こった、起こりつつある、そして将来、起こるすべての経験の意味合いが変わる。

わかりやすい例をあげるなら、さっきまで話していたこともそうだ。自分が「神性」と一体であることを理解すれば、自分の死の因《もと》は自分だということや、この世界には被害者も悪人もいないという真実を思い出して受け入れることもむずかしくはない。そうすれば完了への道もそう険しくなくなるし、死ももっと安らかになる。

当然ながら「あなた」という個は「神の全体性」を表してはいない。しかし、あなたのなかには「神性」のすべての特質、すべての側面、すべての要素が備わっている。

神はあなた、大きく記《しる》されたあなただ。それどころか神はすべてだ。神でないものは何もない。

よく、神とわたしとは大洋と波のような関係にある、というたとえを聞きます。まったく同じものでできているけれど、ただ大きさが違うんだ、って。

そのたとえはじつによく使われるね。それに当たっていないこともない。

では、その「大洋」を定義してみようか。神は「創造者」だと考えてはどうだろう。神を信じているひとなら、反対はしないはずだ。

神が「創造者」なら、あなたもまた創造者だ。神は生命／人生のすべてを創造し、あなたはあなたの生命／人生のすべてを創造する。簡単なことだね。

そういうふうに考えれば、それがあなたの意識になる。あなたと神は、つねに創造している――あなたはミクロのレベルで、神はマクロのレベルで。どうだろう、わかったかな？

ええ、わかりました！　波と大洋は分離していないんだ。ぜんぜん離れていない。波は大洋の一部で、あるやり方で動いている。波は大洋と同じことを、もっと小さなスケールでしているんですね。

そう、そのとおり。あなたは、あなたのやり方で行動するわたしだ。わたしはあなたに、あなたのやり方で行動する力を与える。あなたの力は、わたしから発している。大洋がなければ、波は波として存在する力をもたない。

わたしがなければ、あなたはあなたとして存在する力をもたない。そしてあなたがなければ、わたしの力は表されない。あなたの喜びはわたしを表すことだ。人間の喜びは神を表すことだ。

すごいお言葉ですね。

まだあるよ——生命とは、物質界で表された神である。

ここで大事なのは、生命が物質界に神を表すやり方はひとつではない、ということだ。それを理解しておかなくてはいけない。ある波は小さなさざなみだろうし、ある波はとほうもなく巨大ですべてを押し流すだろう。しかし小さくても大きくても波は波だ。大洋に波がまったくないことはありえない。波のひとつひとつは違っていても、どの波も、大洋そのものと分離してはいない。

違いは分離を意味しない。この二つは同義語ではない。あなたは神と違うが、しかし神と離ればなれではない。

あなたが神と離ればなれではないという事実、それがあなたは決して死ぬことがない理由だ。

波は浜辺に打ち寄せるが、存在しなくなるわけではない。かたちを変えて、また大洋に戻っていく。

大洋は波が浜辺に打ち寄せるたびに「小さく」なったりはしない。それどころか、また大きな波が打ち寄せて、大洋の偉大さを示す。そして波は大洋に戻っていって、大洋の栄光を取り戻す。

波の存在は、大洋の存在の証《あかし》だ。

あなたの存在は、神の存在の証だ。

いまの言葉を冷蔵庫に貼《は》りつけておかなくちゃいけないな。「あなたの存在は、神の存在の証だ」。車のバンパーにつけるステッカーにもいいですね！　とってもシンプルで、しかも優雅な説明ですよ。

それじゃ、「神が、神のみが」わたしたちの死期を選ぶという言葉も、人間がそのプロセスの一部だと言っているのと同じなんですね。だって、人間は神の一部なんだから。

そしてわたしが死ぬとき、その死は「わたしに」ではなくて「わたしを通じて」起こる。

そう、そのとおり。さあ、あなたの見方は変わっただろう。視点が変わった。それによってあなたの認識も変わる。それがあなたの経験を変える。認識が経験を生み出すのだから。

もうひとつだけ、わからないことがあるんですが。

そもそも、どうしてわたしは死ぬことを選ばなきゃならないんですか？

ああ、簡単だよ。なし終えたからだ。終了したから——完了したから。

12

見れば信じられる、と言うひとがいる。
信じれば見られる、とわたしは言おう。

なるほど、ひと回りして元に戻ったみたいですね。

つまりわたしは、何かやらなければならないことがあってここにやってきた、とおっしゃるわけですか？　そのやるべきことをなし終え、終了したら、立ち去るときが来るのだと？

やらなければならないことではなくて、あなたが経験しようと選んだことだよ。すべての決断は自由意思から生まれる。すべての選択が自由意思の表れだ。

あなたと神がひとつなら、あなたにはしなければならないことは何もない。すべての前に話したように、あなたは、あなた自身のある側面を経験するために身体に宿った。その側面はあなたの行動によって——物理的な世界の活動によって——経験されるかもしれないし、特定の在《あ》り方によって、あるいは何もしないことによって、経験されるかもしれない。

よくわからないなあ。例をあげていただけますか。

ここでは「死」と「死にゆくこと」について話しているから、葬儀を例にとってみようか。あなたが葬儀に参列しているとしよう。あなたは何もしない、ただ座っているだけだ。ほとんど身動きもしない。しかしあなたは何かである、そうだろう？

あなたはとても悲しいかもしれない。あるいはひそかに喜んでいるかもしれない。どちらもありうる。それはあなたの見方によって——この場合は「死」をどう見るかによって——大きく左右される。

視点が認識を創るってことですね。

そう。そして、それがあなたの在り方の創造方法でもある。あなたが悲しいなら、それはあなたのものごとの見方のせいだ。葬儀でひそかに喜んでいるとしたら、それもまったく同じ理由だ。ものごとをどう見るかは、あなたが選んでいる。自由意思による選択が、あなたが何であるのか、何になりたいのか、そして自分自身をどう経験したいかを決める。どんな状況でも、「それをどう見たい」と思うかを変えれば、視点を変えられる。何を見たいかを決めて、見たいものをそこに置けば、それが見えるのだよ。

ああ、それもすごい言葉だな。

そうだね。とても力強い言葉だ――そうでない場合はべつだが。そして、決めるのは誰だと思う?

わたしです。

そう、あなただ。そのとおり。あなたが決める。あなたがどう見るかによって、それが力強い言葉なのかどうかを決めるのだよ。だから因果《カルマ》は循環する。見るものを得るし、得るものを見る。

なるほど、うまいことをおっしゃる。ほんとうにしゃれた言い回しだなあ。

あなたがどう思うか知らないが、しゃれた言い回しを聞かせたくてここにいるわけではない。

ああ、わかっていますよ。あなたのしゃれた言い回しはとても大きな真実を指摘しているんだ。

言い回しを評価してくれてうれしい。このあとも、その言葉があてはまると思うよ。

それじゃ、さっきの話に戻りますけれど、自分自身の葬儀が近づいたとき、心のなかで喜んでいられるには、自分が死ぬのを選んだから死ぬのだと理解していればいい、というわけですね。すべて自分に起こることは……自分自身の死とその時期を含め……どこかのレベルで自分が因《もと》になっているんですね。

そう、わたしが言っているのはまさにそういうことだよ。それを知っていれば、死ぬときに大きな安らぎを感じられるだろう。自分と神がひとつであり、一緒にその決断をしたのだと知っていれば、安らかな静謐《せいひつ》が訪れる。

でも、まったく違った種類の宇宙を信じなければ、そうは考えられませんね。わたしたちの宇宙では、神を信じるひとのほとんどが、自分自身ではなくて神が第一の因《もと》だと思っています。そして、そのひとたちの死の因《もと》も神なんです。彼らは神が「彼らをわが家に召される」と決めたときに死ぬんですよ。

彼らは自分が「わが家に行く」と決めたときに死ぬのだよ。

あなたは、自分が自分の体験の絶対的な因《もと》である宇宙を信じろ、とおっしゃっている。

そういう宇宙にあなたは生きている。

でも、そんなふうには見えないんです。

そして、あなたが視点を変えるまでは、そんなふうに見えることはないだろうね。

あなたが見ないものは、見えはしないのだよ。

なるほど、たしかにあなたは智恵者だ。

あなたが知っているよりもずっと智恵者だ。見れば信じられる、と言うひとがいる。信じれば見られる、とわたしは言おう。

なるほど、昔からの格言をひとひねりなさったんですね。あなたのそういう言葉は大好きですよ。その言葉も前におっしゃいましたよね。

そう、そしてあなたがわかるまで何度でも言うよ。

なるほど。誰も「自分のときが来るまでは」死なない。あなたはくり返しそうおっしゃる。だからその言葉を受け入れるか、それともすべてを否定するかしかないんでしょうね。それでは、真実だと受け入れることにします。わたしにとっては、むずかしいことですがね。

どうして、そんなにむずかしいのかな。

そうですね、まだ引っかかりがあるんだな……おっしゃったことはちゃんと聞いてましたよ、でも……たぶんまだ、やっぱり起こってほしくないことが起こることもあるし、自分のなかにも創り出したいとは思わないことがあるんじゃないか、って気がしてならないんです。でも、なにごとも偶然には起こらないし、誰も自分が選んでいないのに死んだりはしない、ってことはわかりました。

「選んでいない」ことなどない。すべては選ばれている。

そう、そうですよね。そして、あなたはそのことを何度もくり返しておっしゃる。なぜなら、いままで人間が自分に言い聞かせてきたこととまったく反対だから。そこでお話ししておかなければならないことがあるんです。なんとこれを書きとめているいま、この非常に長い対話でちょうどこの部分にさしかかったいま、あなたのおっしゃっていることが真実だと思い知らされる出来事が起こったんです。なにごとも偶然じゃないんだ。つまり、わたしの人生そのもの、日々の暮らしそのものが、わたしにそれを思い知らせてくれる……それも、絶好のタイミングで。

その出来事をくわしく話してごらん。

さっきのやりとりをしたあとに、ひと休みして郵便受けを開けてみたら、読者からの手紙が入っていたんです。これが「偶然」だなんてことがあるでしょうか？

その手紙は二か月前に心臓麻痺《まひ》で婚約者を失ったジャッキー・ピーターソン（これはプライバシーを守るための仮名ですが）という女性からでした。彼女は打ちひしがれていました。なにしろ婚約者はとても元気で、健康診断の結果もまったく問題なしだったそうです。彼女は「神との対話」シリーズのなかで、わたしたちはこの世の自分の人生の状況を選ぶのだという部分を読んだのだそうです。そこで、このような状況を自分が選んだのだろうか、それとも、これもその元婚約者が選んだ人生の一部なのか、とたずねてきたんですよ。

あなたは返事を書いたのかな?

ええ、もちろん書きました。ちょうどいま、この手紙が「舞いこんで」くるなんて、なんと不思議なことかとびっくりしましたけどね、できるかぎり答えてみました。その答えの基盤は、まさにここで交わされた対話だったんですよ。

あなたがどんなふうに答えたのか、どう書いたのか、見せてもらおうか。

これがわたしの返信です……。

──親愛なるジャッキー
人生でつらい出来事に遭《あ》われたとのこと、心からお悔やみを申し上げます。
わたしの気持ちがあなたの魂《たましい》の深いところに届いてくれますように。
わたしは、そうか、こんなことはたいした問題じゃないのだ、とあなたに感じてもらえるようなシンプルで「安易な回答」をしたいとは思いません。ジャッキー、あなたが出遭った出来事は、たしかに大きな問題だし、とても悲しいことです。あなたが怒りと悲しみととまどいといらだちを覚えて答えを求めているのはあたりまえ、当然なのです。

まずアドバイスしたいのは、どんなレベルにせよ、いまの気持ちをコントロールしようとか落ちつかせよう、抑えよう、控えめにしようなどと考えずに、存分にその思いに浸ればいい、ということ。ただその瞬間瞬間の自分の思いをすなおに感じてください。

今日、あなたのお手紙が届いたというのは不思議なことでした。なぜなら、ちょうど「神との対話」シリーズのつぎの本にとりかかっているからです。

この本のなかで、わたしはまさに、魂は身体から離れて「わが家」へ戻るときを選ぶという考え方を模索していたのです。

そうなのです。この最新の対話で神がとくに語っているのは、誰でも必ず自分自身が選んだとき、あるいは選んだやり方で死ぬ、ということ。

それは「意識的な」選択ではないかもしれないが、しかし魂だけがアクセスできる認識のレベルでは選んでいる、と神ははっきり言っています。

もしそうなら、あなたの婚約者は、意識的なレベルで自分が死ぬときを選んだのではないでしょう。そのレベルでは、彼の死は彼自身にとっても驚きだったはずです。

事実そうだったのではないかとわたしは思います。彼が意識的にあなたを遺《のこ》して逝《い》くことを選んだとは思えません。

これはたしかに真実だと思うのですが、魂は意識的なレベルでは決して選ぶはずのないことを、無意識あるいは超意識のレベルで選ぶことがあります。それは「もっと大きな課題《アジェンダ》」を達成するためです。死のほとんどがそうなのではないかと思います。いつ、どこで、どうやって死ぬかを意識的に選んでいるひとはごく稀《まれ》でしょう。キリストやブッダもそうだったでしょうし、ほかにもそういう魂はあると思いますが、でもやっぱりめったにないことでしょうね。

だから、あまり婚約者を責めないでください。代わりに、ともに人生を楽しみはじめたちょうどそのときに彼を奪っためぐりあわせに、あなたの怒りを向けてください。あなたがどれほど打ちひしがれたかよくわかりますし、さきほども言いましたとおり、それはまったく当然のことです。

でも、起こったことを理解するにあたっては、こう考えることができないでしょうか。

あなたの婚約者の魂《たましい》の目標のひとつは、完璧《かんぺき》な合一とすばらしい人間関係を体験することだった。そしてこの生涯での幾多の試みのあとに、またこれまでの生涯におけるかずかずの試みのあとに、あなたの婚約者はあなたへの贈り物となった。そしてあなたは、彼にとってそれ以上にすばらしい贈り物になったのです。

彼が探し求めていたもの、それがあなただった。

あなたは「契約」あるいは「合意」の一環として彼の生涯に参加し、ついに真の彼自身をこれまでなかったほど充分に彼に体験させたのだと、わたしは思うのです。

彼はあなたとともにいて、かつてなかったくらい、ほんとうに「自分らしい」と感じたことでしょう。それもこの生涯だけではなく、これまでの多くの生涯でもなかったほどに。

ジャッキー、こういうことは、人間としては受け入れるのがむずかしいかもしれません……だからもっと高い霊《スピリチュアル》的なレベルに「ジャンプ」して、わたしがこれから言うことを理解してほしいのです。

あなたの婚約者は幸せに死んだのかもしれない。その可能性はある、とわたしは思います。

あなたはおっしゃいましたね。彼は一度も重病にかかったことがなかったと。とても元気だったし、定期的に健康診断も受けていて、まったく問題がなかった。

だから、これほど突然に逝《い》ってしまう理由は、この世では考えられません。しかし霊《スピリチュアル》的な理由はあったのかもしれない。

簡単に言ってしまえば、彼はついに……あなたの助けで……この世での課題《アジェンダ》を完成したのかもしれませんね。彼が「わが家」に戻れるように、そしてさらに進化していけるようにするため、最後の援助をしようという具体的な意図をもったあなたという「親しい魂」の助けで、彼は課題をなし終えたのではないでしょうか。

ジャッキー、あなたはそのすばらしい男性に、どれほどすばらしい人間関係があるか、そしてその人間関係のなかで「彼」がどれほどすばらしくなれるかを、教えてあげたのでしょう。

さきほど言ったように、あなたとの関係のなかで彼はかつてなかったくらい自分自身を充分に体験できた、とわたしは信じています。

それどころか、彼はきっとそのことをあなたに告げていただろうと思うのですが、いかがでしょうか。彼はきっとさまざまな言葉で、そのことをあなたに話していたに違いない、と思うのです。あなたと一緒にいるときほど、自分自身を充分に体験したことはなかったと。

だからジャッキー、あなたの婚約者は突然、身体から離れましたが、自分が発見したことに、そしてついに自分自身を……真の自分を充分に……体験できたことに輝かしい喜びを感じつつ逝ったことでしょう。

あなたが担わされた大きな悲しみは、大きな、言葉にならないほどすばらしい、霊的《スピリチュアル》で寛容な贈り物の一部です。あなたがその贈り物をこの特定の「他者」(ほんとうはあなたのべつの一部なのですが）に与え、それによってあなたもまた真の自分自身を知ることができるように、生命／人生がしむけたのです。

あなたの婚約者もあなたに宝物を与えたでしょう（『神との対話』では、「真の利益はすべてお互いさま」と言っています）。

それは人間というかたちですばらしい愛を与え、受けとり、体験することができる、とわかったことです……彼と出会うまでは、あなたはそのことに強い疑問をいだきはじめていた。だから彼はあなたをあなた自身に戻してあげたかった。そしてそれを実行したのです。

こうしてあなたがたの関係の「聖なる目的」が達成され、「聖なるかたち」と「聖なるタイミング」によって完成しました。このかたちのあなたがたの関係は「聖なるタイミング」で始まったし（きっとあなたがたもそのことに気づき、何度も語り合っていたことと思います）、終わりもまた同じく「聖なるタイミング」で起こったのですが、でも、そのことをいま理解して体験しろと言っても、それがとても困難だということはよくわかります。

あなたはきっと、今後さらに大きな課題《アジェンダ》に取り組む準備をなさっているでしょう。

今度の経験を生かして、つらい状況に陥って霊《スピリチュアル》的なレベルで課題に挑戦しているおおぜいの人びとを助け、癒《いや》してあげることになるかもしれませんね。あなたは人びとを自分自身に返してあげるという喜びに向かって進む準備をなさっていると思います。

将来あなたが出会う人びとのなかには、愛を信じられなくなったひともいるでしょう。完璧《かんぺき》な人間関係など不可能だ、あるはずがないと考えているひと、そんなのは宇宙の壮大ないんちきだと思って忘れたほうがいいと考えているひとたちがいるかもしれません。

あなたはそんなひとたちに、そうではないと教え、いつも可能性に自分を開いていなさいと勇気づけるでしょう。

また、不意に愛する者を失って何も理解できず、現在が「完璧」であることがわからなくなり、ただ喪失感《そうしつ》と苦しみだけを感じている、それどころかもうだめだ、生きていけないと思っているひともいるでしょう。

あなたはそういうひとたちにも、そんなことはないと教え、いつも人生のつぎの偉大な贈り物に対して、最高の自分自身や神や愛や真の自分を知って表現できるつぎの比類ない瞬間に対して、自分を開いていなさいと勇気づけることができるでしょう。

もちろん、いままでお話ししたことはすべてわたしが考えたことで、「何もかも空論」かもしれない。それは認めましょう。

でも、わたしはいつも人生の出来事には……最も悲劇的な出来事や悲しい出来事も含めて……より大きな目的、大きな課題があると感じてきました。いまの物理的なかたちで生きる人生が終わるとき、喜ばしい一瞬のうちにすべてが明らかになり、わたしたちはすべての完璧な対称性のなかで歓喜を味わうのではないでしょうか。

それにジャッキー。あなたの婚約者との関係は決して終わりはしない。彼は彼の旅を続けてはいても、あなたが彼の愛に呼びかければいつでもそばにいてくれるし、旅を続けているあなたを彼の霊《スピリチュアル》的なエネルギーで助けてくれる。そんな気がします。

あなたがたは、つねに一緒に旅をするのだと思いますし、それどころか何十億年も昔からともに旅をしてきたのかもしれません。

たぶん、あなたがた二人が物理的なかたちで出会ったのは今回が初めてではないでしょう……そのことにもあなたがたは気づいていたのではありませんか。それに今回が最後でもないと思いますよ。

あなたがたの関係は決して、決して終わらないのです。

たったいまだって、この瞬間にだって、あなたがたの関係は続いている……だって、こうした言葉をあなたに伝えようとしているのは、いったい誰だと思いますか？

わたしでしょうか？

誰かがわたしを通じて、このメッセージをあなたに届けているのかもしれません。

そうでしょう?

そういうことがありうると思いますか、ジャッキー? わたしはあると思っています。

愛するひとを失ったいま、「悲しみにケリをつけよう」などと考えないでください。心は悲しみによって、相手をどれほど大切に思っているかを表すのです。それに、幸せによってもね。

あなたはいまの悲しみを充分に感じることで、愛するひとの魂《たましい》を称《たた》えているのですよ、ジャッキー。

そして、いつかその日が来たら、幸せを充分に感じることによっても愛するひとの魂を称えるのです……その日は必ず来ますよ。

その日が来るまでに、あなたの魂が安らぎを見いだすことができるように願っています。

「ひとのすべての考えにまさる神の平安」が、いまも、これからも、あなたとともにありますように。

祈りの翼にのせて、あなたにわたしの愛をお届けします。

ニール

13

客観的な観察は不可能だ。
——観察されたもので、観察者に影響されないものはない。

あなたは思い出したことを、しっかりと身につけたようだね。これで、はっきりとわかっただろう。

おかげさまでわかったと思いますよ。ようやく「真実」をつかんだ、というか、ほんとうに理解したと思います。

ものの言い方に気をつけたほうがよろしい。あなたは、「自分の真実」と言うつもりだったんだね？　客観的現実として存在する「真実」などないのだから。視点が認識を創り、認識が経験を創る。認識があなたのために創った経験、それがあなたの言う真実だよ。あなたの真実とは、じつはあなたの経験だ。そのほかはすべて誰かが経験し、あなたに語ったにすぎない。それはあなたとは何の関係もないのだ。

客観的現実というものはないんですか？

ない。「客観的現実」というのは言葉として矛盾している。

それじゃ、なにごとも見えているとおりではないとおっしゃるんですか？

その反対だよ。すべては「見えている」とおりだ。そして、どう見えるかは認識によって決まる。認識は視点によって決まるし、視点は客観的ではない。主観だよ。それはあなたが経験する何かではなくて、選びとる何かだ。

さっきもそうおっしゃいました。でも、よくわからなかったし、いまもよくわかりません。わたしは自分の視点を選んでいるんですか？

そう、選んでいるのだ。それがあなたの創造のプロセスだよ。

そんなこと、信じられないなあ。

それでは信じないだろうな。

その結果……。

そう、その結果、あなたは、それを経験しないだろうね。

すると自分が望む視点を選んでいると信じなければ、わたしは望む視点を得られないのか。

そういうわけだ。

なぜなら、それがわたしの視点だから。

なぜなら、それがあなたの視点だから。その視点はあなたの認識を変え、認識はあなたの経験を変える――そしてあなたの経験は視点を再強化するね。

でも、その視点を選んだわけじゃない、って抗弁することもできるでしょう。そうじゃなくて客観的に観察しただけだ、って。

あなたの視点にもとづいた観察だ。なにごとも「客観的に」観察することなどない。客観的な観察は不可能だ。

また矛盾語法ですね。「客観的な観察」は言葉として矛盾している。

そう。客観的な観察は不可能だ。観察されたもので、観察者に影響されないものはない。

それを聞いて、ニューエイジっぽい霊《スピリチュアル》的な言い回しだと思うひとが多いだろうな。

それはおもしろい。なぜならこれは純粋な科学だから。量子物理学の初歩だよ。何でもいいから量子物理学の本を読んでごらん。

それじゃ、わたしはどんなふうに見るかによって、見るものに影響を及ぼしているとおっしゃるんですか?

あるいは、まったく見ないことによっても。そう、わたしはそう言っている。そのとおりだから。

どうも横道にそれちゃったようだな。知覚理論と量子物理学の泥沼にはまってしまったらしい。

それもすべて、あなたがあなたの真実に戻れるように導くためだ。どうやってそこに到達するかを思い出さないかぎり、あなたは自分の真実を再発見することはできないし、自分の真実を思い出すこともできず、自分の真実に住まうこともできない。ここでは、どうやってそこに到達するかを話している。この対話は、あなたがつねに行きたがっていたところへ、「神とともにあるわが家」へ、あなたを連れていく。死ぬ前にそこに到達できれば、あなたは二度と死を恐れることはないだろう。二度と死にゆくことを恐ろしいとは思わないよ。

それがこの対話の目的ではなかったのかな？　あなた自身とほかのすべてのひとたちのために、その目的を達成したかったのではないか？

そうです。

それでは知覚理論と量子物理学についての話は横道じゃない――あなたはもう、どうしてわたしたちがこの角度から生命／人生や、「死後」の生命に取り組んでいるのか、わかったのではないか。

あ！　それじゃ、あなたは「死後の生命」が存在することを肯定なさるんですね！

いや。

いや、って？

いや。死後の生命はない。

そう……死後の生命はないんですか？

ない。それどころか「死」などというものもない。そこで――。

●思い出すこと――その七

死は存在しない。

だが、存在するとあなたが考えているのは知っているよ。だから、あなたにとっては絶対的に存在する。いま話しているのは、そういうことだ。わたしたちは認識について、それに認識が生じる視点について話している。

ううむ、またひと回りして元に戻っちゃったみたいですね。

この対話全体が、めぐりめぐっているのだよ。まだ気づいていないようだが、そのうち気づくだろうね。これは直線的に進む対話ではない。らせん状に進み、たくさんのポイントに何度も戻ってくる。二度どころか三度でも四度でも。対話を続けていくうちに明らかになるだろう。たまたまそうなるわけではない。このくり返しはきわめて意図的なものだよ。ここで話すことは、宇宙論そのもの、すべての生命の秘密だ。死後の魂《たましい》の探究の旅だ。時空の本質だ。そして、ふつうの宇宙論をゆるがす考え方が少なくとも二つはあるだろう。何度もくり返して聞かなければ、あなたにはとても吸収できないはずだ。ということで、先に進もうか。まだまだ先は長い。用意はいいかね？

はい、いいですよ。

それでは、ここで念のためにもういちど、くり返そう。あなたの視点が——つまり、どのような見方をするかが——この生涯でも、その後でも、あなたの現実を創り出す。

すると、死後の生命はないと思っていれば、死後の生命はないってことですか？

いやいや、もちろんあるよ。「究極の現実」は変えられない。しかし、それをどう経験するかは変えられる。だから、わたしは言ったのだ——。

神なしで生きることも死ぬことも不可能だが、そうだと思うことは可能だ。あなたが神なしで生きて死ぬと思えば、そのとおりの体験をするだろう。その体験はあなたが望むかぎりは続く。自分が選べばいつでもその体験を終わらせることができる。

そこで——。

●思い出すこと——その八

あなたは「究極の現実」を変えることはできないが、それをどう経験するかは変えられる。

いまの言葉が何を意味するのかを理解しようとしているんです。自分の経験を振り返って、自分自身の人生の歩みから何か気づけるかなと考えているんですよ。

けっこう。それはたいへん良いプロセスだ。手はじめとしてはとてもすばらしい。ただし、そこで立ち止まらないようにしなさい。

それはどういう意味ですか？

個人的には経験しなかったことに対しても、いつも心を開いていなさい、ということだよ。

わかりました。心を開いていなければいけないんですね。

それでは、あなた自身の記憶にあることに戻ってみようか。あなたの「人生の歩み」にあったことに。あなたは歩いているとき、にわか雨にあったことがあるかな？

もちろん何度もありますよ。

よろしい。ではそれを、つまり雨降りという現実を、困ったな、間《ま》が悪いと思ったか、それとも気持ちがいい、楽しいと思ったかな？

そうですね。じつはどっちもあるんですよ。一度はすごく困ったなと思いました。降りだしたんで、頭にきましたよ。急いで雨宿りできそうなところを探してもむだで、びしょ濡《ぬ》れになりました。

もういちども夏で、ガールフレンドと歩いていたら突然、大雨になったんです。そこは広々とした駐車場だったんですが、彼女はいきなり服を脱いで、雨のなかで踊りだしました！　さもうれしそうに踊ったり跳ねたり飛んだりする彼女を、わたしは頭からずぶ濡れになって髪から水滴をしたたらせながら、呆然《ぼうぜん》と眺めていました。

彼女は笑って、一緒に踊ろうと誘うんです。だから、踊りました。駐車場で五分ほど踊っていたかな。そうしたら警官がやってきました。その警官はとても感じが良くて……女性でしたが……服を着てもらえませんか、そうしないと公然わいせつ罪か迷惑防止条例違反で逮捕しなくちゃなりません、と言いました。三人とも笑って、わたしたちは警官の指示に従いましたが、あれは生涯忘れられない出来事だったな。抑えきれない純粋な喜びを感じましたね。ほんとうに楽しいいたずらだった。

もちろん、わたしはその出来事を知っているよ——だからにわか雨の例を出したのだ。
そこで質問だ。雨にどんな違いがあったのだろうね？

最初の出来事と二つめの出来事では、雨にどんな違いがあったのかな？　濡れ方がひどかった？　雨が激しかった？　雨粒が冷たかったとか、大きかったかな？

いや。まったく同じでしたね。最初のほうがとくに激しい雨だったわけじゃありません。どっちも夏のにわか雨でした。

それでは、二つの体験では何が違っていたのだろう？

わたしの見方です。視点です。いちどはビジネススーツを着て重要な会合に行く途中でしたから、にわか雨だなんて迷惑だという視点に立っていた。迷惑どころか、わたしの計画をじゃますると思いましたね。障害です。でももういちどは服装もカジュアルだったし、何時にどこへ行くという予定もなかった。だから雨がおもしろい出来事に「見えた」んです。

そう、そしてその視点を創造したのは誰だろう？

もちろん、わたしです。

あなたは、その会合はたいして重要じゃないとか、少しくらい濡れて出席しても平気だ、問題ないと思うこともできた、そうだろう？　「そういう見方」もできたのだ。違うかい？

そうですね。

それでは雨を「究極の現実」と考えてごらん。あなたは雨降りという現実を変えることはできないが、見方を変えれば、雨降りにあったという体験を変えることはできる。「究極の現実」は変えられないが、それをどう経験するかは好きなように変えられる。これが生命／人生の最大の秘密だよ。

でも、いつもそう簡単だとは限りませんよね！

いつも簡単だよ。

でも、ものごとの見方を変えたら、ドラマなんて吹っ飛んじゃうなあ。たとえば、「思い出すこと」の七番めの「死は存在しない」ですよ。もし、人類全体がそれを真実として受け入れたら、すべてのドラマはどうなりますか？　愛する者を失った怒りや悲しみや喪失感《そうしつ》はどうなるんです？　悲劇が大好きなイタリア人なら、なんて言うだろうなあ？

それはすごくおもしろい。

イタリア人がそう思うと思われますか？

もちろん、そう思うだろうさ。悲劇も好きだが喜劇も大好きなのがイタリア人だから、きっといちばん大きな声で笑うだろう。

わかりましたよ。だけど、まじめな話、それはほんとうに……真実なんでしょうか？　死後も生命はあると言うのはいいですよ。でも死は存在しない、というのはぜんぜんべつの話だと思うな。あなたはいま、とんでもなく重要なことをおっしゃったんです。

まるで耳新しい話を聞かされたような言い方だね。

神の言葉が引用されているところなら——宗教、文化、時代、そのほかの違いにかかわらず——死は存在しないと正しく記されているではないか。あなたがたの大半が考えているような、すべての生命/人生の終わりとしての死は存在しない、とね。「生命の終わり」などというものはない。

それじゃ人間の経験としての「死」はあるんだ。

いまの物理的な存在の終わりとしてはね、あるよ。その経験はあなたの死のときに終わるが、しかし生命そのものは終わらない。もし神を信じているなら、永遠の生命を信じているはずだ。すべての宗教の神がそう宣言しているではないか。

もし、神を信じていなかったら?

あなたの経験が変わるだろうね。だが、事実は変わらない。あなたは信じることを経験するのであり、何を信じるかはどういう見方をするかに左右される。

「定番のコース」ってないんですか？　誰にでも起こる、ってことはないんでしょうか？

「定番」の出来事はあるよ——しかし、あなたはそれが起こっていると気づかないかもしれない。

なんだかややこしくて、混乱してきましたよ。

すまないね。だが、死の瞬間、あなたは自分が信じていたことを体験する——それが真実だ。

あなたの信念の基礎とはあなたの認識で、あなたの認識の基礎はあなたの視点にある。

すると、わたしの認識が変わることはないんでしょうか？

もちろんあるよ。死ぬ前の人生と同じように、死後の生命でもあなたの認識は変わりうる。

なぜ、どうすれば変わるんですか？

視点が変われば変わる。

新しい見方をするってことですね。

新しい見方をすることだ。

でも、どうするとそうなりますか？

いろいろだ。死の直後に、いまの見方はうまくいかないと決断するのもそのひとつ。つまり、この見方では自分が選んだ体験はできないと思うことだ。その決断で、ただちにあなたの体験は変わる。

いいですよ、わかりました……それはそれとして……どうすれば、死後の瞬間とその先に何が起こるのかを、ちゃんと話してもらえるのかなあ。

いろいろな選択肢について話してあげるのは、いっこうにかまわないが、しかしさっきも言ったとおり、ひとによってぜんぜん違うのだよ。

では、そのうちのいくつかを話してくださいよ。

あなたはとても大きな問いかけをしている。ほんとうにその先を聞きたいのかな？

ええ、そうです。もう待ちきれませんよ。ひとが死んだあとにどうなるのか、ぜひ知りたいんです。

14

——はっきりさせよう。地獄は存在しない。そんな場所はない。

これが「積年の疑問」であることは承知しています……死のあとに何が起こるのか？でも、単刀直入におたずねしますから、単刀直入に答えていただきたいな。

よろしい。もちろん答えてあげるよ。しかし短い答えにはならない。「そうだな、どんな人生を送ったかによって天国へ行くか地獄へ行くか、どちらかだね」などという答えではないのだ。このような質問に、ひとことで答えることはできない。

それじゃ、そっちのほうは教会にまかせるとしましょうか。

ノーコメントだな。

それで……あなたのお答えは？

まず、誰にでも同じことがひとつあると言っておこう。死は段階というか、局面を追って経験されるのだが、最初の段階は誰にとっても同じだ。

第一段階の死の瞬間、あなたはただちに生命が続くことを経験する。これは誰にとっても同じだ。

ごく短時間、自分がもはや身体には宿らず、そこから離れていることに気づいて、とまどうかもしれない。

それからすぐに、自分は「死んだ」が、生命は終わっていないことがわかる。自分は身体ではないということに充分、それにたぶん初めて気づくのが、この瞬間だ。身体は自分が所有するものであっても自分自身ではない、ということを知る。

その後にたちまち死の第二段階に移る。ここでそれぞれの道が分かれる。

どんなふうに？

死ぬ前にいだいていた信念体系に、生命は確実に続くということが含まれていれば、自分が「死んだ」ことがのみこめたとたん、何が起こっているのかもわかるし、理解できる。その場合、第二段階では死後に起こると信じていたことを経験する。これは瞬間的に起こる。

たとえば輪廻《りんね》転生《てんしょう》を信じていれば、それまでは意識的な記憶になかった前世のさまざまな瞬間を体験するかもしれない。

無条件に愛してくれる神の腕《かいな》にいだかれると信じていれば、その体験をする。

「最後の審判」や「真実が現れる瞬間」があって、そのあとに天国へ行くか、未来永劫《えいごう》地獄に落とされると信じていれば――。


　信じていれば、どうなるんですか？　教えてください。


期待どおりのことが起こる。

死の第一段階で自分はもう身体に宿っていないと気づくと、すぐに第二段階に移り、予想したとおりに審判を受ける経験をするだろう。そして、その審判もまた想像していたとおりになるだろう。

自分には天国がふさわしいと考えて死んだなら、ただちにその経験をするし、自分には地獄がふさわしいと思っていれば、ただちにその経験をする。

天国はあなたが想像したとおりだろうし、地獄も同じだ。具体的な姿を描いていなかったら、その場で想像するだろう。それで、ただちにそのとおりの場が生まれる。

そして、自分が望むあいだは、その経験にとどまるだろう。

それじゃ、やっぱり地獄に落ちることもあるんだ！

はっきりさせよう。地獄は存在しない。そんな場所はない。だから、あなたがそんなところに行くこともない。

ところで——自分が選べば、あるいは自分にはそこが「ふさわしい」と信じれば、あなたは個人的な「地獄」を「創り出す」ことはできるだろうか——できる。

だからあなたは自分を「地獄」送りにもできるし、その「地獄」はあなたが創造した、あるいはそうであるべきだと思ったとおりの場だろう——しかし自分が選ぶのでないかぎり、一瞬だってそんなところにとどまる必要はないのだよ。

いったい、どこの誰が、地獄にとどまることを選んだりするんですか？

きっと、びっくりするだろうね。どんなにたくさんのひとが、自分は罪人だ、だからその「罪」を罰せられるべきだという信念体系のなかで生きているかに気づけばね。そのひとたちはそこが自分にふさわしい、「自業自得《じごうじとく》」だ、こうでなくてはならないと思って、実際に自分の幻想の「地獄」にとどまるだろうね。

だが、それはたいしたことじゃない。そのひとたちもぜんぜん苦しみはしないのだから。

離れたところから自分自身がどうなるかを眺めているだけなんだよ――ビデオ講座を見ているようなものかな。

でも苦しみがないのなら、そのひとたちはどうなるんです？

苦しむのさ。だが、苦しみはない。

よくわかりませんが？

どうなるかと言えば、苦しんでいるように見える。だが、それを眺めている部分は何も感じない。悲しみすらない。ただ観察しているだけだ。

べつのたとえで言えば、子供がうちで「ふりをする」のを見ているようなものだ。子供はママが学校を休みなさいと言ってくれるかと期待して、頭をかかえたり、おなかを押さえたりする。「苦しんで」いるように見えるかもしれないが、ママは、ほんとうは何でもないとちゃんと承知している。子供は苦しんではいない、とね。

正確なたとえではないが、だいたいそんなところだよ。

観察者である彼らは自作の「地獄」にいる自分自身を見ているが、それは、ほんものではないとわかるだろう。そして自分が学ぶべきだと感じることを学んだら――つまり忘れていたことを思い出したら――自分自身を「釈放」して、死の第三段階に進む。

それでは、自分のために「天国」を創り出すひとはどうなるんですか？　そのひとたちも第三段階に進むんですか？

いずれはね。そのひとたちは「天国」の経験を創造することで、思い出そうとしたことをすべて思い出し、地上での生命／人生の終わりに気づいたのと同じことに気づくだろう。

それは何なんですか？

もうすべきことは何もない、ということさ。

そして前進するんですね。

そして前進する。死の第三段階へね。だが、そこの話はまだしたくない。それより先に第二段階のほかの可能性を見ようではないか。

ああ、そうですね。たとえば？

死ぬときに、死後に生命が続くのかどうか確信がもてないという場合もある。

そうか、そうですよね。その場合はどうなるんですか？

何が起こっているのか確信がもてずにとまどい、そのために対応もまったく違ってくるだろうね。

自分がもう身体にいないこと、自分は「死んだ」ことに気づくが（第一段階ではすべてのひとがそうなる）、つぎがどうなるのか、何があるのか確信がもてないので、どう「進めば」いいのかを探るのに時間がかかるだろう。

助けはないんですか？

あるとも、受け入れられるかぎりの助けがある。

「死」の直後、あなたは最も愛情あふれる天使や道案内や、優しい霊《スピリット》に囲まれる。そのなかには人生で大切に思っていたひとたちすべての霊《スピリット》あるいはエッセンスも含まれる。

わたしの母は? 父は? 兄はいるんでしょうか?

あなたが最も愛したひとたちはいちばん近くにいるだろう。あなたを囲んでいるよ。

それはすばらしいなあ。

この愛するひとたちや天使の存在はじつに大きな助けになり、何が起こっているのか、どんな「選択肢」があるのか「見当」をつけ、理解する手伝いをしてくれる。

死ぬと愛するひとたちと再会し、そのひとたちが「境界を越える」手伝いをしてくれると聞いていましたが、それがほんとうだと知って、とってもうれしいですよ!

死ぬ前にだって、愛するひとたちの存在に気づくかもしれないよ。

死ぬ前に?

そう。まだ物質的な身体に宿っているあいだに、愛するひとたちが部屋にいるのが見える、愛するひとたちが迎えに来てくれた、と言うひとはたくさんいる。部屋に居合わせたひとたちはたいてい、幻を見ているんだよ、と言うだろう――彼らはたしかにほんものを見ているのだが、ほかのひとたちは限られた視点に立っているから見えないのだ。

「死」の直後に視点は広がる――そして死の直前にも広がることがよくある。

すごいな！　お話を聞いていると、死はわくわくする出来事のように思えてきます。

ほんとうにわくわくすることなのだ。それどころか生涯で最もわくわくする瞬間かもしれない。

すべてはあなたの信念しだいだな。生きているときと同じく、死後もあなたは信じることを経験する。

たとえば、死ぬときに霊《スピリット》がいてくれるという経験をしないとしたら、それはあなたがそれを期待していないから、つまり霊《スピリット》の存在が信念体系の埒外《らちがい》にあるからだろう。

だが愛するひとがいてくれることを強く願っていれば、すぐにその存在に気づくよ。

わかりました。すると、死についての自分の信念を明確にしておくことがとても重要なんですね。

生きるうえで、すべてについての信念を明確にしておくことが重要なのだよ。信念に影響されるのは死だけではなく、生命／人生全体なのだから。

15

死は不思議だ。
――死はエキサイティングで、不思議で、そして何から何まですばらしい。

ずっと前から、自分の信念が人生／生命に影響すると聞かされてきました。でも、死後のルールは違うんじゃないかって、なんとなく思っていたんですよ。だから死後も自分で自分の現実を創造するのだと聞かされて、ちょっと驚いているところです。

なるほど。今回の対話をしてよかったね。

でも、ちょっと待ってくださいよ。すると父の場合はどうなんですか？　死後には何も起こらないと父は信じていました。まったく何もない、って。

死後に生命はないと確信していたら、死後すぐに第二段階に進むだろう。そこで生命はないという体験をする。

「生命はない」という体験なんて、どうすればできるんですか？

何も体験しないのさ。要するに何も存在しない。
それでも事態は進んでいくが、それを認識できない。たとえばいまあなたが眠っていて、まわりで事態が進行しているのと同じだよ。

それじゃ、望みはないわけですか？　父は何もないと確信して死にました。死後にはどんな種類の生命も、どんな体験もないって……すると……父には何の望みもないのか……。

くり返すが、そういう場合は眠りに落ちるのと同じだ。べつの何かを体験するためには、目覚めなくてはならない。

どうすれば目覚められますか？

いいことを教えてあげよう。
誰でも目覚めることはできる。この世での暮らしと同じで、永遠に眠りつづけることはない。死後の世界でも忘却の眠りを永遠に貪《むさぼ》りつづけることはないんだよ。そういうふうにはなっていない。
魂《たましい》は、愛するひとや天使の助けによって目覚めるだろう。そして、ここはどこなのか、どうして何もないのか、何があったのか、といぶかる。それから頭を働かせはじめるだろう。その瞬間に、魂は死の第二段階の意識的認識に進む。

それはどんなことですか？　父は何を経験したんでしょう？

お父さんが選んだ経験をしたんだよ。

父が創造したかったことですか？　創造したかったことなら何でも、ですか？

そのとおり。

だがとまどいがあれば、その体験にもちょっととまどうかもしれない。即席にできたごた混ぜのシナリオで、意味が通ったり通らなかったりするかもしれないね。

それじゃあんまりエキサイティングじゃないな。

心配はいらない。べつに「悪い」ことじゃないからね。見当をつけるまで時間がかかるというだけだ。リモコンでテレビのチャンネルを次つぎに変えるようなものさ。べつに害はない。ただ、どの「チャンネル」が見たいかを、自分で決めなくてはいけないだけだ。

圧倒されてしまって助けが欲しいと思えば、まわりに愛するひとたちや天使や霊《スピリット》がいること、助けの手を差しのべようとしてあなたが気づくのを待っていることが、すぐにわかるよ。

いずれにせよ、あなたは心のなかの何千もの絵からひとつの絵を選んで落ちつき、そこから創造が始まる。

ところで、いままで話してきたシナリオはどれも、「究極の現実」とは何の関係もないことを理解しておかなくてはいけないよ。それは第三の段階で経験する。

いま話したシナリオは「死後の体験」の最初の二つ、初期の段階のことだからね。

わかりました。すると「死」の第一段階では、自分がもう身体のなかにいないことに気づく。

「死」の第二段階で、自分が死後に起こると想像したり決めたりしたことを体験する。

では、第三段階はどうなんですか？　今度はそれを説明してもらえますか？　いったい何が起こるんでしょうか？

あなたはエッセンスと合体し、「自分の存在の核心」で「究極の現実」を体験しはじめる。

それは、神を体験するってことですか？

「究極の現実」は、好きなように呼んでかまわない。「エッセンス」と呼ぶひともいる。「アッラー」と呼ぶひともいる。「すべて」と言うひともいる。呼び名はどうだっていい。同じことを呼んでいるのだから。

もし、起こると思っていたのが、まさにそういうことだとしたら、どうなんですか？起こると思っていたのが、まさにそういうこと、とは？

もし、死ぬとすぐに自分は神と溶け合うと信じていたら、どうなんですか？　そうしたら死の第二段階でそれを体験するんですか？

そう、第二段階で経験するのは、あなたが「考えていた」ことだ。

死の第二段階で働いているのは、まだあなたの心だからだ。その体験はあなたの想像しうるかぎりで最も心地よく、栄光に満ちたものになるだろう。

しかし死の最後の段階では、自分が想像したことではなく、ありのままを体験する。あなたの言うとおりだよ。のみこめてきたようだね。死ねばただちに「神とともにあるわが家」に行けると信じていれば、そのとおりになる。それはこの世で最高の希望であり、真実だ。

母は希望なんかしていなかった。知っていたんですよ。母は自分がすべての天使に迎えられて「わが家」に戻るのだと知っていました。

そして、お母さんはそのとおりの体験をしたんだよ。それから死の第二段階に進み、その想像はもっと偉大な現実になった。

母は神の存在を体験したんでしょうか？　あなたは母を迎えてくれたんですか？

言っておくが、わたしはすべてのひとを迎えるよ。

神なしで死ぬことは不可能だ。わたしはいつも、そこにいる。

わたしはあなたを抱きとり、慰め、歓迎し、あなたはそのままで完全だ、天の王国に入る準備は完璧《かんぺき》にできていると保証する。それから、あなたを愛するひとたちの魂《たましい》や天使に委《ゆだ》ね、彼らは残る道程の道案内をしてあなたを霊《スピリチュアル》的な領域へと導くだろう——あなたがたの想像ではない「ほんものの」天国へ。そこであなたは、そこへ行く目的だった仕事をする。

天国でも「仕事」をしなくちゃいけないんですか？

心配はいらない。遊びのようなものだ。あなたは「神々の庭」で遊ぶだろう。そこはほんとうに「天国」だ。「しようと決めたことを成し遂げる」という意味で「仕事」という言葉を使っただけだよ。

では、わたしは天国で何を「しようと決める」んですか？

霊《スピリチュアル》的な領域について考えるとき、それも取り上げよう。いまはこれだけを知っていればいい——

わたしが「聖なる審問」をし、あなたがそれに答えるまでは、わたしの前から去ることはない。

「聖なる審問」ですか？

そう。だが、その話もあとにしよう。この対話のなかでも最も重要な部分になるだろうし、その前に地盤固めをしておきたい。

いいですよ……でも、重要だからあとまわしにするというのはこれで二度めですね。前にも、答えを聞いたらわたしはきっと大きな衝撃を受けるだろうとおっしゃった。だから話す前に「基礎固め」をしておこうと。

いままた、「聖なる審問」とは何なのか教えるが、「地盤固め」をしたあとでなくてはいけないとおっしゃる。もう、知りたくてわくわくしてきましたよ。

死というのは、わくわくすることだからね。エキサイティングで、わくわくする、じつにすばらしいことだよ。

それじゃ、神が母を迎えてくれたのだとしたら、神はどんな様子をしていたんでしょう

か？

つまり、わたしがあなたにお会いしたら、あなただとわかりますか？

わたしがどんな様子をしていると思いたいかね？

それは、わたしが「あなたはこうあってほしい」と思う姿に見えるってことですか？

そのとおり。すべてのことがそうだが、あなたが得られるのは自分が選んだものだ。あなたがわたしはモーセのようであってほしいと思えば、わたしはモーセのように見えるだろう。イエスのようであってほしいなら、イエスのように見えるだろう。ムハンマドのようであってほしいなら、ムハンマドのように見えるだろう。わたしはあなたが期待するどんな姿にでもなる。あなたが安らかな気持ちで「わたしの前」にいられるなら、どんな姿にでもなるよ。

神はどんな姿かというイメージを、まるでもっていないとしたら、どうなりますか？

そのとき、わたしは感情になるだろう。あなたがかつて感じたなかで最もすばらしい感情になる。あなたは温かな光に浸されたように、愛に包まれたように感じるだろう。あるいは繭《まゆ》にくるまれたように、絶対的で無条件の受容という重さのない光り輝く容器に入ったように感じるだろう。

わたしがまず、何らかの姿で現れたとしても、あなたは同じ感情を経験する。いずれはその姿は溶けて感情になり、あなたは二度と特定の姿かたちのわたしを見る必要を感じなくなる。

ただしここで、前に言ったことを思い出してごらん。神なしで死ぬことは不可能だが、神なしで死ぬと思うことは不可能ではない。

死の第二段階では、あなたは考えたいように考えるだろう。だからわたしの「純粋なエッセンス」のエネルギーがあなたを取り巻いていても、それを否定して、こんなものはただの幻想だと軽視したり、まったく無視するかもしれない。

わたしは絶対にそんなことはしませんよ。どうして、そんなことをするはずがありますか？

あなたはこれまでの生涯で、何度となくそうしてきたではないか。死後はべつだと、どうして思うのかな？

だって、そのときはわたしも、もっとましになっているでしょう。死んだら、もっとましになっていてほしいですよ。

それにわたしが死んだら、あなたはあなたが神であり、わたしはあなたに愛されて「わが家」に迎え入れてもらったんだと「はっきりとわからせて」くださるでしょう。

いいかな、よく聞きなさい。

死は創造のときだ。あなたが「死」と呼ぶ瞬間に、エネルギーの調整が行われる。死にゆくあなたがもつエネルギーが微調整され、あなたが入ったばかりの非物質的な世界でも同じ作用が複製され、あなたはべつの領域に移行したあとも、それまで自分が創造してきた体験を継続する。

――誕生のときにも同じプロセスが起こるが、方向は逆だ。あなたがこの世に生まれるとき、霊《スピリチュアル》的な領域からもってきたエネルギーが調整されて物質に転換し、あなたが入ったばかりの物質的な世界で同じ作用が複製される――。

前に言ったことを思い出してごらん。死は入り口で、どんなエネルギーによってその入り口を通過するかで、あちら側に何があるかが決まる。自分が選択しさえすれば、いつでも新しい何かを再創造できるが——生きているときと同じだ——最初はそこにあると期待するものを発見するのだよ。

神を信じず、神を信じないまま死に入っていけば、神はそこに存在するが、あなたは神を経験しないだろう——それはこの生涯のあいだとまったく同じだ。

神が存在するという経験をするには、神が存在することを知っていなくてはならない。

一輪の花を見たとき、神がそこに存在することを知っていれば、そこに神を見るだろう。そうでなければ、ただ花が見えるだけだ。それどころか雑草しか見えないかもしれない。

誰かの目をのぞいたとき、神がそこに存在することを知っていれば、そこに神を見るだろう。そうでなければ、ただの人間が見えるだけだ。それどころか悪人しか見えないかもしれない。

鏡に映る自分の目をのぞいたとき、神がそこに存在することを知っていれば、そこに神を見るだろう。そうでなければ、あなたが「これは何者だろう?」と考えている人間が見えるだけだ。それどころかその問いに答えられない人間しか見えないかもしれない。

つまり、神はわたし自身の「無知」からわたしを救ってくれないとおっしゃるんですか?

神は毎日、あなたの無知からあなたを「救って」いるよ。知らなかったのかい？

ときには、知っていると思いますが。

ほんとうかな？

ええ、ときには。

死の直後もそれと同じだよ。知っていることもあれば、知らないこともある。そして、あなたが信じてさえいれば、そのとおりのことが起こる。

そうか、そうなんだ。きっと、それ以上のことを期待していたんだろうな。

「あの世」では神の存在がすべてを「凌駕《りょうが》し」、妨げとなる信念はすべて消えて、その瞬間に「絶対的な栄光」に満たされると言ってもらえると期待していたんですけどね。

神はその瞬間を「絶対的な栄光」で満たすだろう。なぜなら「純粋な創造行為」ほどすばらしい栄光はないし、神はあなたの死の瞬間に、望みどおりの経験を創造させてくれるのだからね。それが死の第二段階だ。

死の第三段階では、あなたについてのもっと大きな真実を知る——そして、それをどう創造するかをふたたび思い出す。あなたはここで語られている神の一部なのだからね。

しかし、そうでないと想像しつづけたとしても、あなたはやはり望みどおりの経験を創造するだろう。

そこで、つぎのことを理解しておきなさい。

死後の初期の体験とは、いまここであなたが創造しているものであり、あちら側でもそれをあなたの考えと希望によって創造しつづける。

「希望」が一役、担うんですか?

前に言ったことを思い出してごらん。

誰かが助けに来てくれることを強く希望すれば、愛するひとたちや天使に囲まれるだろう。ムハンマドに会いたいと強く希望すれば、ムハンマドが導いてくれるだろう。イエスがそこにいてくれることを強く希望すれば、イエスがいてくれるだろう。あるいはクリシュナ神でも、ブッダでも。ただ純粋な愛のエッセンスでも同じだよ。

希望は「死」においても「生」においても——もちろんどちらも同じことだが——すばら

しい役割を果たす。決して希望を捨ててはいけない。決して。
希望はあなたの最も高い欲求の言明だ。最も偉大な夢の宣言だ。希望は神聖化された思考だよ。

ああ、すばらしいお言葉ですね！　希望は神聖化された思考。なんて完璧《かんぺき》ですばらしい言葉なんだろう！

この言葉がそんなに気に入ったなら、前に約束した「二百数十文字で語るすべての人生／生命の公式」を教えてあげよう。

ああ、やっと約束を果たしてくださるんですね！

希望は信じることへの入り口であり、信じることは知ることへの入り口であり、知ることは創造することへの入り口であり、創造することは経験への入り口である。
経験は表現への入り口であり、表現は「なること」への入り口であり、「なること」はすべての生命活動の入り口であり、神の唯一の機能だ。
あなたは希望することをやがては信じ、信じることをやがては知り、知ることをやがては創造し、創造することをやがては経験し、経験することをやがては表現し、そしてやがてはその表現することになる。これがすべての人生／生命の公式だよ。じつにシンプルなことだ。

簡潔にまとめられた人生／生命についての情報、いいですねえ。すばらしい贈り物だ！ロバート・フロストのような詩人はこういう贈り物を与えてくれますね。それにソングライターや脚本家、作家。メッセンジャーや教師たち。

わたしにはもうひとり、とても好きな詩人がいます。リゼル・ミュラーです。彼女は「希望」という詩に、希望とは「犬の目から尻尾《しっぽ》への動き」だと書いていますよ。すごいでしょう！　この言葉も希望をとらえていますよね？　この詩の一部をここで紹介させてください。

「希望」

希望は犬の目から尻尾への動き
生まれたばかりの赤子の肺をふくらませる口

それはわたしたちが自分に否定することのできない
たったひとつの贈り物
死を論破する主張
未来を発明する才能
わたしたちが神について知っているすべて

16

――あなたは三次元の世界を経験するが、その世界に生きているわけではない。「究極の現実」は、あなたが想像できないほど複雑だ。

それではまた、魂《たましい》はそのひとが死ぬときの心の状態を「あちら側」で体験するのだ、というお話に戻りましょうか。

そう、わたしが言っているのはそれだ。それを何度もくり返しているのだよ。

そうですね。でも、わたしが何度も何度もそこに戻るのは、この言葉のなかにどうしてもしっくりこないことがあるからで、それは何なのだろうと考えていたんですよ。ようやくわかった気がします。

何だったのかな。

その考え方だと、希望なしに死に近づくひとたち……不安や恐れや心細さや罪の意識や疑いがぬぐえないひとたちや家族には、救いがないとしか思えないんです。

なるほど。あなたの言いたいことはわかる気がする。

そうですか。だって、輝かしい体験をするために必要だとあなたがおっしゃっているような、すばらしい期待をもって安らかに死ぬひとって、そう多くはないと思うんですよ。たとえば事故のときの恐怖や怯《おび》え、混乱、突然の事態へのショックとまではいかなくても、その……何と言えばいいのか、少なくとも心細い思いで死ぬひとのほうが多いんじゃないでしょうか……。

あなたの心配はわかるよ。しかし、すべての魂は安らぎと喜びと愛を見いだすと知っていれば安心できるだろう。

すべての魂は死の第三段階へ、エッセンスとの合体のときへと進む。それに「あの世」には——感情的、肉体的、あるいは霊《スピリチュアル》的な——「苦痛」などというものはない。

自分は「地獄」へ行くと想像し、自分をそこに送りこむひとたちですら苦しみはしない、と前に言ったね。彼らはただ体験している自分自身を観察するだけで、その体験との感情的なつながりはないんだよ。

ビデオ講座を見ているようなものだ、とおっしゃいましたね。

そのとおり。それくらい距離があるのだよ。

ただその経験を振り返り、そこから何らかの智恵を引き出すために、自分に経験させているだけで、苦しみはしない。「死」後の生命には苦しみなどというものはないのだから。

それじゃ何があるんですか？　何かがあるんでしょうか？　喜びですか？　幸福ですか？

そう、あるのはそれがすべてだ。ネガティブなものは何もない。

ネガティブなものは何もないんですか？

何もない。

でも、ひとは経験すると期待したとおりの経験をする、とおっしゃったと思うんですが。

そうだよ。

それじゃ苦しみを期待したらどうなるんですか？　苦しむことを選択し、それが「天国」に行くための、あるいは「罪を償う」唯一の道だと感じたらどうなりますか？　魂《たましい》は死後に経験したいと思うことを何でも経験する、っておっしゃいましたよね。

わたしが言ったのはほんとうだよ。だからあなたは苦しみを経験するだろう——ただし、苦しみはしないが。

それは、前におっしゃったようにただ観察するだけで、経験している「自身」に自分を同一化《アイデンティファイ》しないからですか？

そう。それに、それを経験している部分に同一化《アイデンティファイ》したところで、苦しみはしない。

なんだか、わけがわからなくなっちゃいましたよ……。

前に言ったことだが、思い出してもらうために、もういちど話をしようか。そうすれば、もっとよくわかるよ。

そうですね。そうしてください。だって、もっとよくわかりたいですからね。

魂が好ましくないと思う経験をしたとたんに、その好ましくないという考えそのものが魂の内なる体験を瞬時に変えてしまう。だから苦しみはない。自分は罰せられるべきだと強く信じているひとでも同じだ。

彼らは自分が想像する経験を創り出すが、想像したようには経験しない。経験をしたとたんに、これは経験したくないという選択をするからだ。

自分ではそれを欲していると本気で思っていたとしても、ですか？

「あの世」での気づきのレベルでは、現実でないものを意志的に選択することはありえないのだよ。それに魂《たましい》は「苦しむ」という概念、考え、経験が現実的でないことを瞬時に知り、理解する。

死の第一段階で、魂は、物理的な人生を過ごした身体が現実ではないことを理解する。つまり魂は、ほんとうは身体ではないことを知る。

死の第二段階で、魂は、精神も思考のすべても現実ではないことを理解する。つまり魂は、ほんとうは精神や思考ではないことを知る。

限りある精神の思考はすべて、人間的な経験という限りある視点から生じており、そのために死の第二段階で大きな影響を受ける。「あの世」の魂の視点は、魂が身体のなかにあったときとはまったく違って、とてつもなく大きいからだ。

この視点が広がった場から、魂は自らを創造し、体験しはじめる。自分が身体ではないと魂が気づいた瞬間に、視点は大きく変化する——それはわかるだろう？

じつはそれが魂を死の第三段階に移行させる。そこではすべての思考が——「悪い」思考だけではなく「天国」についての思考すらも——剝《は》げ落ちて、「究極の現実」を経験する。

魂の視点が広がれば、自分は苦しまなければならない、自分には苦しみがふさわしい、苦しんでこそ神に償いと認めてもらえると本気で信じているひとでも、贖罪《しよくざい》という考え方やその手段としての苦しみは無意味になる。

魂は、自分が創り出した地獄で苦しもうとしている自分を観察することはできるが、すぐにそんな経験を創造しても無意味だと気づくだろう。

たしかに「自らの現実の創造者」として現れている魂にとっては、どんなことでも不可能ではないでしょうが。

これは可能か不可能かという問題ではないよ。意味があるかどうかということだ。

ある種の経験を創造する理由が——それに関連したことを「思い出す」以外には——魂にはまったくない。

苦しみは現実ではなく人間の心で創り出された経験にすぎないことを魂が思い出せば、わざわざ自らの地獄を創造した目的は達成されたわけで、そのあとはそんな経験は無意味になる。

ある意味では、魂がある経験から知るべきことは「充分すぎるほど知った」から、もうそんな経験はいらないということだ。奇術師が——たったひとりの観客、つまり自分のために——何度も同じ奇術をくり返すのに似ているかもしれないね。

なるほど、奇術師が自分の奇術をいつまでもおもしろがっているのはむずかしいだろうな。

むずかしいなんてものではないだろうね。不可能だ。それと同じ意味、それと同じ文脈で、魂が苦しむのは不可能だと言っていいだろう。

ほんのわずかな瞬間でも、ですか？　おもしろいかおもしろくないかを考える一瞬でも、苦しみはしないんでしょうか？

そう、ぜんぜんない。

「ほんのわずかな瞬間」というようなものはない。あなたがそうたずねるのは、あなたが「時間」と呼ぶ現実のなかにいるからだ。そこではものごとが順番に連続的に起こる。しかしこれまで説明してきた死後に魂《たましい》に起こることはすべて、まったく同一の瞬間に起こるのだよ。

ちょっと待ってくださいよ。だって、あなたご自身が「段階」的に起こるっておっしゃったじゃないですか。第一段階、第二段階というように。

そう、あなたがたの言葉の使い方からすればそうなるね。だが、その段階は同時に経験される——新しい経験が前の経験を「消し去る」。だから前の経験はなかったと同じだ。あなたはたったいまある「あなた」であって、ほかの自分であったことは決してない、というようなものだな。

だけど、それじゃ意味が通らないですよ。わけがわからないや。ぜんぜん、筋が通らなくなっちゃったな。

この世界の言葉で、この世界のものではない状況や経験を語るのは大変だからね。それでは、すべてのことは連続的かつ同時的に起こる、と言おうか。

それじゃ、ますますわかりませんよ！　ものごとは連続的に起こるか、あるいは同時に起こるか、どちらかです。両方だなんて、ありえないですよ。

ありえないかな？　いいかね、人生／生命のすべては、連続的で同時的なのだよ。

人生／生命のすべてが「連続的」で、しかも「同時的」なんですか？

そうだ。

そんなことを言われると頭が真っ白になっちゃうな。わたしの現実では、とても受け入れられませんよ。

それでは、可能性を考えることはできるかな？　精神をできるだけ広げて、その可能性を考えてみることはできるかね？

あなたがたの言葉ではその経験を表現することはできないから、新しい言葉をつくらなくてはならない。人生／生命のすべては「連続同時」だと言おう。「連続的」でありしかも「同時的」だ、という意味だよ。

どう言っていいのか、わかりません。たぶん何だってどんなことだって可能なんでしょうし、わたしは「究極の現実」について知るべきことを全部知っているわけじゃない。それは認めますが、でもそこまでだな。考えてみることはできても、「経験」を想像することはできませんよ。それがどんな経験なのか見当もつきません。

それでは、あなたにも納得がいくような、少なくとももう少しわかりそうなべつの言葉を探してみようか——もっと「現実的」な言葉をね。

お願いしますよ。助けてもらわなくちゃ、どうにもなりません。それもいますぐに、というか、「連続同時」に助けてもらわないと……。

うまいじゃないか。その調子！

それでは一緒に、時間が存在しない現実を想像してみよう。そこにはひとつの瞬間、「いまという黄金の瞬間」しかない。起こったこと、起こっていること、これから起こることはすべて、「たったいま」起こっている。

これは「いまのこの生涯」や「あの世」の経験だけでなく、あなたの生涯のすべてにあてはまるんだよ。違いは「あの世」ではそれを知っているということだ。あなたはそれを経験している。

なるほど。だけどちょっと待ってください。

いま、「あなたの生涯のすべて」が同時に起こっているとおっしゃいましたね。それは、輪廻転生《りんねてんしょう》するわたしの生涯のすべてってことですね？

そうだよ。しかし同時に、輪廻したこの生涯のすべての道程という意味でもある。

それじゃ、わたしはこの生涯を何度も通過するってことですか？

そのとおり。そして多くの可能性、多くの経験が同時に起こっている。

でも、すべてが同時に起こっているのなら……「いまとはべつの代替現実」があるはずですよね。つまり「並行宇宙」というものがあると、そうおっしゃっているんですか？

そう。

なるほど。あなたは以前、この対話の一部は「トンデモ説」だと思われるかもしれないとおっしゃいましたが、ほんとうにそのとおりになってきましたね。さっきの話なんて、ＳＦじゃないかと思うひとがきっとたくさんいますよ。

しかし、そうではない。前にも言ったように、これは科学だよ。

これも科学なんですか？　代替現実の話が科学？

あなたは三次元しかない世界で生きていると思っているのかな？　誰でもいいから量子物理学者に聞いてごらん。

わたしたちは三次元の世界に生きているんじゃないんですか？

あなたは三次元の世界を経験するが、その世界に生きているわけではない。

それ、どういう意味ですか？

「究極の現実」は、あなたが想像できないほど複雑だという意味だよ。目に見える以上のことが進行しているという意味だ。

いいかね、「すべての」可能性は、同時に存在する。

あなたは限りない可能性のある多次元の場から、いま経験したいと思う可能性を選択する。そして、いまここで違う選択をする「あなた」も存在する。

べつの「わたし」ですか？

そのとおり。

すると「わたし」が多次元に存在すると、そうおっしゃるんですか？

そのとおり。

17

——正しい見方をすれば、宇宙には謎《なぞ》などない。

また、向かっていると思っていたのとは違う領域に踏みこんじゃったようだな。

たしかにおもしろそうな話ですが、わたしが聞きたいことと……いま経験しているわたしの人生／生命や死ということですが、それと関係があるんですか？

ここではすべてが絡み合っているよ。人生／生命と、あなたが「死」と呼ぶことに関するどんな事実も、単独では存在しない。すべてが関係しあっている。

わかりました。それじゃ、この質問に答えていただけますか。もし、すべてが一時に起こっているのなら、どうして「わたしたち」はそれを個別、連続的な出来事として経験できるんでしょうか？

それはどのような見方を選ぶか、という問題だよ。そして、そのことはあなたの生涯のいまの道程に関するとても実用的な情報だ。

あなたの経験は、あなたが何を見るかによって創造される。もっと正確に言えば、「時／

空」のなかでどっちのほうへ動くかによって、だな。

なんですって？

簡単な説明をしてあげよう。そうすれば、もう少し理解できるかもしれない。

お願いしますよ。一生懸命、お話についていこうと努力しているんですが、何か手がかりがなくちゃ無理です。

よろしい。それでは、あなたがある部屋に入ったと想像してごらん。大きくて豪華な部屋だ。設備の整ったぜいたくな書斎というところかな。

はい。想像してみます。

あなたは部屋に入り、「最初に」何かに気づく。隅に並んでいる等身大より大きな裸像かもしれないね。それは当然、あなたの目にとまる。そこで裸像に近づいて調べる。あるいはほかにも同じく印象的なものが置いてあるかもしれない。巨大なクマの縫いぐるみ。

壁際のワイドスクリーンのテレビ画像。あなたの関心はすぐにそっちに向けられる。あなたの心は即座にそちらに行く。

ええ、想像できます。

さて、あなたは部屋を見まわして、それほど印象的でない、もっと小さなものにも目を向ける。最後に部屋の真ん中にある書棚に近づく。中段のちょうど目の高さにある本の題名に視線がとまる。あなたが部屋に入ったのは、それを探すためだった。裸像が目にとまったからそちらへ近づいたのだが、探しにきたのはその本だった。

あとになってこの出来事を再現するとき、あなたはこう言うかもしれない。「ああ、ようやく見つかった！　探し物があったよ！」と。もちろん、「ようやく」見つかったわけじゃない。「最初に見つけた！」ということだって充分にありえた。探していた本はずっとそこにあって、あなたが見つけるのを待っていた。「ようやく」現れたのではない。それどころか、そもそも「現れた」のでもない。ある「とき」に本が到着したのではない。本はずっとそこにあったのだ。だが、あなたには見えなかった。そっちを見なかったから。そっちへ近づかなかったから。

しかし、その部屋のすべてはそこにあった。すべて同時に存在した。あなたはそこにあるものを見て、それを「発見」し、それから経験する。連続的にね。しかし、その瞬間は、ほんとうは「連続同時」なんだよ。

そうか。どういうことかわかってきましたよ。

モノはあなたが見たときに「突然に現れる」のではない。あなたが見たから、あなたにとっては突然に「現れ」たのだ。量子物理学の基礎をかじったひとなら、あなたが見るまでは何ものも存在しない、と言うかもしれない。あなたが見ることによって、それが存在するのだ、と。しかし、いまのもっと進んだ科学では、それもものごとの究極的な説明ではないことがわかっている。

「究極の現実」では、ものごとはあなたが見る前からそこに存在する。同時に多数の可能性が存在するのだ。想定できるあらゆる状況の想定できるあらゆる結果は、たったいま、ここに存在する——たったいま、ここで起こっている。あなたがそのなかのひとつだけを見るということは、文字どおりの意味では、あなたが「それをそこに置く」のではない——「ここ」、つまりあなたの心に置くんだよ。

でも存在する多くの現実のなかで、わたしはどの現実を心に置くんですか？

あなたが見ることを選択した現実だよ。

では、わたしはどうしてあの現実ではなくてこの現実を選択するんでしょう?

そう、それが問題ではないのかな? どうして、あの現実ではなくこの現実を選択するのか?

あなたが歩いていたら、道端にむさくるしいひげもじゃの男が寝転がってワインをラッパ飲みしていたとする。そこであなたは「路上生活者」を見るか、それとも「路傍《ろぼう》の聖人」を見るか、どうやって選択するのだろう? 雇い主から「人員整理」の対象となったという書面を受けとったとき、「なんてついてないんだ」と思うか、それとも「いいぞ、チャンスだ」と思うか、どうやって選択するのだろう? テレビで地震や津波の報道を見たとき、そこに「災厄」を見るか、起こっている出来事は「完璧《かんぺき》」だと見るか、どうやって選択するのだろう?

どうやってひとつのことを選択するのだろうね?

そこにあるものについてのわたしの考え方によって、ですか?

そう、そのとおり。そしてあなた自身についての考え方だね。

いまのお話で、ラ・マンチャの男、ドン・キホーテの物語を思い出しましたよ。あの物語のなかでは、主人公は世界を違う目で、ジョー・ダリオン作詞の歌によれば「内なる理想の火が燃えている」目で世界を見るんです。ドン・キホーテは「このうえなく奇妙な冒険」を企てて、「……遍歴の騎士となり、悪を正すために世界に乗り出そう」とします。

彼はひげ剃《そ》り用のボウルを見つけて兜《かぶと》にし、意気揚々とかぶります。酒場女のアルドンサと出会うと、彼女に純で美しいほんものの乙女《おとめ》ダルシネアを見る。そして戦いに赴《おもむ》く自分に記念品をくれないかと頼み、ばかにした女が雑巾《ぞうきん》を投げてやると、それを乙女のスカーフだと思って後生大事《ごしょうだいじ》に身につけます。それから「われこそは、ドン・キホーテ、ラ・マンチャの男。わが運命が誘《いざな》うままに、いざ行かん!」と馬に乗って出かけるんです。

すべては彼がでっちあげたというわけだ。

それでは、あなたの運命はどうなのだろう? あなたはどんなふうに人生を生きるのかな? ひとや場所や出来事をどんなふうに見るのだね? そして、その結果はどうなるかな?

神はあなたです。教えてくださいよ。

すべては、あなたの見方による。

すごく不思議なことがあるんですが、何だと思われますか？　とっても奇妙なんですけど、でもわたしには、いまおっしゃったことがわかる気がするんですよ。

もちろん、そうだろう。すべてはとても自然なのだから。あなたの魂《たましい》は――「連続同時」も含めて――完全に理解している。魂はすべての現実が存在することを知っているのだよ。道端の男は路上生活者で、路傍《ろぼう》の聖人でもある。アルドンサは酒場女で、美しい乙女だ。あなたは被害者で悪人で、その両方として生きてきた。しかもそのどれも現実ではない。どれも違う。みんな、あなたがでっちあげたものだ。あなたは「すべてであるもの」のどの部分を見るかを選択することによって、自分の経験を創り出している。自分が見つけようとしているものを見過ごしていることだって、おおいにあるのだよ。

そうそう、そうなんですよ。自分は完璧《かんぺき》な伴侶《はんりょ》を探していると言うひとたちがいますけれど、天がそういう相手と会わせてくれても、ぜんぜん気がつかない。姿かたちや欠点だと思われることに気をとられているからです。ドン・キホーテは酒場女に美しい乙女を見た、そして彼女は美しい乙女になったんですね。

探しているものを見過ごすって、物理的なモノでもそうですよね。探しているモノが目の前にあるのに、何かに気をとられていてわからなかった、ってことが何度あったかしれません。目の前にあるのに見過ごしていたんです！　それで、みんなに「なかったよ。あそこにはなかった！」と言って、その「部屋」（人生のその一瞬）から離れる。ところが、その部屋に入った誰かが、わたしが絶対になかったと断言したものを意気揚々と持ち帰って、わたしをがっかりさせるんです！

それが〈マスター〉の行為だね。霊的《スピリチュアル》な〈マスター〉は、あなたの人生という部屋に入ってあなたがないと断言したものを見つける。

そしてわたしはしょっちゅう……そう、あきれるほどしょっちゅう……「まさか、どうしてそんなところにあったんだろう？」と言ってきたんだ。

奇術師はこの原理を完璧《かんぺき》に理解している。彼らは「手は目よりすばやい」と言うね。観客の目の前で奇術をしてみせる。幻でも何でもない。だが、べつのところに目を向けているあなたがたには幻のように見えることを奇術師は知っているんだよ。

奇術師という仕事の秘訣《ひけつ》は、仕掛けとはべつのところに観客の目を向けさせておくことだ。奇術師と霊《スピリチュアル》的な〈マスター〉が同じように「神秘家」と呼ばれることがあるのは、決して偶然ではない。ある種の人物や経験を表すのには「神秘的」で「魔術的」という言葉がよく使われる。

神秘家とは、あなたがたには見えないものが見えるひとたちだ。彼らは奇術の仕掛けから目をそらさず、まっすぐに見るべきところを見る。

正しい見方で多次元的に見れば、宇宙には謎《なぞ》などない。ただし、ほとんどのひとは視点が限られているから、正しい見方をするのは容易ではないが。

あなたは自分を身体とともに「空間」と「時間」のなかに置き、身体に可能な限定された方向で見て、知覚して、動いている。

しかし身体はほんとうのあなたではなく、あなたが所有しているものだ。

時間は過ぎ去るものではなく、あなたがこの部屋を通るようにそのなかを通るものだ。

空間は「この場所には何もない」という場合の「場所」ではない。そんな場所は存在しないのだから。

時間は「在《あ》る」。「時間が進む」と言うが、じつは時間はどこにも行きはしない。進むのはあなたで、あなたが「時間のなかを動く」。「存在する唯一の瞬間」のなかを通っていくあなたが、「時間が過ぎ去る」という幻想を創造する。

そして「存在する唯一の瞬間」には終わりがない。だからそのなかを移動するあなたは、文字どおり「ただ時間が過ぎていく」と感じる。そのとおりなのだから。

あなたは時間を連続的に受け止めるが、時間はあらゆる空間に同時に存在する。「空間」と「時間」は「連続同時」なのだ。

「時間の回廊」を動いていくとき、あなたは広大な「時空」を経験することになる。「存在する唯一の瞬間」を「時空の連続体」と呼ぶのは当たっている。この時空の現実は、つねに存在しつづけるから。

純粋な霊《スピリット》であるあなたは、この「唯一の現実（Singular Reality）」――唯一無二（Singularity）と呼ばれることもある――のなかを、自分自身を経験しつづけながら無限のサイクルで動いていくことができる。あなたがこの「唯一無二」なのだ。

それはあなたでつくられている、純粋なエッセンス、エネルギーだ。あなたはこのエネルギー、このエッセンスが個別化したものだ。あなたは「唯一無二の個別化」なのだよ。

この「唯一無二」は、あなたがたの一部が神と呼んでいるものだ。その個別化は、あなたがたの一部が「自分」と呼ぶものだ。

あなたは「自己」を分割して、「唯一無二」のなかを、たくさんのべつの方向に動くことができる。その「時空の連続体」のなかのさまざまな動きを「生涯」と呼ぶ。それは「自己のなかを通っていく自己」という循環を通じて「自己」が「自己」に「自己」を明らかにしていくサイクルなのだよ。

くらくらしてきましたよ。そんなふうに説明されたのは初めてです。

そう、そろそろそんなときなんだよ。

なるほど、うまいことをおっしゃる。

ありがとう。

それじゃ、わたしが個別化した自己としてちゃんといまのお話をのみこみ、すべてを見通せたかどうか、まとめてみましょうか。わたしたち人間は「人生/生命を連続的、同時的に経験している唯一無二の個別化」なんですね。

そのとおり。正しく理解したじゃないか。

からかってらっしゃるんですか？　いま、わたしが何と言ったか、聞いてらっしゃいましたか？

こう言ったんですよ。

わたしたち人間は「人生／生命を連続的、同時的に経験している唯一無二の個別化」だ、って。


そう。そしてわたしは、正しく理解したじゃないか、と言ったよ。

すごいな。まるで不思議の国のようだ。わたしはたったいま、ウサギの穴に墜落したんだな。

18

あなたは、自分の経験を通じて
自分自身を充分に知ろうとしているのであって、
自分自身の一部を知ろうとしているのではない。

それでは、率直な質問をさせてください。とくに死後の生命に関係する質問です。

どうぞ。

もし、わたしたちが「永遠のエッセンス」で、わたしたちが「時空」と呼んでいる「唯一無二」のなかを「自己のなかを通っていく自己」という循環として、際限なく連続的に動いていくのだとしたら、わたしたちはどうやって約束されているようなあなたとともにある……「神とともにある」永遠の生命を経験するんですか。

いい質問だ。

で、お答えは？

いま、あなたが言った連続的な自己のサイクルが、約束された「わたし」とともにある永遠の生命だよ。あなたはたったいま、「神とともにある永遠の生命」を経験している。

それでは、死はどんな役割を果たすんですか？

いまのこれが天国だとおっしゃるんですか？

いま起こっていることが、その終わりのないすばらしいサイクルだってことですか？

わたしたちは、あなたと「ひとつになること」をいつまでも経験できないんですか？

神秘家が賛美し歌いあげた、個々の魂《たましい》がふたたび「すべて」とひとつになる、純粋な至福の瞬間はどうなるんですか？

この対話が終わるまでには、その瞬間も説明される。あなたの渇きは癒《いや》されるよ。

ほかの質問だが、「唯一無二」のなかの個々の動きは決して終わらず、循環しつづける。

連続的に起こる循環（だって循環というのは本来、連続的に起こるものですよね、違いますか？）、その循環は同時に起こってもいるんですか。

そのとおり。すべては一時に起こっているが、連続的に起こっているように「見える」。

あなたがたは「死」と呼ぶものを、この連続的な動きのはじまりと終わりのしるしとして、またその中間で自分自身をリフレッシュするために使っている。「死」とは物質的な生命と霊《スピリチュアル》的な生命のあいだを行ったり来たりするために、あなたという存在の振動率、周波数を大きく変えるエネルギーの変換だ。

しかし「時空の連続体」のなかを移動して、自分の「自己」を異なるレベルで経験するには、必ずしも「死」は必要ではないよ。

「死」は必要じゃないんですか？

「死」を物質的な身体を捨てることと定義するなら、必要ではない。

あなたは物質的な身体のなかにいるあいだでも、霊《スピリチュアル》的な自己を充分に経験できるだろう。そのために物質的な身体を脱ぎ捨てる必要はない。それに霊《スピリチュアル》的な領域を旅しているときだって、物質的な自己を充分に経験できるよ。

それじゃ、霊《スピリチュアル》的な領域に身体をもっていけるんですか？

そう、もっていけるよ。

それなら、どうしていつもそうしないんでしょう？　どうして「死」んだりするんですか？

全《まった》き永遠を通るときに、ひとつの物質的な身体にとどまっていたのでは、永遠そのものの目的に合わないだろうね。

合わないんですか？

合わない。

どうしてですか？

「永遠」の目的は、あなたに「時間のない状況の場」を提供し、そのなかで「終わりのない経験」と「限りなく多様な真の自分の表現」のチャンスを与えることだから。

あなたは庭に花をたった一本しか植えない、ということはないだろう。その花がどんなに美しく、どんなに香り高くても、花という被造物は「花々」としての多様な表現を通じてこそ、充分に花であるのだから。

あなたは、自分の経験を通じて自分自身を充分に知ろうとしているのであって、自分自身の一部を知ろうとしているのではない。全き永遠を通じてひとつの物理的なかたちとして存在しつづけることは、その目的に合わないだろうね。しかし心配はいらない。かたちを変えても喪失《そうしつ》を経験するとは限らない。なぜなら、どの物理的なかたちにでも、好きなときに戻れるのだから。

それじゃ、以前の自分として戻ってこられるんですか?

そう。そしてあなたはその特定の表現を、新たなもっと大きなやり方で経験するために、たびたびそうしているよ。それが、あなたがたの宗教的伝統の一部でキリストの再臨《さいりん》と呼ばれているものだ——ただし、多くのひとたちは、それがたったひとりにしか起こりえず、起こりもしないと想像しているが。実際には、あなたがたのそれぞれが、救世主としての自己を体験するかもしれない。それどころか、あなたがたすべてが、いつでもそうできる可能性をもっている。あなたはいつでも「神の子」としての自分を受け入れることができるし、ほんとうの自分に気づいた瞬間にそうするだろう。そのとき、あなたは生命/人生の花園で充分に花開く。

それがあなたがたの神話に書かれている「楽園の花園」だよ。

こうしてあなたがたは、生命のサイクルを移動していく。このサイクルは「ひとつの魂《たましい》」である「唯一無二」を構成する多くの個体に同時に起こっている。

あなたはいくつかの場所で「時空」のなかを移動するかもしれないし、前にも言ったように何度も同じ場所を移動する――同じ「時間のトンネル」のなかを通過する――かもしれない。


そうでした。この前、そう言われたときは頭がくらくらしたんですが、今度もくらくらしてきましたよ。


そうか。もうすぐ、言葉ではどうにも説明できないところにさしかかるだろう。イメージを描けばいままで話してきたことを理解するのに役立つかもしれないから、やってみようか。

比喩《ひゆ》を考えよう。これからの人生で、あなたがずっと使うかもしれない比喩だ。だから、これが文字どおりの真実ではなく比喩であることを理解しておかなくてはいけない。実際にそうだというのではなくて、ひとつの比喩なのだよ。

しかし「ものごとがどうであるか」を、あなたがたにわかる言葉ではなかなか説明できないときには、あるいは説明する言葉がないときには、比喩はとても役に立つ。比喩は寓話《ぐうわ》と同じで、理解しがたいことを理解するのに役立つ。だから偉大な教師はみな比喩や寓話を使ったのだ。

それじゃ、それを「比類ない比喩」と呼ぶことにしましょうか。

なるほど、そうしようか。では、始めよう——。

19

あなたは幸せになるため、それどころか生き延びるために、
——いろいろなものが必要だと思っている。
だが、それはみな、あなたがでっちあげたものだ。

丸くてみずみずしい、真っ赤なリンゴを想像してごらん。このリンゴを「時間」と呼び、リンゴの中身を「空間」と呼ぶ。

リンゴの中身が「空間」だなんて、考えにくいなあ。だって、いっぱい「物質」が詰まっているじゃないですか。

あなたが「宇宙空間」と呼ぶところに、どれだけの物質が存在するかわかれば、ぜんぜん問題はないのだがね。相対的にみれば、想像上のリンゴのなかの分子どうしの距離は、少なくとも宇宙の物質どうしと同じくらい離れているのだから。

そうですか……。

つぎにあなたが極小の微生物だと想像する。とても小さいがとても元気で、リンゴのなかのトンネルを動いている。

この想像上の「トンネル」が「時間の回廊」というわけだ。この回廊の壁には、一ミリごとにそれぞれ違うしるしがついている。たくさんのしるしがついた「時間のトンネル」だよ。

想像できたかな?

はい。想像しました。

よろしい。さて、あなたがこのトンネルを移動しているとき、時間が動いているのではないことに注意してもらいたい。あなたが「時間」のなかを動いているのだ。

そうか、なるほど、そうだったんですね。前にも言われたことですが、やっとわかりました よ!

ほんとうに、一枚の絵は千語にまさるってこのことですね。しかもこの絵はなんておもしろいことを教えてくれるんだろう。概念がひっくり返りましたよ。

それはけっこう。それでは「時間」はどこにも行かないことを忘れないでいてもらおうか。

時間はたったいまに「配置」されている。静止し、安定していて、動かない。いつもそこに、あるべきところにある。あなたが時間のなかでどこへ行こうとも、いつも「いま」なんだよ。旅しているのはあなただ。あなたが時間のなかを動いている。

ええ、わかりました。イメージがつかめましたよ。わたしは「時間」のなかを動いているんだ。

つぎに、「あなた」と呼ぶ微生物が、リンゴの一部だと想像してごらん。

え、何ですって？

それじゃ、あなたはリンゴの小さな部分、原子だと想像してごらん。だから、あなたは自分自身のなかを移動しているというわけだ、わかるかね？

ええ、まあなんとか。わかったように思います。

あなたはこのリンゴの原子（atom）部分であり、自分自身のなかを移動している。だからこのリンゴを喉仏《のどぼとけ》（adam's apple）ならぬ分子仏（atom's apple）と言ってもいいかもしれない。

またですか。ほんとうにうまいことを言うなあ。

イメージや言葉を使って、あなたが決して忘れないような考えを植えつけてあげたいからね。

たしかに忘れないでしょうね。

よろしい。さて、あなたはリンゴの外側からなかへ——自分自身の最も外側の部分から最も内側の部分へ——と旅をしている。どうかな、想像できたかね？

ええ。

これが人生／生命の旅だ。トンネルの壁のしるしは、あなたがどこにいるかを教えてくれる。

じつはそのしるしは絵で、ひとつひとつが瞬間を表す。どの瞬間も、雪片のようなものだ。「全《まつた》き永遠」のなかでも二つとして同じ雪片はない。

あなたは移動しながらその絵を見る。次つぎにそれぞれの絵に視線を集中しながら、トンネルを進んでいく。やがてあなたはリンゴの「芯《しん》」に達する。そこが目的地だ。ここであなたの旅は終わる。

それが「死ぬ」ときなんですね？　そこでわたしは「死ぬ」んでしょう？

それが、あなたが「死ぬ」ときだ。あなたは物理的な世界を移動してきて、すべての時空が詰まった球体の中心に到達した。「ど真ん中（dead center)」に着いたわけだ。

また、言葉遊びが出ましたね。そして、わたしは温かな芯のなかで永遠に安らぐ……。

いや違う。あなたはそこである経験をし——多少はすでに説明したし、あとでもっとくわしく説明しよう——つぎに芯から出て「時空の連続体」の反対側の果てに向かい出発する。球体のあちら側に。

あなたがたはそれを「あちら側（彼岸《ひがん》）」と言うな。

「あちら側」ね。なるほど。興味深い言い方だ。それで、その「あちら側」には何があるんですか？

違う現実。

どう違うんです？

まったく違う。ぜんぜん違っていて、リンゴがオレンジになったようなものだ。それが「霊《スピリチュアル》的な領域」と呼ぶところで、この物理的な世界とくらべたら――。

あ、わかりますよ。言わないでください。リンゴとオレンジほどに違う、っておっしゃりたいんでしょう？　ほら、あなたの言葉とイメージごっこに、わたしも慣れてきましたよ。

けっこう。たいへんけっこう。

遊ぶといい。考えと戯《たわむ》れることだ。決して仕事なんかにしてはいけない。遊ぶのだ。そして、人生／生命と戯れなさい。

それに、互いに戯れあうことだ。上手に遊ぶことを覚えなさい。

わたしはあなたがたを「神々の園」に送り、全世界を遊び場として与えてあげた。誰にも確実に充分にゆきわたるほどの豊かさを提供した。誰も飢えるはずはないし、まして飢え死になどするはずがない。衣服が充分でなくて凍《こご》える者もいるはずがないし、嵐《あらし》を避ける住まいがない者もいるはずがない。全員に充分なだけある。

上手に遊ぶのに、これ以上必要なものは何もない。真の自分という輝かしい経験をするのに、これ以上必要なものは何もない。あなたは幸せになるため、それどころか生き延びるために、いろいろなものが必要だと思っている。だが、それはみな、あなたがでっちあげたものだ。

死に近づくと、あなたはそんなものはどれも、たいして必要ないことに気づくだろう。どれも必要ないのだ。物理的な人生／生命から立ち去る瞬間、あなたはむだに苦闘してきたことを知るだろう。

そして長い苦闘は終わる。

あなたはいつだってそのことに気づくことができるし、いつだって苦闘を終わらせることができる。その機会、その体験は、決して死のときにだけ生じるものではない。

きちんと観察すれば、人生の日々のそれぞれに「小さな死」が詰まっていることがわかる。

そのどれだって気づきのきっかけになるのだよ。

20

――「死」とは、自分のアイデンティティを再確立するプロセスだ。

わかりました。さて、リンゴとオレンジについて話していたところでしたね。リンゴのたとえ話のなかで、わたしは物理的な世界から霊的《スピリチュアル》な領域へと、「自分の存在の芯《しん》」を通って旅していました。その違う現実に入ったとき、中心の「あちら側」に渡ったとき、何が起こるんですか？

あなたがそこで知ることをどう経験するかは、中心をどうやって離れたかで違ってくる。芯のところで自分の課題《アジェンダ》を手放して置いてくれれば、「核心課題」をもっていないから、「しっかりと腰を据《す》えた」と感じるだろう。

だが手放していないなら、まだ手放したいと思わないなら、手放しきれない核心課題を「あちら側」にもっていくことになる。そして、ふたたびその課題と向き合って対応する機会を与えられる。

その核心課題からのがれようと思って人生を終えたとしても、そこからのがれずに、コースを引き返すことを選び、同じ「時間のトンネル」をたどって物理的な世界に戻り、同じ経験をもういちど、最初からやり直すだろうな。

その「核心課題」って、何を指して言ってらっしゃるんですか？

核心課題《アジェンダ》のなかには見捨てられるという不安もあるだろうし、自分には価値がないとか、あまりよくない、足りないところがあるという不安もあるだろうし、離れればなれだという考え方もあれば、そのほか、自分自身についての誤ったかずかずの考え方なら、何でもあるだろうね。

結局のところ、核心課題はすべてひとつの課題にかかわっている。あなたのアイデンティティ、ということだ。核心課題はいろいろと違ったかたちをとるだろうが、すべては「ありうる唯一の質問」に帰着する。わたしとは何者か？

あなたは自分自身を知って充分に経験するために――それからほんとうの自分について、つぎにいだく最も偉大なヴィジョンの最も壮大なヴァージョンとして、新たに自分自身を再創造するために――「時空の連続体」を旅している。

物理的な世界で自分にどんな経験を与えるかが、どんな状態で「自分という存在の核心」に到達して「あちら側」へ旅するかを決めるのだよ。

「核心」での経験によって自分自身を確実に知り、課題を手放すという保証はないんですか？

「核心」での経験によって、あなたは自分自身を充分に知るだろう。それどころか、これ以上に充分に知ることはできないくらいに知るだろうね。しかし課題《アジェンダ》を手放すかどうかはべつだ。それは、あなたがそこからどこへ行きたいと思うかで違ってくる。何を知りたいのか。何を経験したいのか。

わかりません。

このことは「核心の経験」について――「自己が自己へと全面的に溶け合うこと」について話すときに、もっとくわしく説明してあげるよ。いまのところは、これだけを知っていればいい。

あなたは全面的に溶け合ったなかから現れ、かつて想像したことがないほど大きな「自由な選択の瞬間」が訪れる。

わたしはそこから現れるんですか？　そこにとどまらないんですか？

「ひとつであるものと全面的に溶け合った」ままではいないんですか？

そう、いないよ。

それじゃ、「あちら側」に永遠にとどまるんだ？　そこが居場所ですか？

いや。「あちら側」に着いたとき――リンゴがオレンジに変わったことを発見したとき――言い換えればまったく新しい現実のなかへ入ったとき――あなたは、そこに理由と目的があって来たのであり、「あちら側」での仕事はわくわくする楽しい仕事だが、仕事が終わればまた戻るのだ、と気づく。

「核心」であなたが導かれて思い出すのは、「真の自分」「全的な自分」だ。

「あちら側」の状況は、「核心」の外側で自分を完全に知るという仕事にふさわしく、そのなかであなたは「時間の回廊」を「あちら側」の果てに向かって引きつづき進んでいく。

もういちど、教えてください。わたしの魂《たましい》が「あちら側」でするだろうという「仕事」って、何ですか？

仕事といっても、むずかしいとかつらいという意味ではない。それどころか、すばらしい喜びだよ。

「エッセンスと全面的に溶け合って」経験したことがほんとうだ、ほんとうの自分だと知る喜びだ。これが「天国」だよ。どうやってその仕事をするかは、あとで説明しよう。

物理的な世界から離れた直後、死の第三段階に入ったとき、希望が現実になる。物質的な人生／生命のすべての幻想は、その正体を――ただの幻想であると――現す。あなたの目が開かれ、視点が大きくなって強化され、死の第二段階で心のなかにある思考や信念を手放しているから、新しい信念が形成されはじめる。

ここで、すべての人生／生命の公式を思い出そう。これは物理的な身体に宿る生命だけでなく、あの世の生命にもあてはまるのだよ。

希望は信じることへの入り口であり、信じることは知ることへの入り口であり、知ることは創造することへの入り口であり、創造することは経験への入り口である。経験は表現への入り口であり、表現は「何かになること」への入り口であり、「何かになること」はすべての生命活動の入り口であり、神の唯一の機能だ。

どうしてかわからないんですが、でも、あの世でも「希望」や「信念」のようなものが働く場所があると聞いてびっくりしているんです。

「希望」とはエネルギーだ。それ以上でも、それ以下でもない。すべての思考はエネルギーで、「あの世」と言われているのはエネルギーの場以外の何ものでもない。そこは「限りない可能性がある宇宙の場」だ。巨大で広大だが、エネルギーの要素や構造や機能の科学ということでは非常に基礎的、基本的なんだよ。それどころか、このうえなくシンプルな基礎にもとづいているからエレガントだ。

「あの世」は、魂《たましい》が感情も情緒もないロボットのように存在する場所でも時間でもない。それどころか、そこでは感情も情緒もきわめて高くまで上り、魂がもういちど真の自分を思い出して知ることができる背景としての場を創り出している。

「死」とは、あなたが自分のアイデンティティを再確立するプロセスだ。あなたが「天国」と呼ぶのは、それをするところだよ。天国とは場所ではなくて「存在の状態」だ。「あちら側」とは宇宙のなかの位置ではなく、宇宙の表現だ。存在のあり方だよ。自己表現の――それは自己のなかで、自己を通じて、自己として「神性」そのものを表現することだが――プロセスを通じて「天国にいる」ということだ。これで理解できたかな?

「あちら側」で、あなたは「自分の存在の核心」から離れて霊《スピリチュアル》的な領域へ入っていき、距離をおいて眺めることによって、「自分の存在の核心」で出会ったものが現実《リアル》だとさらによく知る。それからそれを「あなたのなか」で「あなたとして」創造する。

すごい。それで「わたしの存在の核心」で出会うという、そのすごいものは何なんですか?

「真の自分」「全的な自分」だ。「ほんとうのあなた」、そして「ほんとうの生命／人生」の栄光と驚異だよ。要するに「神」だ。

それで、それはどんなものなんですか？　どんなふうに見えますか？

そのことはもっとあとに、いまのやりとりという限界のなかで、できるだけは説明してあげよう。

いまは、さきほどのたとえ話を続けたほうがいいね。

いいですよ。

「あちら側」の端に達したら――というのは「知る」という領域で知ろうとしたことを可能なかぎり知ったら――あなたは――たとえてみれば――踵《きびす》を返して戻ってくる。もういちど霊《スピリチュアル》的な領域を通過し、今度は知ったことをすべてたずさえて「自分の存在の核心」へと帰ってくる。

あなたはつぎの最も聖なるプロセスを実行するために、「自分の存在の核心」へ「知」を持ち帰る。その聖なるプロセスとは、つぎにいだく最も偉大なヴィジョンの最も壮大なヴァージョンとして、「核心レベル」で「真の自分」を新たに再創造することだ。「自由な選択」の瞬間、あなたは与えられたすべての知をもとに、つぎに物理的な表現を通じてどんな「自分」を経験したいかを決める。もういちど「全面的に溶け合う」つまり「神とひとつになる」経験を経たあと、ふたたび生まれる準備が整う。

それでは「オレンジ」を離れて「リンゴ」に戻ってくるんですか？　霊《スピリチュアル》的なところから物理的な世界に戻るわけですか？　どうしてわたしはそんなことをしたがるんですか？

知ったことを経験するためだよ。知ることと経験することとは、まったくべつだから。ここで説明しているプロセスは循環する。あなたは「死」と呼ぶもののあと、アイデンティティを再確立するために「自分の存在の核心」に入る。霊《スピリチュアル》的な領域を通過し、そのプロセスを通じて自分が誰で何であるかを、その十全性を「再度、知る」。それからあなたがたが「誕生」と呼ぶものの前に、ほんとうの自分についてつぎにいだく最も偉大なヴィジョンの最も壮大なヴァージョンとしてアイデンティティを新たに再創造するため、「自分の存在の核心」に戻る。

つまり、自分の存在と表現をつぎのレベルに引き上げるのだよ。これが進化だ。あなたは物理的な世界で自分の生命／人生を生き、自分自身の経験で自分を知る。物理的な生命／人生に――ついさっき経験したのにくらべれば非常に「重く」密な存在に――ふたたび入ると、確立した全面的なアイデンティティは失われる。これには理由がある。その十全性を知ってしまうと、部分を経験できない――だが部分を経験することこそ、あなたが物理的な世界に入る理由だ。

この「仕事」が終わったら――「あの世」の経験と同じく、全面的に楽しい経験だ――あなたは「ふたたび死に」、もういちど「自分の存在の核心」に入って、アイデンティティの十全性を再確立する。それからふたたび現れて霊《スピリチュアル》的な領域を通過し、知ることを通じて自分が何者であるかを十全に表現する。そしてあなたがたが「誕生」と呼ぶものの前に、ほんとうの自分についてつぎにいだく最も偉大なヴィジョンの最も壮大なヴァージョンとしてアイデンティティを新たに再創造するため「自分の存在の核心」に戻る。そのあと誕生し、物理的な世界で自分の生命／人生を生き、自分自身の経験で自分を知るだろう。

この「仕事」が終わったら、あなたは「ふたたび死に」、もういちど「自分の存在の核心」に入って、アイデンティティの十全性を再確立する。それから霊《スピリチュアル》的な領域を通過し、そのプロセスを通じて自分が何者であるかを十全に知る。そしてあなたがたが「誕生」と呼ぶものの前に、ほんとうの自分についてつぎにいだく最も偉大なヴィジョンの最も壮大なヴァージョンとしてアイデンティティを新たに再創造するため、「自分の存在の核心」に戻る。そのあと誕生して、物理的な世界で自分の生命／人生を生き、自分自身の経験で自分を知るだろう。

この「仕事」が終わったら、あなたは「ふたたび死に」、もういちど「自分の存在の核心」に入って、アイデンティティの十全性を再確立する。それから霊《スピリチュアル》的な領域を通過し、そのプロセスを通じて自分が何者であるかを十全に知る。そしてあなたがたが「誕生」と呼ぶものの前に、ほんとうの自分についてつぎにいだく最も偉大なヴィジョンの最も壮大なヴァージョンとしてアイデンティティを新たに再創造するため、「自分の存在の核心」に戻る。

このプロセスは続く——永遠に。

「自分の存在の核心」で「エッセンス」と全面的に溶け合うことで、エネルギーの減衰——周波数の調整、あるいは「霊《スピリット》の加速」と言ってもいい——が起こり、その後の霊《スピリチュアル》的な領域や物理的な世界への再出現が可能になる。

生命／人生のサイクルは永遠に続く。なぜならそれは、「すべてであるもの」が「自らの経験」によって「自らを知ろう」とする欲求だから。そして、これが——。

●思い出すこと——その九
「すべてであるもの」が「自らの経験」によって「自らを知ろう」とする欲求。
それがすべての生命／人生の因《もと》だ。

前に言ったことを思い出してごらん。魂《たましい》は霊《スピリチュアル》的な世界を通って「完全な知」に到達し、物理的な世界を通って「完全な体験」に到達する。どちらの道も使われるから、二つの世界がある。「核心」でこの二つが結び合わさり、あなたは「完全な感情」を創造し、それによって「絶対的な気づき」を生む完璧《かんぺき》な環境ができる。

前に言ったことを思い出してごらん。「絶対的な気づき」の瞬間に——これはほんとうの自分を完全に知って、体験し、感じる瞬間だが——達するには、順番に段階を踏んでいかなければならない。

ひとつの生涯がひとつの段階だと考えていい。

するとわたしは「経験の世界」を得るために物理的な存在に戻るんですね！

そのとおり。よくわかっているじゃないか。

この物理的な世界への復路の前に、あなたはまず「自分の存在の核心」で自分のエッセンスそのものと合体する。合体して、つぎにやってきたところの果てへと旅するためにそこから分かれて現れる。

ひとつ聞いてもいいですか？　すべての段階を……生涯と呼んでもいいですね……終了し、「絶対的な気づき」に達したら、あとはどうなるんですか？　やっと「天国」にとどまれるんでしょうか？「核心」にいられるんですか？　永遠に「全面的に溶け合う」経験をしていられるんですか？

あなたはそれを選ばないだろうね。充分に自分に気づけば、つぎの最も大きな欲求は、それを個々の物理的現実として経験することだから。

それで？

それで物理的な世界に戻るだろう。

やってきたところへ、また戻っちゃうんですか。

やってきたところへ戻る。

同じ人生／生命を何度も経験した同じ身体にですか？　それとも違う人生／生命を経験する違う身体にですか？

それはあなたの望むままだ。

かつて想像したなかでも最大の「自由な選択の瞬間」に到達したとき、あなたがそれを決める。

〈マスター〉の力を獲得した魂《たましい》のなかには〈マスター〉への道の最終段階と同じ身体に戻ることを選ぶものがある。まったく違った身体に戻ってまったく違った生命を生きることを選ぶものもある。

どちらにしても、今度はあなたは「真の自分を充分に知って」いるだろう。「絶対的な気づき」を生きるだろう。気づきが絶対的だから、「知ること」も「経験すること」も完全で、ほかのひとたちも「真のあなた」を知って経験し、あなたを「ラビ」「マスター」「師」と呼ぶだろう。

さらには、わたしが「その方」だと言い張るひとさえいるかもしれない。

そう。あなたのようなひとはほかにいないと思うだろう。そこであなたの仕事は、そうではなく誰もがあなたと同様だと納得させることであり、あなたが知って経験することを、人びとのすべてが知って経験するようにしむけることだ。

あなたが「知って」「経験する」ことはあなたの最大の喜びで、あなたはそれをすべてのひとと分かち合いたいと願うだろう。ほかのひとたちに真の自分を示すことができるなら、物理的な生命／人生を捨てることなどなんでもない、と思うだろう。

あなたは他人に生命／人生を奪われるように見えるかもしれないが、自分では何が起こっているかを正確に知っているはずだ。誰も自分の意志に反して「死ぬ」ことはなく、自分が選んだのではないときややり方で死ぬこともないとあなたは知っている。だからあなたは自分の「死」を創造の瞬間として活用し、多くのひとたちに「さらに大きな現実」への入り口を開くだろう。

それじゃどっちにしても……「絶対的な気づき」に到達しても、自分の旅を続けても……結局は「リンゴ」の端っこで、つまり出発点で自分自身を発見する、そういうことですね？

そう。そうやって、あなたはひとめぐりする。

そこで、わたしはまた引き返し、ふたたび循環を始めるっておっしゃるんですか？　そうやって行きつ戻りつ何度も何度もくり返す、と。

あなたがそれを選べばね。

それじゃ、わたしはほんとうに「同じ生涯」を何度もくり返して生きることができるんですか？

それについては、もっといろいろと話があるがね——。

そうでしょうとも。

21

すべてが見かけどおりとは限らない。
——すべての生涯のすべての瞬間には、あなたがこれまで想像した以上の可能性がある。

すみませんが、多くの違った生涯を生きるという話はいままでにも聞いていましたが、ここでは同じ日をえんえんとくり返す映画の『恋はデジャ・ブ』(原題：Groundhog Day)の実生活版のように「同じ」生涯をくり返して生きることもあると、何回かおっしゃっていますよね。

これは一度聞いたくらいではなかなかのみこめないかもしれない。だからもっとゆっくりと話を進めたほうがよさそうだ。

あなたは「生命／人生」「死」「死にゆくこと」について、とても深い重要な質問をしている。

あなたがたが「死」「死にゆくこと」と呼ぶものを充分に理解するためには、「万物の宇宙論」とも言うべき、きわめて難解なテーマについてさぐる必要がある。

しかし、少しペースを落とすことにしよう。

そうですね。いままではすごい勢いで走っていたみたいな気がします。しかもこの一〇分間でさらに多くのデータが与えられたし……。

そうだね。それでは少し後戻りして、そのデータについてもういちど考えてみようか。あなたは「すべてであるもの」の一部だ、と言ったね。あなたは――さきほどのたとえ話に戻れば――リンゴ＋オレンジの原子で、そのなかを旅している。

そのリンゴ＋オレンジをアップルオレンジと呼んでもいいですね！

それはいい。そうすればこの比喩《ひゆ》は忘れられないものになる。あなたが考えたその言葉を「時空の連続体」の略称として使うことにしよう。

いいですね、そうしましょう。

さて、あなたはアップルオレンジのなかを何度もくり返して、自分が選んだルートに沿って旅する。前に言ったように、以前、選んだのと同じルートでもいいし、べつのルート、べつの「トンネル」でもいい。それに「時間の回廊」を移動するにあたっていくつも違ったやり方を選んでもいいし、そうしたければ一瞬一瞬で動きを変えてもいい。

どういうことですか?

「時間の回廊」の旅はどんなふうだと思うかな。あなたがその回廊で宙づりになっているとしよう。文字どおり「時間のなかで宙ぶらりん」でいるわけだ。さて、あなたはどっちの方向に移動する?

前方でしょう。トンネルのなかを前に移動すると思うな。そうじゃないんですか?

ほかには、ないかな?

そうですね、後ろへ、かな。でも、わたしたちは時間をさかのぼれるんですか?

おや、とても重要なことにふれたね。あなたが思っているよりはるかに重要なことかもしれないよ。それは以前に話した「聖なる審問」の一部だ。

それじゃ、いよいよ「聖なる審問」について話してくださるんですか？

いや、まだだ。しかし、もうすぐだよ。その前にもう少し基礎固めをしておこう。さっきの質問は、簡単に答えるならイエスだ。あなたは「時間を後ろ向きに」移動できる。ほかの生涯へというだけでなく、どの生涯においてもそうだ。

それはすごいや。

しかし、トンネルを移動するのに、ほかの方向は考えられないかな？

ええと、いや。後ろ向きと前向きでしょう。ああ、横っていうのもありかな。

そのとおり。「時間の回廊」に宙ぶらりんになっていたら、左右にだって動けるね。ほかには？

上下、ですか？

そうそう。そのとおり。上下にも動けるね。これで動きは三方向になる——前後、左右、上下だ。ほかに、移動のしかたを考えられるかな？

——聞いているかい？

考えてるんですよ……。

……いや、ないと思います。

たいていのひとはそう思うね。

どうしてです？

三次元の環境の一部として、自分を経験しているからだよ。だが、そのトンネルのなかには四番めの空間的次元があり、移動できる四つめの方向がある、と言ったらどう思う？

当惑するでしょうね。だって見当がつきませんから。

あなたは、円周上を動くことができるんだよ。「時間の回廊」のなかで宙づりになったところから時計まわりに、あるいは反時計まわりに動くことができる。

それは考えつかなかったなあ。

トンネルには三つの方向がある——はじまりから終わりへ（前後）、横から横へ（左右）、天井から底のほうへ（上下）。そして、さらに四番めの方向がある——内側の空間を回転する、円周の動きだ。これが時間のなかの四次元だよ——だから「時間のなかの移動」には、あなたがいままで思っていたよりたくさんの方法があるんだ。

なるほど。その四番めについては思いもよりませんでしたよ。

実際には「時空の連続体」のなかには、四つよりもっとたくさんの空間的次元がある。

四つよりもっとたくさんですって？　驚いたな！　いくつあるんですか？

ここでは数は重要じゃない。これについてもっと理論的に知りたければ、量子物理学者に聞いてごらん。これだって現代の科学が教えていることだからね。

この対話で重要なのは、すべてが見かけどおりとは限らず、すべての生涯のすべての瞬間には、あなたがこれまで想像した以上の可能性があるということを、知って理解することだ。

それでもあなたの旅は目的地が同じだという意味では同じだ。

考えている以上に多様な可能性があるというのはルートのことだよ。

それほどたくさんの選択肢があるなかで、選択の決め手は何なのですか？

何を経験したいか、だね。すべての道は同じ目的地に通じているが、「ルート」によってできる経験が違う。あなたは「時空の連続体」を無限に旅しつづけるのだから、どのルートをとっても、べつのルートが提供する「チャンスを失う恐れ」はない。だから選択肢は広く開かれているのだよ。

それが永遠に続くんですか？　いつまでも霊《スピリチュアル》的な生命にとどまることはできないんですか？

永遠にとどまれるところは、どこにもない（nowhere）。

「自分の存在の核心」の「中心」にも、ですか？　前にも同じことを聞いたとは思いますけど……。永遠にとどまれるところはどこにもない（nowhere）んでしょうか？

この言葉を理解するには、前にも言ったが「どこにもない（nowhere）」という単語のあいだにスペースを置かないといけない。「どこにもない（nowhere）」のあいだにスペースを入れると、「いま、ここ（now here）」になる。あなたは、いま、ここに永遠にとどまる。「いま、ここ」だけが、存在する唯一の時空だ。

なるほど、それはすごい言葉だなあ。では天国というか「楽園」、涅槃《ニルヴァーナ》、歓喜に満ちた神との合一というのは「核心」部にあるんじゃないんですか？

あるよ。だが同時に、ほかのどこにもある。「ここ」にあって「あちら」にはない、というものではない。どこにだってある。しかし「時空の連続体」のほかのどこにもない特徴が「核心」にはある——だからあなたがたはそこへ行くんだよ。

それは？

「唯一無二」だ。「自分の存在の核心」では「存在するすべて」と「あなたのすべて」がただひとつになって現れる。「唯一無二」のかたちだ。ここで「知ること」と「経験すること」が合体する。しかし「時空の連続体」のなかのいつどこでも、あなたはこの合体を生み出すことができる。「自分の存在の核心」では「競合」するものがいっさいないから、ほかにあなたの関心を奪うものがない。あるのは、これだけだから。

なるほど、すると、それが天国なんですね。それなら、わたしはそこにずっといたいですよ。

いいや、そうじゃない。それはあなたが「知って」「経験」したいことであって、そこにとどまりたいわけではないんだよ。

どうしてですか？　すごく良さそうじゃないですか！

「それ」を「知って」「経験」し、ほかに「何もなければ」、あなたは究極的にはその合体のなかで自分を失うだろう。もはや自分が「合体」したこともわからなくなる。なぜなら、比較すべき「知ること」も「経験すること」も、ほかにないのだからね。あなたは自分が何者かさえわからなくなる。自分自身を差異化し個別化する能力を失うのだ。

それじゃ「天国」は「すばらしすぎて」よくないとおっしゃりたいんですか？

「時空の連続体」のなかでは、すべてが完璧《かんぺき》に調和している、と言っているんだよ。

「ほんとうのあなたのエッセンス」は、個別化という経験と栄光を通じて「ひとつであるもの」の歓喜を「知る」ためには、「生命／人生のプロセス」のなかでいつ「ひとつであるもの」と合体し、それから分かれて現れるべきかを間違いなく正確に知っている。システムは完璧に機能する。バランスは正確だ。この設計は雪のひとひらのように優雅なんだよ。

あなたは「ひとつであるもの」へ戻り、「ひとつであるもの」から分かれて現れる。これを未来永劫《えいごう》、永遠に、さらにはその先まで何度もくり返す。そして、これが――。

●思い出すこと――その一〇

生命は永遠である。

なるほど、たしかにすべての宗教が、そう教えていますね。地上のすべての伝統的な信仰がそう述べています。それをまたここで聞くわけですね。

たしかに、わたしは何世紀にもわたって、たくさんのメッセンジャーを通してこのメッセージを送りつづけてきた。

ロシター・W・レイモンドというひとは作家で編集者、講演者、神学者、教師、鉱業技術コンサルタントで、しかも法律家で、一八四〇年に生まれて一九一八年に亡くなっているんですが、こんな有名な言葉を遺《のこ》しています。彼もあなたのメッセンジャーだったんでしょうね。

――生命は永遠。愛は不滅。そして死はただの水平線にすぎない。水平線とは視界の限界、ただそれだけだ。

それから現代のエンターテイナーもそうですよね。カーリー・サイモンは数年前にティース・ゴールと一緒につくった歌のなかで、「神とともにあるわが家」についてのメッセージを新たにおおぜいの聴衆に広く届けるために、レイモンドの言葉を使っています。それにアラニス・モリセットも。彼女は最近、音楽を通じて生命や存在の性質についてたくさん語っていますよ。映画制作者のスティーヴン・サイモンも映画を通じて、それからいまはスピリチュアル・シネマ・サークルという団体を通じて活動していますね。それから……。

ここでひとつ、はっきりさせておこうか。あなたがたは誰もがみなわたしのメッセンジャーだよ。

あなたがたはひとり残らずそうだ。あなたがたはみな、自分自身が生きた人生を通じて、生命についてのメッセージを生命に送っている。

問題は「あなたはメッセンジャーか」ではない。「あなたはどんなメッセージを送っているか」だよ。

22

──「真実」などというものはない。

「思い出すこと」の一〇番めを聞いてもちっともびっくりしませんし、とくにはっとするほど独創的だとも思いませんけど。

たしかにそうだろうね。だが、その意味の深さを考えれば、はっとするはずなんだよ。この対話全体のなかでも、これ以上に意味の深い言葉はないのだから。
生命は永遠であると知れば、あなたは二度と「死」を恐れないはずだ。
なぜならその本質も、すばらしさも、栄光も、完璧《かんぺき》さも理解でき、それが非のうちどころのない贈り物だとわかるから。

そのうち、これとはべつの本を書いてもいいかもしれませんね。
「死──非のうちどころのない贈り物」というタイトルで。

とても良い本になるだろうね。手ごろなハンドブックだ。死にゆくひとと遺《のこ》されるひとたちのための「ガイドブック」ができるよ。それは人びとにとってすばらしい貢献だ。

だが、いまはこの対話を完成させよう。このテーマを深く考えようという、あなたやほかのひとたちがもっと深く理解できるように。
問題は対話が終わったとき、あなたがたがこれまで理解したがっていたことを理解しているかどうかではなく、知ったことを信じるかどうかだ。

信じない理由があるんですか？

人類にとっては、いちばんすばらしい真実を信じることが、いつもいちばんむずかしかったのだよ。
そして「死」についての真実は、真実のなかでもいちばんすばらしい真実だ。

たしかにすばらしい真実ですよね、それは認めます。ここで言われていることをひとこと残らず信じたいと思いますよ。それが真実であってほしいとひたすら願っているんです。

ほら、そうだろう？　あなたはもう、それが真実かどうかを疑っている。
ああ、信仰うすき者たちよ——それが真実かどうか疑うとき、あなたは「自分自身」を疑っているのだということがわからないのかな？

自分の魂《たましい》のなかに発見した真実を愛するなら、外部の誰かが同意しないからとか、ばかにされた、疑われたという理由で、それを捨ててはいけない。あなたの真実が「真実」だと言わなくていい。それが「あなたの真実」だと言えばいい。「真実」などというものはない。そのことは以前にも話したね。「自分の真実」とふれあうことができれば、それで充分なのだよ。

これがわたしの真実。あなたとの対話を通じてわたしが理解したのは、わたしの真実です。

それで充分だ。それだけで足りている。足りているどころか、それ以上だよ。とても力強い。

自分自身の真実――何についてであれ――とふれあっているというのが、どれほど力強いことか、わかるかな？

ほかのひとたちもこの対話の結果として、自分の真実とふれあうだろう。なぜなら「真実のところ」、これはあなただけの対話ではなく、ほかのひとたちの対話でもあるから。この対話を読むすべてのひとたちが、この対話を創り出している。

あなたにはわかっているだろうか？

この対話を読み進むあなた、あなたがこの対話のつぎの展開を生み出していることを?

それって、わかりにくいんじゃないかなあ。だって、この本はもう完成しているわけでしょ。読者がページをめくれば、終わりに何が書いてあるかわかるんですよ。読者の全員がつぎの展開を生み出しているのなら、どうしてすでに結末があるんですかね?

前に話したように、設備の整った豪華な書斎の本棚に収まった本もすでに存在しているが、しかしあなたがそれを見るまでは、あなたの現実のなかでは存在しない。あなたが創造してきた「何もかも」が、すでにそこにある。何もかもだ。それがすでにそこにあるからといって、あなたが創造したのではないという意味ではない。ただ、あなたは創造したことに気づいていない、というにすぎない。あなたがいまいる「時空の連続体」の場所からは見えないから。

それ、どれほどすごいことをおっしゃっているのか、おわかりですか?

よくわかっているつもりだよ。

いや、すごく幸せだなあ。宇宙論の奥にある情報を教わっているという気がしますよ。それこそ、生と死のメカニズムですよね。だから、これでわたしはいつ死んでも……。

あなたは地上での人生／生命が完了するときに「死」を選ぶ。地上での人生／生命は、あなたが経験するためにやってきたことをすべて経験し終えたら完了する。

あるいは、すべてを経験してはいないが、この道をたどりつづけても経験することはできないと気づいたとき。

いや、そうではない。まったく違う。そういうことはありえない。この物理的な世界で経験するためにやってきたことのすべてを経験できずに死ぬ者は、誰もいないよ。

なんですって？

わたしは、この物理的な世界に経験するためにやってきたことのすべてを経験できずに死ぬ者は、誰もいない――と言ったのだよ。

「完了できない」などということはない。

それが、つぎの思い出すことの意味だ——。

●思い出すこと——その一 死のタイミングと状況はつねに完璧《かんぺき》である。

わたしはそれを信じます。でもレイプされ、手足をもがれ、殺害された子供の親は、そんな死の状況が「完璧」だなんて、どうして思えますか？ 九月一一日の同時多発テロで愛する者を奪われたひとたちが、その死を「完璧」だと受け入れることができますか？

あなたはとてつもないことを求めておられる。たいていのひとは、いくらなんでもそこまでは信じられないですよ。

わたしはすでに、生命／人生の設計は雪のひとひらのように優雅だ、と言った。あまりに完璧すぎて信じられず、あまりに良すぎて真実とは思えないだろう。

しかし、いいかね。遺《のこ》された者が神の確かな完璧さを確信できれば、それは慰めとなるだろう。

神はつねに、そして永遠に完璧だ。あなたが理解すべきことは、あとひとつだけ。

――神とは何で、誰なのか、ということだな。

この対話シリーズのなかでくり返し言ってきたことを、ここでもういちど、断言しよう。「神」と「生命」は同じものである。

したがって、「神は完璧だ」と言うのは、生命は完璧だと言うのと同じことだ。その「システム」は完璧なバランスで存在している。

すべては完璧なタイミングで、完璧な方法で起こる。きわめて狭い人間の経験という視点からは、いつもそれを見抜き、感じとれるとは限らないがね。それが物理的な世界の限界だ。しかしその限界は克服することができる。

多くの「預言者《よげん》」や「賢者」は、異なる視点を選ぶことで、この知覚の限界を克服した。だが残念なことに、彼らのメッセージは無視されることが多い。彼らの洞察は、しばしば過小評価される。さらには、彼ら自身が非難されることもたびたびだ。

だから、見えない者が見えない者を導きつづけている。あなたがたは、見える者の言葉を聞こうとしない。

そこで、聞く耳をもつ者は、聞きなさい。

「神の王国」において、不完全ということはありえない。

それはそうでしょうが、この地上ではどうなんですか？

「この地上」は神の王国だよ。神の王国の一部ではない場所など、どこにもない。

でも、わたしたちはこの地上は「べつもの」だと考えているんですよ。この地上での生命は、「神の王国」に入れてもらうために与えられた試練であり、苦難だと思っているんです。そして死はそこに通じる道だって。

「神の王国」に通じる道などないよ。

「神の王国」は出たり入ったりする場所ではない。あなたがたがつねに「いる」場所だ。あなたがたがいる場所はそこしかない。

でも、そうは思えないことも多いですけどね。

それは、あなたがほんとうの自分を思い出さず、ほかのひとたちを、「ほんとうの、そのひと」として扱っていないからだよ。もし、そうしていれば地上で天国を経験するはずだ。

もし、そうしていれば、神へ帰る、つまり「神とともにわが家」にいることができる。いつでも、どこでも。

そうなれる方法って、ないんですか?

この対話もそのひとつだ。

この対話を自分だけのものにしてはいけない。できるだけ多くのひとの手に渡るようにしなさい。

世界と分かち合いなさい。

しかし、まずはこのメッセージの意味をあなた自身の生命に深くしみこませなさい。すべてのひと、すべてのことに神を見て、すべてを完璧《かんぺき》だと見なさい。

そのことは前にもおっしゃいましたね。自分を被害者だと感じるひとたちについて話したときです。視点を変えればすべてが完璧に見える、人間的な意味では明らかにそうではないと思うときでも、とおっしゃった。

とくにそういうとき、と言ってもいいだろう。

そのような気づきは、動揺のなかに平和を、疲労のなかに安息所を、恨みと怒りが現れるかもしれないときに赦《ゆる》しを、そしてかつて経験したこともないほど大きな生命への愛をもたらしてくれる。

すべての瞬間に完璧さを探しなさい。探すのだ。倦《う》まずたゆまず、信じて探しなさい。

それがそこにあることを、深く見つめれば見つかることを知りなさい。

さて、この対話の前のほうで、べつの機会にまたこの「完璧」という考え方についてさぐってみよう、そのときには「わたし」のほうから「あなたに」その事例をあげてみてくれと頼むつもりだ、と言ったのを覚えているかな?

そこで、あなたがワークショップを開いたときに聞いたビリーの物語を話してくれないか。

わかっていましたよ。あなたが取り上げるのは、きっとあの物語だと思っていました。お話を聞いたとき、すぐにあれが頭に浮かんだんです。

よろしい。では、話してごらん。

わかりました。一〇年前から毎年、わたしはクリスマスから新年にかけての一週間に「あなた自身を再創造しよう(ReCreating Yourself)」という泊まりこみのセミナーを開いています。

あるとき九七人いた参加者のひとりにヘレンという女性がいました。大晦日《おおみそか》の決意の儀式の前夜、彼女が手をあげて発言したのです。

「この一週間、神はわたしたちの最善の友人だとか、神がどれほどすばらしくて愛情深いかとか、それからわたしたちは毎日、神と対話すべきであるということなどをさんざん聞かされました」ヘレンは話しはじめました。「もし神と対話するなら、わたしは神に対してものすごく腹を立てている、と言うでしょう」

「それでかまわないんですよ」わたしは言いました。「神はちゃんと受け止めてくださいます。でも、あなたのほうは、だいじょうぶですか？」

「いいえ」ヘレンの声は震えていました。

「それで、どういうわけでそれほど神に腹を立てているんですか？」

わたしがたずねると、ヘレンは深いため息をつきました。

「二〇年近く前、わたしたちは男の子を養子に迎えました。それまでの五年、子供が欲しいといろいろ努力したのですが、うまくいきませんでした。わたしたち夫婦には、もう子供は生まれそうもないと思いました。生物学的に母親になれる期間はあとわずかでした。だからビリーを養子にしました。

それから三週間後、わたしは妊娠しているのに気づきました。そして、子供が生まれました。男の子です。

どちらも自分の子として育てましたが、ビリーには、少し大きくなったときにあなたは養子なのだと教えました。真実を知らせておきたかったのです。弟とまったく変わらずあなたを愛していると言いましたし、わたしたちの行動によって、この言葉が嘘《うそ》ではないとわかってもらえると考えました。

ビリーは八歳でした。それで無邪気にも、学校の友だちに話してしまったのでしょう。ある日、とても怒って学校から帰ってきたんです。ママのいないやつ、と校庭でからかわれたのでした。子供ってそんなものですね。ときには子供はとても残酷なんです。

子供たちは『ビリーがあんまりみっともないんで、ママでさえいらなくなったんだ』というようなことを言ったらしいのです。とにかく、ビリーはとても傷ついて腹を立てて帰宅し、どうして母親が彼を手放したのかを知りたがりました。自分のママはどこの誰なのか、すぐに会いたい、と。

もちろん、わたしにはとてもショックでした。

まず、ビリーがどんなにつらい思いをして傷ついただろうと思いましたし、それに自分自身にとっても衝撃だったのです。当然、とても悲しい思いをしました。

ビリーのママは、自分だと思っていました。夜中に起きておむつを替えたり、病気のときには看病したり、母親としてしてきたいろいろなことがよみがえり、ビリーはもう、わたしを『ママ』と見ていないのか、そう認めていないのかと、胸が張り裂けそうでした。

でも、ビリーの気持ちもわかりました……わかってやらなくてはなりませんでした……だから、もっと大きくなって、それでも同じ気持ちだったらお母さんに会わせてあげると約束しました。どんなことでもして、お母さんを探してあげるわ、って。

それでビリーは納得したようでしたが、でも怒りはいつまでも残りました。

子供時代、それから一〇代と、彼はずっと怒りを引きずっていて、わたしたちもとても苦労しました。なんとか乗り越えはしましたが、家族の誰にとっても容易ではありませんでしたし、とくにわたしは大変でした。

少し大きくなったとき、ビリーはまた母親に会わせてくれと言いだしました。それで、あなたが一八歳になったとき、まだ同じ気持ちだったらお母さんを探しましょう、と言ったんです。一〇代になってからのビリーは、約束を忘れないで、としょっちゅう念を押しました。

そしてとうとう、ビリーの一八歳の誕生日がきました。その日、あの子は自動車事故で死にました」

そのとき、話を聞いていたセミナー参加者は、いっせいに息をのみましたよ。突然ヘレンのエネルギーが怒りに変わりました。

「だから、わたしはあなたに聞きたいんです」彼女は強い口調で言いました。「愛情深い神が、どうしてこんな目にあわせるんですか。ビリーがいよいよ母親に会おうというとき、あの子の激しい思いに苦しんできたわたしたち夫婦がようやく解決策を見いだそうとしたときだったんですよ。どうなんですか、教えてください。どうして神さまはあんなことをなさったんですか？」

部屋には重い沈黙がみなぎり、わたしは呆然《ぼうぜん》と言葉を失っていました。

一瞬、ヘレンを見つめてから、わたしは目を閉じて自分の心のなかをのぞきこみました。

自分の考えが聞こえました。

「さあ、神よ。そういうことです。わたしは何と言っていいかわからない。どうか、力をお貸しください」

それから、はっと目を開きました。内容を判断したり、言葉に手を加えるより先に、頭のなかに聞こえる言葉がそのまま口からあふれ出ました。

「ビリーがその日に死んだのは、母親と会うことを約束されていた日だったからです……約束が果たされたんです。その日、ビリーのお母さんはこの世にはいなかった」

ふたたび会場じゅうのひとが息をのみました。誰かが小声で力強く「そうなんだ」とつぶやきました。明らかに涙を流しているひともいました。

わたしは続けました。

「事故などというものはないし、なにごとも偶然には起こりません。

あなたはそれまでずっと妊娠せず、もう子供を産めそうもないと思っていたのに、実の息子さんを授かった。そういう計らいが、より大きな計画が……あったからです。

あなたはビリーを迎え入れて家庭を与え、自分の子として愛し育てて、彼が母親と会う準備ができるまで、母親が彼と会う準備ができるまで慈しもうという意思と引き換えに、実の息子さんという特別の贈り物を与えられた。

ビリーが死んだ日は、彼にとっていちばん幸せな日でもあったんです。その瞬間まで導いたあなたへの彼の感謝は永遠ですよ。たったいまも、あなたの心を包み、あなたとの不滅の絆《きずな》を生み出しているはずです。

生命の設計は完璧《かんぺき》です。人間の状況や経験のすべてが完璧です。どんな条件も完璧です。わたしたちにはそれに気づくチャンスが与えられている。気づけば解放されます。救われます。苦しみや痛みが終わるのです」

ヘレンの表情が、一瞬で変わりました。さっきまで怒りに覆われていた顔が、いまは輝いています。身体全体から緊張感が消え、彼女は長いあいだで初めてほっとしたようでした。涙がとめどなく頬《ほお》をつたっているのに、同時に会場が明るくなるほどの輝く笑みを浮かべていました。

この話をしたのは、ヘレンやセミナー参加者全員が理解したことを、すべてのひとに理解してもらいたいからです。

わたしたちには天から与えられた「魔法の処方箋《せん》」がある。

それは人間経験を取り巻くすべての悲しみ、すべての怒り、すべてのマイナスを溶かしてしまう処方箋です。わたしたち自身を新たに再創造することを可能にする処方箋なんです。その処方箋は短くて簡単に覚えられます。

「完璧さを見なさい」

この処方箋はどんなふうに効くんでしょう？　ほんとうに効くんでしょうか？

大晦日《おおみそか》の晩にヘレンは、前の夜、コロラドの澄んだ星空の下で散歩したあと部屋に戻って書いたメモをわたしにくれました。

ヘレンもロバート・フロストやリゼル・ミュラーのように、自分が知ったことの美しさを語るために詩人になったんです。

わたしはやってきた、重い心で
泣くことさえも恐れる心で

ビリーが逝《い》って三年
さよならも言えず
ひとりぼっちであの子の墓にたたずみ
泣くことさえもできなかったわたし

約束したのに、とわたしは言った
おまえはわたしを捨てて行ってしまった

ビリーが逝って三年
神はこの心を慰めてはくれなかった
この心を癒《いや》してはくれなかった
涙さえも流させてはくれなかった

だが、神は語った
慰めようとしても
あなたの心は閉ざされ
耳は神の優しい不滅のささやきを
聞こうとはしなかった、と

そこに届いたのはニールの声
高みからのメッセージをわたしに届けてくれた

今夜、わたしの魂《たましい》は神の言葉を聞いた
そして、ようやく涙があふれた

この星空の下を歩みつつ
さあ、いまこそ、と思う
息子を解放したことを喜ぼう
さよならを言おう

そう思いつつ、見上げれば
星空を横切って……流れ星がひとつ

23

無益な死などひとつもない。
――すべての死は地上を離れるひとたちと遺されるひとたちにメッセージをもたらす。

すばらしい話だったね。

「時空の連続体」のなかを通る旅は、すべての魂《たましい》にそれぞれ特別の体験をさせるように構成されていること、そしてすべての「死」のタイミングと状況はつねに完璧《かんぺき》であることを見事に語っている。

あの若者があの時点で身体を離れた、それが「完璧」だったんだというのはわかります。だって彼は自分を産んだ母親を知りたい、会いたいと言っていたし、死という仕組みを通じて願いがかなったんですからね。わからないのは、彼の人生がなぜあんなふうでなければならなかったのか、それが「完璧」だったのかってことなんです……あの若者がこの世に体験しにやってきた「特別の体験」ができたのかどうかだって、ぜんぜんわかりません。ビリーは生きているあいだ、ずっと悶々《もんもん》としていらだっていて、そのうえ最後に母親に会うために自動車事故で死ななきゃならなかったんですか？ そんなのって、あんまりじゃないですか！ どうなんです？

「さまざまな事実」から、彼の魂がたどるべき道を知ることができる、推測できるなどと思わないことだ。関係するすべての「祝福された存在」が人生経験のなかで共同で創り出す微妙な絡み合いは、あなたがたにはわからない。ビリーは「全員」の課題《アジェンダ》に役立つためにこの世にやってきたのだ。

全員の課題、ですか？

たくさんの魂が互いに絡み合い、共同して創造行為を行っている。人生のどの瞬間でも、どこの場所でもそうだ。さっきの物語の場合は、車の若者、彼を産んだ母親、育てた母親と父親、弟――それに車と衝突して彼を死なせた車の運転者を含むさまざまな魂があった。しかもそれだけではない。もっと関係の遠い魂もある。若者の実の父親やそれぞれの人びとの友人や親戚、そして――覚悟はいいかな？――「あなた」やワークショップの参加者たちもだ。それぞれが全員、課題《アジェンダ》をもち、影響を受けたのだよ。そこを理解すると、つぎのことに行き着く――。

●思い出すこと——その一二

すべてのひとの死は、つねにその死を知るほかのすべてのひとの課題《アジェンダ》に役立つ。

だからこそ、彼らはその死を知る。

したがって「無益な」死は——生も——ひとつもない。誰も決して「むだ死に」はしない。

そうすると、個人的な悲劇も国家的な災厄も大量の犠牲者も個人それぞれの死も、まったく違って見えてきますね。たったひとりの乳児の突然死から何千人もの人びとの死まで、すべてにまったく違った見方が生まれるな。

そのとおり。

生命の限りなく奇跡的な絡み合いが理解できれば、どんな死もとてつもなく神々《こうごう》しい意義をもった出来事に変容する。

九月一一日の同時多発テロによる死も、二〇〇四年の津波や二〇〇五年のハリケーンによる死も、ダルフールの大量虐殺による死や、ホロコーストによる死も、すべてが名誉ある地位に引き上げられるのだ。

何年ものあいだ病床にあったおばあさんの死も、道路に飛び出した子供の事故死も、エイズ患者の死も、テストパイロットの死も、安らかに去ったひとの死も、暴力的な最期を迎えたひとの死も、英雄的な死も、ひっそりと目立たない死も――すべての死がたとえようもなく有意義なレベルに引き上げられる。

すべての生は何千人ものひとたちとふれあい、すべての死がその何千人もの生を償うからだ。

すべての死は償いである。

なぜなら死はすべて、それぞれの魂《たましい》をその真実に、生命の真実に、神の真実に戻すから――そして死にふれたひとはすべて、この真実に向かって開かれ、それを経験するだろうから。

いいかな。

どんな死も無益ではなく、すべての死は地上を離れるひとたちと遺《のこ》されるひとたちにメッセージをもたらす。そのメッセージを探して発見し、耳を傾けて聴くのは、あなたの役目だ。

ホロコーストのメッセージは何か？

九・一一同時多発テロのメッセージは何か？

津波の被災者や突然死した乳児やエイズ患者の死の、そして愛されて夜のうちに静かに逝《い》った祖父母の死のメッセージは何か？

さらにはすべての死の、すべての生のメッセージと目的は何なのか？

それを教えていただけますか？　ここで教えていただけますか？


そのメッセージとは、あなたがこれであると述べるものだ。

その目的とは、あなたがこれであると示すものだ。

あなたが自分の人生／生命を生きることを通じて述べ、示す。

あなたはメッセージであり、メッセンジャーだ。あなたが創造者であり、被造物だ。

それどころか、メッセージを届けつつ、同時にメッセージを生み出すプロセスにある。

それを届けるプロセスが、それを生み出すプロセスでもある。どちらも同じひとつのものだ。

そのことを考えてごらん。深く考えてごらん。

これだけは教えてあげよう。

生命そのものは栄光であり、あなたがたがこれまで想像していたよりも、はるかにすばらしい驚異だ――そしてあなた、あなた自身が栄光であり、あなたがたがこれまで想像していたよりもはるかにすばらしい驚異なのだよ。

あなたがたが生きているこの人生――あなたがたというこの生命――は永遠不滅だ。決して終わることはない。

すべての魂《たましい》は絡み合いつつ、すべての瞬間を共同で創造している。すべての魂だ。絡み合いは続く。

その絡み合いが生命という驚くべきタペストリーを織りなす。それぞれの糸がそれぞれの道を進むが、しかしそれぞれの糸が「てんでんばらばらに独立している」と考えることは、「大きな全体図」がいかに創造されるかという観点からすれば、とんでもない誤解だろうね。

驚いたな……。

そう、驚いただろう。

それじゃ、人生/生命って単独の経験じゃないんですね。

いや、たったひとつの経験だよ。

それは「唯一無二」の経験で、個別化という経験を通じてそれ自身がそれ自身であると知ることだ。あるのは「たったひとつの課題《アジェンダ》」だが、それはわたしたち一人ひとりのはっきりと違った、しかし驚くほど共通の経験を通じて達成される。

その「たったひとつの課題《アジェンダ》」とは「神性」が表現され、そのあらゆる壮麗な輝きにおいて体験され、「いま」という黄金の一瞬一瞬に再創造され、定義されることだ。

それがどう表現され、どう体験され、どう定義されるかは、あなたがたに任されている。

あなたがたがそれを日々、決断する。

あなたがたが一瞬一瞬、何を選択したかを示す。

それをあなたがたは個人としても、集団としても行う。すべての行動は自らを定義する行動だから。

あなたは「存在の核心」と合体したとき、この真実について、さらに多くの真実について思い出すだろう。あなたがたが本来の課題《アジェンダ》を忘れ、真の自分の記憶と感覚を失っていても、その場でふたたび活力を取り戻し、ふたたびひとつになり、ふたたび統合される。

このすべてについて、充分に気づき、体験していれば、「存在の核心」においてさらに活力を得るだろう。

「究極の真実」を忘れたひとたちすべての大いなる誤解、一時的な健忘症に陥って暮らしているひとたちすべての大いなる幻想は、「天国に到達」し、「神とひとつに」なり、永遠の至福を経験するために「行く」べき場所があり、旅すべき目的地がある、ということだ。

たったいまのあなたがたを除いて「神性」の至福を経験するためにあなたがたが行くべき

場所はないし、なすべきことはないし、あるべき姿もない。

あなたがたが「神性」の至福であるのに、あなたがたはそれを知らない。


それじゃ、どうしてアップルオレンジのなかを通って、終わりのない旅をしなくちゃならないんですか？　どうして「時空の連続体」のなかをいつまでも旅しつづけるんですか？　どうして、際限なく神を探しつづけるんですか？


あなたがたの旅は際限なく神を探す旅ではなく、際限なく神を経験する旅だよ。

そこを理解すれば、どうして旅をしつづけるかという理由は明らかだ。

旅はプロセスだよ。あなたがたが神を知る道——それどころか、あなたがたが「神性」としての自分自身を知る道だ。だからこの旅は偉大なる喜びなのではないか。


そうですか。それじゃわたしは神を経験するために、時間と空間を「旅」しているんですね。

でも、いつ神に会えるんでしょうか？

以前あなたは、わたしが死後に最初に体験するのは神だ、とおっしゃいましたよね。

そうなるだろうと信じていれば、そうなるよ。

だが、それまで待つ必要はない。実際にはあなたがたはいつも神に会っているのだからね。

わたしがずっと言ってきたのは、そういうことだよ。

そこにほとんどの人間の神学の中心的な間違いがある。

あなたがたはいつの日か神に会うだろうと考えている。いつの日か神へ帰る、つまり「わが家」に帰るだろうと想像している。だが、あなたがたは「わが家」に帰るのではない。

あなたがたは「神とともにあるわが家」を一度も離れたことはないのだ。

24

――宇宙全体が、異なるふるまいをするひとつのもので構成されている。あなたがたは「多様な個別性」として自らを経験している。

なるほど、あなたはここではめぐりめぐって、いくつかの重要なポイントに何度も戻ってくるとおっしゃった。そのとおりになりましたね。そして、あなたがここで展開してみせてくださったのは、まったく新しい霊性《スピリチュアリティ》です。新しいものの見方ですね。

わたしは自分がリンゴの外側にいて、リンゴを味わいたいと思っているのだと考えていました。

でもあなたは、わたしはリンゴの外側にいるのではなくリンゴの一部であり、リンゴのなかを移動している、そのリンゴ全体が「神である」とおっしゃる。

神は核心に、すべてのものの中心にあるだけでなく、神は「すべてでもある」んですね。

そう、そのとおりだ。

あなたはいまや、比喩《ひゆ》を超えた理解のために比喩を使っている。

あなたは自分が神の外側に立っていると想像していたが、そうではない。そんなことはありえない。神は「存在するすべて」だ。何ものであれ「存在するすべて」の外側で存在することは不可能だよ。

だから、わたしも……。

そうだよ。あなたがさっき言ったとおり、あなたはアップルオレンジの一部でアップルオレンジのなかを移動している。あなたは神の一部であり、神を味わっている。

でも、どうやってそれをするんですか？　つまり「時間の回廊」のなかを際限なく循環しているわたしは、どうやって「神を味わう」んでしょう？

創造者としての自分を際限なく経験することを通じて、だよ。

神は「創造者」であり、あなたが自分を創造者として経験すれば、「神性」としての自分を経験することになる。

以前、宇宙全体が、異なるふるまいをするひとつのもので構成されている、と言ったね。科学者はそのひとつのものを生命の基本的エネルギーと呼び、それが異なるスピードで振動している微小な「超ひも」として現れると言っている。その振動の多様性によって宇宙を創り上げている物質の多様性が生み出される。

それに、あなたがたも同じもので構成されているとも言った。それがわかれば、また、超ひもの振動の違いによって多様な「物質」が生まれることがわかれば、あとは望む物質的現実を創造するために、どうやって自分が選んだ超ひもの振動を起こさせるか、ということを考えればいい。

超ひもの振動速度と振動パターン、それが特定の物理的現実を創造するのだよ。


わかりました。それじゃ、何がその振動を速くしたり遅くしたりしているんですか？

何がその周波数を上げたり下げたりしているんですか？


あなただ。

わたし？


そう、あなたがた全員だ。思考と言葉と行動を通じて、そうしている。

あなたがたが考えること、語ること、行動すること、それがあなたがたの存在の中心から「振動」を送り出す。思考とは振動以外の何ものでもない。あなたも知っているとおり、測定もできる。

言葉とは声帯の振動だ。行動とは肉体全体がなんらかのやり方で振動することだ。

その振動が特定のパターンをかたちづくり、特定の周波数となり、そのゆらぎが生命そのもののエネルギー・パターンの特定の乱れを生む。その乱れとは、見えない超ひものパターン化された運動の変化にほかならないし、その多様な振動がさまざまな物質を生み出している。

それ、生命の錬金術《れんきん》ですね！

そうだよ。あなたは考え、語り、行動することによって、「生命の周波数」を変更し、それによって「あなた」というエネルギー・パターンと、「あなた」が放出し、世界に送り出しているエネルギーを変えることができる。

あなたのなかや周辺のエネルギー場の変化が、あなたが存在する大きな「時空の連続体」に局所的な変化を生み出し、それがあなたの生命に新たな物理的効果を引き起こす。

どんな思考、言葉、行動が、いちばん良い周波数を生み出すんでしょうか？　答えはわかる気がするんですけど、でも教えてくださいよ。

もちろん、あなたは答えを知っているさ。前向きの思考、言葉、行動が、超ひもの振動というか生命のエネルギー・パターンのいちばん良い周波数を生み出す。

瞑想《めいそう》や祈りは高度なかたちのエネルギー変更だ。好ましいものをヴィジュアルに思い浮かべるのは高度なかたちのエネルギー操作だ。言葉を語るのは高度なかたちのエネルギー調整だ。こういう行動は、あなたとあなたのまわりのすべてを創り上げている超ひもの振動を変える。

時間そのものの体験も、あなたの気づきの状態の変化とともに起こる振動の変化に左右される。

意識の変性状態にあれば、時間が止まっているように思うこともあるし、劇的に速くなったと思うこともある。

永遠と思えるほど長いあいだ深い瞑想状態に入っていたひとが、気づいてみたら「外部的現実」ではほんの数分しかたっていなかったということも多い。逆に、少しのあいだ祈りや静かな黙想をしたつもりだったのに、時計を見たら一時間以上もたっていたということだって珍しくはない。

こういう経験をしたひとは、時間が伸びたり縮んだりすると言う。だが実際には、あなたがたが「時間という回廊」をゆっくり進んだり速く進んだりしているのであって、時間のほうは伸び縮みしない。

これはすばらしい形而上学《けいじじょう》の速習講座ですね。いや、形而上学的宇宙論と呼ぶべきかもしれないな。比喩《ひゆ》的な形而上学的宇宙論だ。でも「科学」と呼ぶのはまずいでしょうね。だっておおぜいのひとが科学的な立場から異を唱えるでしょうし、それも当然でしょうから。いまの科学でわかっていることからすれば、ここで言われていることの多くは筋が通らないとされますよ。

それどころか、どこまで完璧《かんぺき》に筋が通っているかを知ったら、きっとびっくりするよ。

ところで、生と死を理解するうえで、この速習講座はどこまで必要なんでしょうか？ずいぶん話があっちこっちしているみたいに思えるんですが……。

生と死というプロセスで何が起こっているのか、それはどういう理由で、どんなものなのかを理論的なレベルで知るのにはおおいに役立つよ。

そうですか。それじゃこの話をもう少し続けましょうか。「時空」を通過する「ルート」はたくさんあって……。

無数にある。

わたしたちは好きなルートをとることができるんですね。

そう。前にも言ったように、以前とったルートも含めて、好きなルートをたどれる。それどころか、同じルートをとることはとても多い。

その場合に、かつて経験したのと同じことを経験するかもしれないし、そうでないかもしれない。それは自分が何を選ぶかで決まる、そうですね？

そのとおり。

でも、そのプロセスはどんなふうに進むんですか？　わたしはどうやって選択するんですか？

何を見るか、何に関心を向けるかによって、だよ。あなたは目を向けるものを経験する。

そう、それは前にもうかがいましたね。でも、もうちょっと説明していただきたいんです。少しわかりかけてきた気はするんですが、もうちょっと教えてもらいたいな。

トンネルのなかにしるしがついていると考えてごらん、と言ったのを覚えているかな？「時間という回廊」の壁にあるしるしのことだが？

ええ。それは絵なんだ、っておっしゃいましたよね。

そうだ。よく覚えているじゃないか。さて、そのしるしを壁画だと想像してごらん。どこまでも続く壁画が、トンネルの壁や天井や床にぎっしりと描かれている。まわりじゅうが壁画だ。想像できたかな？

はい。

よろしい。では、最初に「時間のトンネル」を通過するとき、あなたの関心はその壁画のある特定の部分に注がれるとしよう。たくさんの壁画がまわりじゅうに描かれているのだが、あなたは関心をもった壁画に近寄ってその部分を見つめ、そこに焦点を合わせる。それからトンネルの先へと進むが、さっきの場所で壁画のある部分を経験したことは覚えている。それをあなたは自分の「過去」と呼ぶ。このたとえ話の意味がわかるかね？

ええ、わかると思います。続けてください。

つぎの旅でも、あなたはこの「時間のトンネル」のなかで前にも通った地点を通過するが、今度は壁画の違った部分に近づくかもしれない。あなたはそこで壁画のまったく違った部分を見て、そこに焦点を合わせる。同じ「瞬間」のところで、前後、左右、上下、あるいは「時間の回廊」の円周を動くとそうなるのだよ。

さて、「時間」のすべての「瞬間」に、つまり、あなたのまわりじゅうに絵があることを思い出してごらん。回廊を前後、左右、上下にだけ動くのなら、どの絵に近づいて見るかという選択肢は限られる。だが、円周をぐるりと回れば、つまり、そのナノセカンド（一〇億分の一秒）を表す「時間のリング」をぐるりとめぐれば、その瞬間の場所にあるすべての絵が見られるね。これは雪片の輪郭をぐるりとたどるようなものだ。すべての「瞬間」は雪のひとひらのようなものだ、と言ったのを思い出してごらん。全《まった》き永遠のなかでも二つと同じものはないのだ。

そして、どのリングについても、ひとつでも何かを変えれば、そのあとのすべての「絵」が変わるんですね。

そのとおり。だからあなたは同じ道をたどっても、べつのものを見る。

すごいや。わたしは「ロード・オブ・ザ・リング」じゃないですか。

そう、そうだよ。リングというかサークルは、いつだって永遠、完成、終わりなき愛、終わりなき旅を表す神聖なシンボルだった。

でも、わたしがその終わりなき旅をしているのなら、どこかで……つまり、まわりじゅうの壁画のなかのどれかを……前に見たとか知っていると気づくことはないんでしょうか？

あるとも。「時間の回廊」をらせん状に旅しているときには、「壁画」の以前に見た部分にしょっちゅう目がとまる。そのときあなたは「ここには前に来たことがある！　なにもかも当時と同じだ」と言うだろう。

既視感《デジャヴ》だ！

そのとおり。

さて、「時間のトンネル」を旅しているとき、あなたはときおり自分が「メッセージ」や「指示」を受けとるという経験をするだろう。

それは警告のこともある――「そちらへ行ってはいけない。壁画のその部分に焦点を合わせてはいけない」とね。誘いのこともある――「ほら、壁画のこの部分を見てごらん。ここだよ、この絵を見てごらん」。

ありますね！　そういう経験、ありますよ！　でも、誰が教えてくれているんでしょうね？　あなたですか？

あなただ。「あなた」が教えているんだよ。個別化された「唯一無二」が「指示」を送っていて、それがいわゆる「暗示」や「直感」「女の勘」「霊能力」のかたちで訪れる。

じゃあ、自分で自分に語りかけているんだ。

そうだよ。

「将来の自分」が「いまの自分」に語りかけているってことですか?

そう考えてもいい。そして「自分」の声に注意深く耳を傾ければ、「時間」のなかのどの時点も、トンネルの旅全体も、まったく新しいやり方で経験できるよ。

それじゃ……こういう理解でいいんでしょうかね……?わたしは「時間」と「空間」のなかを移動しつづけていて、まったく新しいルートを通る……。

——「違う人生/生命を生きる」ということだね——。

さもなければ、前と同じルートをとってもいい。「同じ人生/生命をふたたび生きる」わけで、そのときには既視感《デジャヴ》を——「前に来たことがある」という感じを——経験するだろう。

でも、そのすべてが同じ瞬間に起こっているのだとしたら……。

そうだよ。思い出してごらん。アップルオレンジはたったひとつしかない。「時空の連続体」とは「唯一無二」だ。「唯一無二」以外には何もありはしない。

……そうだとしたら、わたしは「唯一無二」のなかの複数の時点に同時に存在していることになります。これは前にも代替現実という考え方を取り上げたとき、ちょっとふれましたね。するとあなたは、わたしが一時に二つの場所にいられると、そうおっしゃるわけですか?

二つどころかたくさんの場所にいられるし、実際にそうしているよ。

わたしは「唯一無二」の個別化で、連続同時的に人生/生命を経験している、ってことですね!

そう、よく理解しているじゃないか。

「あなた」——個別化されたすべて——であるあなたは、自らを多重に経験しているのだよ。

前から自分は多重人格じゃないかと思ってたんだ！

形而上《けいじじょう》学的には、あなたはあなた「自身」を「多重の個別化」として経験している。

驚いたなあ。あなたがこれについては何度もくり返し戻って同じ話をするとおっしゃったのも、不思議じゃありませんね。だって、無数の層になっているんだから。わたしは唯一無二の多重な個別化であって、連続同時に人生／生命を経験している、そういうことなんですか。

言葉で説明するのがどれほどむずかしいか、よくわかっただろう。多少なりとも把握するためには、新しい言葉やフレーズを考え出さなければならないのだからね。

でも、おっしゃっていることはわかりますよ！　あなたは、わたしがたくさんの人生／生命を生きてきたし、「この」人生／生命だって何度も生きてきたと、そうおっしゃっているんですよね。

そう、そのとおり。ただし、もっとよく理解していれば――もっと正確に言い表すとすれば——過去形にはしないだろうがね。

わたしはたくさんの人生／生命を生きているし、「この」人生／生命も何度も生きている。

そう、そのほうが正確だ。ほぼ、ね。

ほぼ？

もうひとつ、こまかいことだが——。

こまかい何ですか？

あなたが壁画を描いたのだよ。

えっ、何ですって？？

そして、いつでも絵を描き直すことができる。

何ですって???

あなたは「時間」のどの時点でも、通り過ぎるたびにその部分を描き加えることも、一部を消すことも、塗り重ねることも、色を変えることもできる。好きなときに、好きなように描き直すことができるのだ。

そんな、まさか。それじゃ、超ひもっていうのは、わたしの絵筆なんですか!

うまい! 見事なたとえだ。

それじゃ、以前と同じでなければならないことなんて、「ひとつもない」んだ!

そうだよ。

すると可能性は限りがないってことですね。

そのとおり。

それじゃ……それじゃ……これは永遠に続けられるってことじゃないですか。

そうだよ。わがすばらしき者よ。そのとおりだ。

25

——死は物理的世界と霊《スピリチュアル》的な領域をつなぐ通路であり、ふたたび戻ってくる通り道だ。

するとと、自分と自分のまわりに渦巻いている生命エネルギーの振動を変化させることによって、わたしが「時間の回廊」の「壁画を描いて」いるんですね。

そう。あなたの思考によって。あなたは思考によって前途を「描いて」いる。それに、言葉によって。あなたが言うことすべてが、あなたが考える、あなたとあなたが想像する人生／生命という絵を描く。それに、行動によって。あなたの行動のすべてが、あなたについて何かを表現する。あなたは可能性のすべてという絵を壁に描く。あなたが可能だと考えたこと——すべての希望、夢、不安、悪夢——が全部、壁画に描きこまれる。

あなたの比喩《ひゆ》は、量子力学とごっちゃになってますね。量子力学では、すべての可能性が存在する、って言うじゃないですか。

そのとおり。

そして、わたしは目を向けた可能性を体験する。

そう。比喩であり量子力学で、二つがひとつになったものだ。量子物理学では観察されたものはすべて観察者の影響を受けると言う。比喩では「あなたは関心を向けた部分の壁画を経験する」と言う。

つまり、物理学と形而上学《けいじじょう》は同じことを言っているんだ。ただ、違う言葉を使っているだけで！

どうやら、全体像が見えてきたらしいね。あなたはどんどん理解を深めている。

ここで大事なのは、あなたはたくさんの思考を有しているが、しかしそのすべてに関心を向ける必要はないということだ。それどころか、そうしたいと思ったってできはしない。そんなことをしようとしたら正気ではなくなってしまうよ。

でも、ふつうのひとよりもたくさんの壁画をいっぺんに見られるひとたちがいますね。そういうひとたちはよく「注意欠陥障害」というレッテルを貼《は》られます。

実際には注意の不足ではなくて注意の過剰だね。そういうひとたちは関心の幅がほかのひとたちよりも広い。「究極の現実」というスペクトルで見える幅が大きいのだ。たくさんのことを「取りこむ」。それがわかれば、そういうおとなや子供に対するあなたがたの態度は変わるだろうし、彼らの多くを「天賦《てんぷ》の才能のあるひと」「霊能力者」「インディゴ」と呼ぶだろう。

すごいや。あなたは何もかも説明してくださっている。

いや。何もかもではないよ。「何もかも」説明しようとすれば、永遠にわたる時間をかけてもっとたくさんの対話をしなければならないだろう。

だが、当然、限界があるとはいえ、この対話をするのはいいことだよ。生命／人生がどう働いているのか、それに死とはそもそも何なのかについて、理解の入り口をほんの少し入っただけでも、あなたはやっと「神とともにわが家に」いると感じるだろうから。

あなたはとても長いあいだ、その体験を待ち望んできた。そのときがやってきたのだ。あなたがつぎのレベルに進化し、理解を深めるときだ。そのために、あなたの魂《たましい》はあなたをここに導いた。そのために、あなたはこの体験を創り出した。そのために、あなたはこの対話を生み出している。

わたしは、どうやってここでの生命をうまく生きていくかを自分自身に教えているんですね。

そう。あなたはそれをずっと自分自身に教えてきた。いまはそのスピードが速くなっただけだ。

あなたは比喩《ひゆ》や科学や形而上学《けいじじょう》などを少しずつ、それにたくさんの霊性《スピリチュアリティ》を利用して、人生／生命の理論的基礎を自分自身に身につけさせている。

わかりました。そうなんですね。そこでわたしがいま知りたいのは、「時間の回廊」にある「可能性の壁画」に、このわたしが、自分自身が絵を描いているというけれど、どうやってそんなことができるのか、どうすればうまく描けるのか、ってことなんです。

あなたがある絵を心の目で見て、それを自分の現実の一部としては選ばないと思うなら、その絵は二度と見ないことだ。べつのものを描きなさい。

それは人生のすべてにあてはまるんでしょう、そうですね？

そうだよ。それに「死」についてもあてはまる真実だ。

そこがすごいんですよね。つまり、生きているあいだに自分の現実を自分で創り出していると考えるだけでも、とってもすごいことですよ。それなのに「死」のあとも自分自身の現実を自分で創り出していると考えるなんて、ほんとうに、すべてがひっくり返るようなすごいことじゃないですか。

「死」などというものはないと気づけば、そうすごいことでもないよ。

そうでした。それで「思い出すこと」のその七――「死は存在しない」ということを、さらに深く理解できた気がしますよ。あれはもっと前におっしゃったのと、まったく同じことなんですね。「わたしたちが考えているような死は存在しない」って。

そうそう、その調子だ。

あなたは、わたしたちが「死」と呼ぶ体験は存在するが、それは生命の終わりではない、それどころか、ほんとうは何も終わりはしない、とおっしゃった。それも、いまよくわかってきたと思うんです。「死」って、ほんとうはすべての中心なんだ。「リンゴの芯《しん》」なんですね。

そう。死はあなたがたの生命の中心的な体験だ。「存在の核心」へあなたがたを導く。そこに新しい生命の種が見つかる。新しい生命の種はつねに「核心」にある。

「死」とは、あなたがたが「あちら側」へ行くために通過するところだ。物理的な世界から霊《スピリチュアル》的な領域への通り道であり、戻り道なのだよ。

それはこの比喩《ひゆ》の物語のなかで最高の啓示ですね。魂《たましい》は霊《スピリチュアル》的な領域で生きていても、やがて「死ぬ」日がやってくるなんて。

やがて「再生」のときがやってくるのだよ。魂がもういちど、物理的な存在になるときだ。

それがいつ起こるかというと、「核心」を通過して、ふたたび物理的世界に現れるときなんですね。

そう。アップルオレンジのたとえのおかげで、何もかも完全に見えてきたではないか。

でも、そうなると魂にとっては……。

そう、まさにそういう意味だよ。あなたが考えているとおりだ――。

●思い出すこと――その一三
誕生と死は同じことである。

死の経験と生の経験は同じなんですか？

「存在の核心の中心部」ではそうなのだよ。あなたの魂にとっては、そうなのだ。どちらも単なるエネルギーの減衰だからね。電力の変圧器のようなもので、ひとつの世界からつぎの世界に移行させるための仕組みだ。死や誕生という言葉をなくしてもかまわない。どちらも、創造という言葉で代えることができるから。誕生と死、それは創造の瞬間だ。どちらも「プライム・タイム」なんだよ。

すると誰かが今日「生まれた」という代わりに、誰かが今日「創造された」と言ってもいいわけですね。そして誰かが今日「死んだ」という代わりに、誰かが今日「新たに創造された」と言っても。

そうなればすばらしいじゃないか！　そのほうがはるかに正確だよ！　「死」を理解しているひとがほとんどいないから、おおぜいが死を最も悲しい経験として思い描く。あなたがたは好きなように壁画を描ける、と言ったのを覚えているかな――そしてあなたは自分が創造する壁画を経験する。

でも、それじゃひどすぎはしませんか。だって、信頼するひとたちに恐ろしい話を聞かされたのはわたしの落ち度じゃないですよ！

あなたは自分の絵を他人に描かせるのかな？

でも、みんなそうです。ほとんどのひとは宗教に……神父や牧師やラビやムッラー、そのほか、知識があり真実を語っていると心から信頼するひとに……審判や天罰について聞かされてきたんです。

そうだね。だからこそ、宗教や宗教が信者に語ることが決定的な重要性をもつ。

でも「究極の現実」には「地獄」も「審判」も「天罰」もないのなら、どうしてひとはそんな経験をしなくちゃならないんですか?

もう何度もくり返したように、そんな経験をする必要はまるでない。その経験を選択するひとはいるだろうがね。あなたはどんな信念体系が語ることも信じる必要はないし、どんなひとの教えも受け入れて自分のものとする必要はない。自分自身の真実を探そうと意識的に決断すればよい。それどころか、自分自身の真実を創造しようと決めればいいんだよ。

わたしはわたし自身の真実を創造できる。あなたは、そう言いつづけていらっしゃる。

あなたは毎日そうしているのだよ。何を信じるか、によってね。

でも前におっしゃったように、ひとが三つの異なるレベルで……潜在意識、意識、超意識で……つねに創造しつづけているのなら、どうして高度な部分である超意識は天罰なんてものを選ぶんでしょう？　どうして、べつのものを創造しないんですか？

あなたはわたしが言った言葉をひとつ残らず聞いていただろうね？

生と死について、かつてない重要な話を詳細にしているんですからね。もちろん聞いていましたよ。

けっこう。なぜなら、わたしは「あなた」が言った言葉をひとつ残らず聞いていたからね。

それ、どういう意味ですか？

いまにわかるさ。

26

自分がどうやって経験を創造したかを知るまでは、
——あなたは——この人生だろうとつぎの生だろうと——
経験を変えることはできない。

さあ、続けなさい。何かを聞こうとしていたのだろう？

ええ、話がとても理論的になってきましたが……前にも言いましたけれど……こういう話にどんな価値があるのか、よくわからないんですよ。

それでは、もういちど約束しよう。このように大きな見方で生命のすべてを見ることには、とても大きな価値がある。ここで起こっていることについてのあなたの考えを具体的にまとめ、理解を深めることができるようになる。そうすれば、生命と「死」の両方に対して準備が整う。

それじゃ、前におっしゃったように、超意識とはわたしたちの魂《たましい》のより大きな課題《アジェンダ》を受け持っている部分で、いつもつぎの最も適切な成長体験に導いてくれるとしたら、どうして死後の審判や天罰、それに地獄などの体験にわたしたちを引きずりこもうとするんですか？　どうして意識的な心にそういう考え方を受け入れさせ、いだかせておくんです

か？

あなたはジャッキーへの手紙に自分で書いた言葉を覚えているかな？

覚えていますけど……。

あの手紙にあなたは「魂は意識的なレベルでは決して選ぶはずのないことを、無意識あるいは超意識のレベルで選ぶことがあります」と書いた。

そして、それは「『もっと大きな課題《アジェンダ》』を達成するためです」と。

それじゃ、わたしの魂の「もっと大きな課題」は審判や天罰や地獄を経験することだとおっしゃるんですか？

それもあなたの魂の「もっと大きな課題《アジェンダ》」かもしれない。それに、思い出してごらん。地獄の体験にはあなたが「苦しみ」と呼ぶものは何もないのだよ。

それでも、「超意識」なんてものがあるとしたら、苦しみがあろうとなかろうと、わざわざ自分に地獄の体験を選ばせるなんて思えないんですよ。だってあなたは、わたしたちは死の瞬間に自分が体験すると信じていることを体験するんだって、くわしく説明なさったじゃないですか。だから「あの世」の体験は意識的な選択の結果だと、そうおっしゃいましたよ。それなのに、いまになってまったく反対のことを言うなんて！　だって、今度は超意識の選択の結果だって言う！　いったい、どっちなんですか？

両方だよ。

両方？

何であれ「意識のレベル」で創造しようと選択したことを創造する、それが超意識の選択かもしれない、と考えてごらん。

どうしてですか？　どうしてそんなことを選択するんですか？

たぶん、あなた自身についてあなたが「知っていること」を「経験し」「感じ」、それで

「完了」させるためだろうね。

というと……？

あなたが自分自身の現実の創造者だということだよ。

それじゃわたしの超意識の部分は、意識の部分に創造者としてのわたしを経験させる、たとえ創造されたものが自分にとって悪であってもそうする、ということですか？

「善」だの「悪」だのというものはないのだよ。「究極の現実」にはそんなものは存在しない。善悪というのは、心のなかで行われる判断だからね。

どこで判断しようと、どうでもいいじゃないですか？　わたしが「地獄」にいて、心が「これは地獄だ」と言うなら、それで充分ですよ。それが「みんな、自分の心にある」としても、そんなことはどうだっていい！　だって、わたしにとっては自分が経験していることだけが重要なんですからね。自分が「どうして、どんなふうに」その経験をするようになったか、なんてぜんぜん重要じゃないですよ。

それが、そうではないんだな。

どうしてです?

なぜなら、「どうして、どんなふうに」そうなったかを知ったときに初めて、それを変えることができるから。自分がどうやって経験を創造したかを知るまでは、あなたは——この人生だろうとつぎの生だろうと——経験を変えることはできない。さて、経験している「地獄」は自分が心のなかだけで意識的に創造したものであると知ったら、その経験をただちに終わらせる方法もわかるはずだ。

と、おっしゃいますと?

心から出る、つまり正気をなくさなくてはならない。

この対話が終わるころには、きっとそうなってますよ!

それでいいのだ、友よ。あなたはとてもうまくやっているよ。

地獄の代わりに天国を経験しているひとたちはみな、あなたは「正気ではない——心ここにあらず——」と言われているよ。そのひとたちは、ほかのひとたちとまったく同じ環境にいながら、違った体験をしているんだからね。

ドン・キホーテのように。

そう、ドン・キホーテのように。前にも言ったように、人生をこの世の地獄として経験するひともいれば、地上の天国として経験するひともいるのだよ。

そうですね。それはそのひとたちの人生に何が起こるかによって違う、そうでしょう？

それでは、それぞれの人生に「起こる」ことはどうして起こるのだと思う？

それはそのひとの考え方のせいでしょう。

そのとおり。あなたが忘れないように言い換えれば、こういうことだ。

——ひとの人生に起こることが

——どうして起こるかといえば

——そのひとの心に、そういうことが起こっているから。

起こっていることはわたしたちが起こっていると考えていることであり、これから起こることはわたしたちがこれから起こると考えていることですね。

大ざっぱに言えば、そういうことだ。

そこで創造の三つの道具《ツール》（思考、言葉、行動）と、経験の三つのレベル（潜在意識、意識、超意識）が関係してくるんですね。

そうだよ。そして思考は三つのレベルのすべてで使われるから、非常に強力な道具《ツール》だ。

言葉はどうなんですか？　言葉は超意識では使われないんですか？　超意識は言葉でわたしたちとコミュニケーションしないんですか？

いや。言葉は心の創造の産物だ。意識的な心から超意識の気づきに移ると、それを表す言葉はないことがわかるだろう。

瞑想《めいそう》や聖なるダンスや儀式、その他の手段によってこの気づきのレベルに移行すると、そこには感情——あるいは振動——しか存在しないことがわかるよ。

ほとんどのひとは何かを感じると、すぐにその感情を意識的な心でさぐって「言葉にしよう」とする。これは役に立つかもしれないし、立たないかもしれない。

〈マスター〉（大いなる師）は、そんな衝動的なことはしない。〈マスター〉はただ感情をあるがままに感じ、その感情を充分に経験する。それから、その感情を言葉にしようと努力すると役に立つかどうかを考える。

感情は最初の思考であり、純粋な思考だ。感情は言葉にならない思考だよ。何かについて「語る」ことなしに、たくさんのことを伝える。感情は魂《たましい》の言語なのだ。

言葉は第二の思考、感情を聞きとれる音声に転換して概念化しようとする試みだ。言葉は心の言語なのだ。

〈マスター〉は感じても、それについてあとから考えてみようとはめったにしない。だから道は険しくならない。

行動は第三の思考であり、後智恵であることが多い。概念化したものを物理的なかたちにしようとする試みだ。行動は身体の言語だ。

感情を言葉にし、言葉を行動にするころには、その転換の過程で多くを失っているだろう。

〈マスター〉はそれを知っているからとても注意深く、ある経験のレベルからべつのレベルへと移動するにあたっても——移動するとすれば——とても慎重なのだよ。

27

――多くの人間は、ほとんどの時間、ほんとうは重要でないことにばかり目を向けている。

ところで創造の道具《ツール》と言えば、死とは創造のときであると強調なさいましたね。

実際にそうなのに、そういう考え方をしているひとはとても少ないからね。

もっと多くのひとたちがそう考えるようになれば、死をめぐる悲しみもずっと減るでしょうね。

悲しみなどなくなるよ。とにかく、旅立つひとを悲しむことはない。祝福すればいい。死とは、ひとがとても力強くなるときだ。死というプロセスを通じて、そのひとのあり方が拡大されるのだから。

もういちどうかがいますが、そのプロセスとは？

「死」とは「自分の存在の核心」を通って、つぎの現実へとあなたを推し進めるエネルギーだ。

この「エネルギーの調整」については前にも話したが、もういちど取り上げよう。「誕生」と「死」は「純粋な創造」の瞬間だ。「生命そのもの」であるエネルギーの「微調整」が行われ、周波数が上昇して物理的な世界の物体として現れる。あるいは振動数が低下して霊《スピリチュアル》的な領域に見えないエネルギーとして現れるときだ。

宇宙全体がそうやって生まれる。あなたもそうやって生まれた。

そして――ここに秘密があるのだが――誕生にあたってあなたが持ちこんだエネルギー、それこそが「肝心なもの（what matter）」なのだ。つまり、それが物体（matter）に変化して、物理的な世界に現れる。

死の瞬間には、それと正反対のことが起こる。したがって、あなたは死にあたっては物理的な世界から死へと持ちこんだもので創造し、誕生の際には霊《スピリチュアル》的な領域から誕生へと持ちこんだもので創造するわけだ。

もういちど言いますけど、そんなふうに説明してもらったことは、いままでありませんでしたよ。

ここでは、いろんなことがはっきりしてくるなあ。

それはよかった。これは大事なことだからね。

あなたが死の経験に何を持ちこむか、それは意識的であるかもしれないし、無意識かもしれない。

あなたはまた、自分が何をしているかを充分に認識しているかもしれないし、まったく認識が欠如しているかもしれない。

だからこそ、このわたしたちの対話がとても重要なのだ。

この対話の目的は、あなたがたに自分が何をしているかを充分に認識させることだ。あなたがたを「自分自身」をこの対話に参加させたのは、「自分自身」につぎのことを思い出させるためだよ。

あなたは自分が送り出す振動によって、エネルギーによって、あなたの現実を創造している。

みな、以前に聞いたことがあると言うかもしれない——しかし、あなたはそれを知っているようには行動していない。

だからあなたはくり返し何度も自分自身に言い聞かせているのだ。

それじゃ、もしもわたしが「知っているように行動」したら、それは「どんなふうに」なるんですか?

ほんとうにそれを理解したら、そして、もう知っているよと「思っている」ことについての会話を、何度も何度も堂々めぐりさせる必要がなくなったら、どんなふうになるんでしょう？

第一に、あなたは二度とふたたび、心に否定的な思考をいだきはしないだろう。第二に、否定的な思考が滑りこんできたら、あなたは即座にそれを心から追い出すだろう。はっきりと意図して、何かほかのことを考えるだろう。要するにそれについての自分の心を変えるだろう。

第三に、「真の自分」を理解しはじめるだけでなく、それを貴び、外に向かって示すだろう。つまり、あなた自身の進化の手段が「知る」ことから「経験する」ことへと移行するだろう。

第四に、ありのままの自分自身を充分に愛するだろう。

第五に、ほかのすべてのひとについても、ありのままを充分に愛するだろう。

第六に、ありのままの人生／生命を充分に愛するだろう。

第七に、すべてについて、すべてのひとを赦《ゆる》すだろう。

第八に、意図してほかの人間を――感情的にも物理的にも――傷つけることは決してないだろう。まして神の名において他人を傷つけることは絶対にないだろう。

第九に、二度と、一瞬たりとも誰かの死を嘆くことはないだろう。自分の喪失《そうしつ》を嘆くかもしれないが、そのひとの死を嘆くことはないだろう。

第一〇に、二度と、一瞬たりとも自分自身の死を恐れたり、嘆くことはないだろう。

第一一に、すべては振動であると気づくだろう。すべてだ。だから食べるもの、着るもの、見るもの、読むもの、聞くもののすべて、それにもっと重要な自分が考え、語り、することすべての振動に、もっともっと関心を払うだろう。

第一二に、自分自身のエネルギーと自分が周辺に創り出している生命のエネルギーの振動が、真のあなたについての最も高い知識や想像しうるかぎりの最も偉大な経験と共振していないと気づいたなら、それを調整するために何でもするだろう。

ちょっとすみません。そういうことはどうすれば実現できるんですか？ たとえば洋服やメニューにある料理の「振動」なんて、どうすれば「認識」できるんでしょう。自分が考え、語り、行動することについてはもちろんですけど。

それはごく簡単だよ。自分が感じることに波長を合わせればいい。

そういう言葉を聞いたら、誰かがきっと言うだろうな。「ほら、またニューエイジの決まり文句だよ――自分の感情とふれあおうとかなんとか言うあれだ」って。

それを決まり文句だと見るひとは、そのとおりの体験をするだろう。それを智恵と見るひとは、まったく新しい世界の扉を開くだろうね。

どうすればそうできるか、ヒントを与えてもらえますか？

要は、どこに集中するかという問題だよ。

ほとんどの人間はほとんどの時間、ほんとうは重要でないことに集中している。だが毎日、ほんの数分でも重要なことに集中してみたら、人生のすべてが変わりうるね。

あなたがたの身体は、感度の高いエネルギー受容器というすばらしい道具《ツール》なのだ。信じるかどうかはべつとして、ビュッフェテーブルの料理の一五センチ上くらいに手をかざせば、さわらなくても、いまそれを食べたほうが良いかどうかはわかるんだよ。クロゼットからその日に着るものを選ぶときや、店で衣類を買うときでも同じことだ。

誰かと一緒にいるときにだって、自分が考えていることではなく感じていることに耳を傾けてみれば、そのひととのコミュニケーションの質は飛躍的に上昇する――人間関係の質も当然、上がるね。

あなたが混乱してとまどい、宇宙に答えを求めているとき、必死にものごとを把握しようと考えている部分のスイッチを切って、すべての答えにアクセスできると知っている部分のスイッチをオンにすれば——つまり何をすべきかを決めようとするのではなく、どうありたいかを選べば——ジレンマはたちどころに解消し、解決策が魔法のように現れることに気づくだろう。

思考や言葉の振動を測るということで言えば、何らかの考えや言葉について軽いと感じるか重いと感じるかわからないひとは、ほんとうはごく少ない。たいていのひとは、そんなことはすぐにわかるものだよ。

そうですね。でも——ここがむずかしいんですが……実行しているひとはとても少ないですよね。少なくともわたしの見る限りではそうです。もちろん、わたしだって充分に実行しているとはとても言えない。よくわかってます。

それなら、実行しようと思えばいい。

あなたが言うとおり、直観と超能力を活用して、何かを考えたり言ったりする前に自分自身のなかへ深く分け入り、自分の感情とふれあうひとはほんとうに少ない。考えたり言ったりしたあとにさえ、それをするひとはとても少ない。

だが、それをすれば、軽やかさ以外で満足できるはずがないのだよ。重い振動にかかわろうとはしないだろう。観察すること、創造すること、経験すること、表現することのすべてで、振動を軽くしたいと考えるだろう。これを「軽くすること＝悟り（enlighten-ment）」と呼ぶが、ごく短期間に驚くほどの結果が出るだろう。

実際、宇宙の錬金術《れんきん》はじつに驚異的だ。あなたがたの辞書では「錬金術《れんきん》」を「不可解な、あるいは神秘な変容」と定義しているが、そのとおりだ。個人と集団双方の現実において、エネルギーと物質が操作されて個別の具体的な現れが創造されるプロセスなのだから。

そこで――。

●思い出すこと――その一四

あなたがたは人生／生命においても死においても、創造行為を続けている。

創造がどのように行われるかは、いままで何度も説明してきたね。とくに理解しておくと役立つのは、それが継続的に起こっているということだ。決して止まらない。

すべての思考、言葉、行為は創造的だ。「存在の核心」から放出されるすべての振動が、新たにあなたを再創造し、あなたの現実のすべてを再創造する。そしてあなたは、毎瞬毎瞬、変化している。あなたの未来は少しずつ生まれていくのであって、全体がひとつの大きな決断によって一挙につくられるのではない。その少しずつの部分に関心を払うべきなのだよ。そうすれば「重大な瞬間」や「不朽《ふきゅう》の決断」は自然に生まれる。

死と誕生は最大の創造行為だ。なぜなら「生命の永遠の循環」のなかで「基本的なエネルギー」が自らを変容させて——死の場合は霊《スピリチュアル》的な領域や——誕生の場合は物理的な領域で具体的な現れを生み出す瞬間なのだからね。

ほんとうに、驚くべき議論になってきましたね。まず知覚理論と量子物理学、つぎが超ひも理論と比喩《ひゆ》的な形而上《けいじじょう》学的宇宙論、そして今度は錬金術だなんて！ まったく。でも、あなたは以前、エッセンスと合体するというかふたたびひとつになる瞬間について、もっとくわしく話してくれるとおっしゃいましたよね。そのことをいま聞いてもいいですか？

もちろんいいとも。

だが、もういちど言っておくが、表現しえないものを表現しようとしても、言葉ではとてもとらえきれないのだよ。

あなたの心のなかにある絵に、さらにべつの絵を加えると役に立つかもしれないな――。

また絵ですか。

そう、あなたも言ったように、一枚の絵は千語に値《あたい》するからね。

さて、アップルオレンジの中心には芯《しん》があるということは、もうわかったね。

ええ、そうでした。

よろしい。ではその芯を、部屋というか小部屋として想像してみてごらん。かたちや色があったほうがよければ何か決めるといい。

いいですよ。それじゃ金色に輝くブロンズの円筒形の小部屋ということにします。

けっこう。色やかたちは好きなように考えればいい。

さて、その小部屋に入る扉に札がかかっていると考えてごらん。札には「死」と書いてある。それから小部屋の反対側に第二の扉がある。そこには「誕生」と書いてある。どうかな、想像できたかい？

ええ。

よろしい。その「死」と書かれた扉の内側——あなたが扉のなかに入って振り返ったときに見える側——には「物理的な世界」と書かれている。

つまり、いま来たところってわけですね。

そのとおり。それから部屋の反対側の扉には「霊的《スピリチュアル》な領域」と書かれている。どうかな、わかったかい？　絵を描けたかな？

ええ、描けました。

復唱してごらん。

わたしを信じないんですか?

念のためだよ。

いいですよ……わたしたちはアップルオレンジの芯《しん》にある小部屋の両側に二つの扉があると想像しています。

扉の外側にはそれぞれ「死」「誕生」と書いてある。そして、その扉の内側には「物理的世界」「霊《スピリチュアル》的な領域」と記されています。どっちの扉も同じ小部屋に、同じ経験に通じています……そしてどっちの扉も外側はまったくべつの経験に通じるんです。

そう、そのとおりだ。

そこで、小部屋にいるあなたは、どちらの扉を開けてもいい。そうすれば、いずれかの生命/人生を見いだすわけだ。核心から出る道は二つある。ひとつの扉は物理的な生命に、もうひとつの扉は霊《スピリチュアル》的な生命に通じている。

なるほど、わかりました。

よろしい。もうひとつ、細部と比喩《ひゆ》を付け加えれば完璧《かんぺき》だ。

聞いていますよ。続けてください。

前に、あなたは長い回廊というかトンネルを移動しているというたとえ話をしたね、覚えているかな？　その回廊を「時間の回廊」と呼んだ。

ええ、覚えています。

そこの壁や床や天井にはぎっしりと壁画が描かれていたね、覚えているかい？　その壁画は回廊全体に広がっている。

ええ、覚えていますとも。わたしは移動しながら壁画を描いているんです。

けっこう。さて、あなたが回廊の終点に来ると、そこには「死」と書かれた扉がある。そこから話を始めよう。

いいですよ。つぎはどうなるんですか？　小部屋に入るんですか？

いや、まだだ。扉は直接に小部屋につながっているのではなく、小部屋への短い通路につながっている。その通路にあなたが足を踏み入れても、背後の扉はまだ開いている。通路に入ったあなたは、自分に何かが「起こる」のを感じる。その通路は通路というより「通過する」と感じる。自分が通路にいるというよりも、何かを通り過ぎていくと感じるわけだ。

あなたはこの通路で、死の三つの段階のすべてを通り過ぎる——そして何かが過ぎ去って失われていくと感じるだろう。

ここで過ぎ去るのは、物理的な身体としての自分自身の感覚だ。自分はなおも何者かであると感じるが、「自意識」のなかから、身体があるという意識がなくなる。

この段階で起こるのは、あらゆる物理的な限界、経験、感覚が浄化されるということだ。これが「死」の第一段階であり、あなたは自分が身体ではない——しかし、まだちゃんと生きている——と気づく。

「死」と書かれた背後の扉はまだ開いているし、振り返れば向こうに物理的な世界が見える。

さて、あなたは死の第二段階に進み、気づきか混乱か、何にしろ、経験すると予想していたことを経験する。この第二段階のあいだは、開いた扉を通って物理的な世界と行き来できる。物質的な感覚として自分自身を経験することはないが、しかし物理的な世界にいるとはっきり感じるだろう。まだ身体をもって生きているほかのひとたちも、あなたの存在を経験するかもしれない。「死」のあとには何もないし何も起こらないと信じていれば、死の第二段階を通り過ぎて「無」に入り、何も経験しないだろう。そのことは前に話したね。死の第二段階には、好きなだけとどまることができる。

どうして、その第二段階にとどまりたいと思うんでしょうか？　先へ進みたいとは思わないんですか？　死の第三段階があるってことはわかっているんですか？

死のあとの経験はそれぞれ違う。自分が創造した「地獄」を経験するか、「天国」を経験するか、「無」を経験するか、あるいは創造したべつの現実を経験するか、それぞれなのだよ。

あなたはそこから引き出すべき記憶を引き出し、それから前進する。

この第二段階ですけど、まだ身体をもって生きている愛するひとたちのところへ、霊《スピリット》として戻っていくこともあるんでしょうか？

たしかに、魂《たましい》は物理的な存在にとどまっている愛する者のところへ霊《スピリット》として戻ることを選ぶかもしれない。それに魂は、まだ身体から離れる前でも、よく愛する者のもとを訪れる。

そうですよね。マギー・ベリーがそうでした。ほかにも、そういうひとたちはたくさんいます。

父もそうでしたよ。父はわたしの夢のなかに現れて、自分が去ろうとしていると知らせてくれたんです。その翌朝、前の晩に父が亡くなったという電話がありました。

マギー・ベリーは、デンバーにある「コア・マターズ」という進化したリーダーシップを育てようという組織の発案者で創設者でした。

トム・ラトンダは彼女の親友で、彼女が亡くなった当時はコア・マターズのパートナーだったんですが、彼女が亡くなった一年後の二〇〇五年六月に、この驚くべきエピソードをわたしに話してくれました。彼は親友が死の床《とこ》にあることを知っていたのです。

――二〇〇四年六月二三日の朝、わたしはマギーと共同で使っているオフィスにいた。

その日の予定は全部キャンセルしてあった。何をしていいかわからず、ただデスクに向かってぼんやりしていた。

悲しいわけでも腹が立っているわけでもなく……ただ妙に非現実的な気分だった。マギーは入院中だった。ほんとうは彼女のそばにいたかったが、面会を断っている気持ちはよく理解できたし、その意志を尊重すべきだと思った。

わたしはデスクに足をのせ、目をつぶって瞑想《めいそう》を始めた。ふいにマギーの声がはっきりと聞こえた。

「ハーイ、パートナー」……いつもお互いを呼びあっている言葉だった。いきなり心のなかに姿が浮かんだ……マギーがわたしの前に立って微笑《ほほえ》んでいる。マギーだ、と喜びがあふれてきた。彼女がガンですっかりやつれ、髪の毛もなくなっていることは知っていたが、目の前の彼女はとても健康そうに輝いていた。

彼女はそばへ寄ってきてわたしを抱きしめ、それから両手をとってこう言った。

「トム、お別れのときがきたわ。ほかのひとたちみんなには、さよならを言いました。あなたには最後にさよならを言いたかったの」

それから彼女にうながされ、わたしたちは手をとりあって歩き出した。彼女は世話になったすべてのことに感謝している、そしてとても愛していると言ってくれた……わたしも同じ言葉を返した。

突然、彼女は立ち止まり、なおも握りつづけようとするわたしの手を放した。「さあ……もう行かなければ。愛しているわ、パートナー！」

彼女は走り去った。目を開けたとき、ラップトップ・パソコンに表示された時刻が見えた。午前一一時四四分だった。

いま、起こったことをどう考えていいかわからなかったので、新鮮な空気を吸おうと外に出た。いつもなら携帯電話を持ち歩く。マギーの夫、ブッチから連絡があるかもしれないからだが、そのときは忘れていた。五分ほどして戻ってみると、着信記録が残っていた。ブッチからで、着信時刻は一一時四五分。

ブッチに電話すると、病院に来たほうがいいと思う、と言う。すぐに行くと答えると、急いでくれ、もうあまり長くはないだろうという言葉が返ってきた。

病院に着くとブッチが迎えてくれて、病室に案内された。マギーはまだ息があったが、意識は混濁していた。

それから一時間ほどして彼女は息を引き取った。わたしの人生で最も神聖な一瞬だった。

亡くなったあと、関係者に連絡するからと彼女の家族に伝え、わたしは帰った。オフィスに戻って必要なところには電話をかけ、それから彼女が発足させて二人でともに築いたすばらしい組織の参加者たちにeメールを送った。すべてが終わると、シティ・パークと呼ばれているデンバーのなかでも大好きな公園に車を走らせ……言葉にならないショックに呆然《ぼうぜん》とし……泣いた。

マギーはいつもどんな状況でもひとつのメッセージを送りつづけていた……「楽しい人生を生きなさい。人生は楽しむためにある」。

そのメッセージをかみしめようと努力した。一時間ほどたってからようやく少し落ちつき、何か連絡が入っているかもしれないのでオフィスに戻ることにした。

帰り道はひどく混雑していて、わたしはだんだんいらだってきた。人生で最も霊的《スピリチユアル》な瞬間を経験したばかりだというのに、もう不安と怒りにとらわれかけていた。

信号で止められてむかつきながら目をやると、すぐ前に巨大なSUVがいた。その車のナンバープレートに視線がとまった。それは持ち主が選べるパーソナル・プレートで、書かれた文字が目に飛びこんできた。

「JOYOUS（楽しいな）」

わたしは声をあげて笑った。マギーが高らかに、はっきりとメッセージを送ってきたのだ。わたしは自由で幸せよ、と。そして人生を生きる方法はたったひとつだけよ、と。「楽しんで生きなさい」彼女はわたしにそう教えていた。

わたしはいま、あのナンバープレートのレプリカをドアにさげている。自分とプレートを見るすべてのひとたちに、マギーが送った人生と伝えたメッセージを、インスピレーションに満ちた人生の喜びを思い出させるためだ。

この話をトムから聞いたときはびっくりしました。

そういうことがあるという話は聞いていましたが、経験者に会ったのは初めてだったからです。そういうことは、ほんとうにあるんですね。

ああ、あるとも。ちゃんとした現実だよ。死の前のこともある。また死の第二段階では、魂《たましい》はよく愛するひとたちを「訪れる」。

準備が整ったところで、あなたは死の第三段階に進むだろう。もう背後の扉は閉ざされ、前方の通路しか見えない。

この通路全体は、あなたが人生でたどってきたばかりの距離とくらべればずっと短い。最初の回廊を通過するのには何年もかかるが、今度は信じられないくらいの猛スピードで、あっという間に自分を体験する。

通路の突きあたりには小さな点のような「光」があり、通路そのものも先に行くにしたがってどんどん小さくなるように見える。「光」は温かく輝いていて、すばらしく安全なところで誘っているように感じられる。

その通路の壁にも絵があるんですか？

いや。「自分の存在の核心」である小部屋に通じるこの通路は薄暗いが、しかし怖いところではない。むしろ温かくてやわらかで、ほのかに明るい。

明るいのは通路のはるか前方に「光」があるからだ。その「光」は最初は小さな点だが、近づくにつれてあなたの視野のなかでどんどん大きくなり、ついにはその「光」が――。

――存在するすべてになる。

28

死においては、
――あなたの個々のアイデンティティはすべて脱ぎ捨てられ、
ついにあなたがたのあいだの分離が終了する。

さあ、**合体の瞬間**が目前だ。この瞬間の力強さと驚異は表現を超えている。そこから来る情報と知識は意識のレベルでは把握しきれない。想像するのも超意識のレベルでしかできないのだから、まして理解できるはずがない。

合体の直前、魂《たましい》は「光」の前を浮遊し、エッセンスの輝きを浴びる。この段階を猛スピードで通過するうちに、恐れも不安も心細さもすべてきれいに消えうせる。いまやエッセンスから純粋な愛が輝きだし、その前にある魂は――覆われるとしか形容しようのない感覚に包まれる。

ホットケーキが温かなシロップに覆われる、あるいはアイスクリームが温かなチョコレートソースに覆われるところを想像してごらん。そういう感じだよ。到着したばかりの魂には甘い温かな流れのように感じられる。優しい温かみが魂をすっぽりと覆う。この温かさとともに、物理的な世界の言葉では一語で表しようのない感覚がやってくる。それは完璧《かんぺき》に、余すところなく見られているという感覚だ。

もはや何も隠されてはいないし、何も見過ごされたり見落とされたりせず、気づかれずに終わるものも何もない。魂が自らについて「善」や「悪」と思うことはすべてさらけだされ、しかも驚くべきことにその全部が——「悪」も「善」も——ゆっくりと「光」のなかに吸収されていく——「ありのままで受け入れられた」という感じだ——エネルギーの浸透作用のようなものを通じて、ごく小さな恥もプライドも、すべてが溶け出してしまい、もう魂のなかには何も残らず、何もかもなくなった、あるのは「開放」だけ、という経験をする。

かつては恥とプライドが共存していたこの「開かれた場」に新しい感覚が注ぎこまれる。最初は魂の外側が覆われたと感じたが、今度は魂の内側が満たされたと感じる。この感覚もやはり、言葉では適切に定義することも正確に表現することもできない——ひとつには、この感覚があまりにも壮大だからだ。一千もの感覚が寄せ集められたとでも言うべき巨大なひとつの感覚が、ゆっくりと魂を満たす。

まったく不十分だが、なんとか言葉にしようとすれば、温かく包まれ、深く慰められ、大切に慈しまれ、心底から評価され、真に貴ばれ、優しくはぐくまれ、底まで理解され、完全に赦《ゆる》され、まるごと抱きとられ、長く待ち望まれ、明るく歓迎され、全面的に称《たた》えられ、喜びのうちに寿《ことほ》がれ、絶対的に守られ、瞬時に完成され、無条件に愛されている——これらがひとつになったものと言おうか。

個としての感覚をすべて投げ捨てた魂はほんのわずかな逡《しゅん》巡《じゅん》も後悔もなしに、「光」のなかへ入っていく。そこであるすばらしいものに浸り、すべての欲求を失って、それ以外の何かを知りたいとすら思わなくなり、息をのむほどの栄光と終わりのない荘厳さ、比類なく美しい完成のなかへと溶けこんでいく。

さあ、あなたはこの光と合体して自らが解体したと感じる。この「溶解」があなたのアイデンティティの変容を完成させる。

あなたはもはや、どんな方法でもどんなレベルでも、物理的な生涯において「自己」と呼んでいた個々の存在のいかなる側面にも自分を同一化《アイデンティファアイ》することはない。

「あの世」のこの性質は、じつは死の第一段階から始まっている。だから死の直後に自分が選択した経験を――自分自身の地獄を含めて――痛みも苦しみもなしにすべて経験することが可能になる。

それはあなたが「自分の存在の核心」に入ったとき、ほんの一瞬だけふたたび重要になる。あなたが「光」に包まれたとき、ここで起こるのはあなたと魂《たましい》との合体だ。あなたはついに自分が身体でも精神でもなく、それどころか霊《スピリット》だけでもなくて、その三つのすべてであると知る。それが死のプロセス全体の意味だ。

前に、「死」はあなたが自分のアイデンティティを再確立するプロセスだ、と言ったことを思い出してごらん。

死のプロセスの第一段階で、あなたは身体から解き放たれ、身体やその外見への自分の同一化《アイデンティファアイ》という（それまで残っているかもしれない）考え方もなくなる。

死のプロセスの第二段階で、あなたは精神から解き放たれ、精神とその中身への自分の同一化という（それまで残っているかもしれない）考え方もなくなる。

死のプロセスの第三段階で、あなたは魂から解き放たれ、魂とその個別性への自分の同一化という（それまで残っているかもしれない）考え方もなくなる。

この「自己との全面的な溶け合い」のなかで、あなたは「知ること」と「経験すること」がひとつである場に、そして自分は身体でも精神でも魂でもないことを知って経験する場に達する。

あなたはそれらよりはるかに大きい何者かだ。

あなたはそのすべてを生み出すエネルギーの総和なのだ。

死において、あなたの個々のアイデンティティはすべて脱ぎ捨てられて、「あなたの」「あなたからの」「分離」はついに終わる。

こんなことを言ってもいいですか？　あなたは、わたしがそこで迎えてくれる神との出会いを経験する、とおっしゃるんだと思ってましたよ。

そのとおりのことを話してきたではないか。

だけど、あなたはいま……。

あなたはまだ、「あなた」が神と分離しているという前提で考えているようだが、わたしは——くり返し——もうそうではない、と言っているんだよ。

物理的な人生を過ごしているいまは信じられないかもしれないが、「合体の瞬間」にはもう一抹《いちまつ》の疑いも残らないだろうね。

すごいなあ、すばらしいじゃないですか！　その瞬間が待ちきれませんよ！

待つ必要はないさ。

29

——愛に屈服し、魂が行きたがるところへと愛の導きに身を委《ゆだ》ねるとき、あなたには何の困難もない。

それも、あなたがここで何度もくり返しておられることですよね。自己実現へと溶けこみ「すべて」とひとつになる経験、それは決して死まで待たなくていいと理解しなさい、そういうことなんですね。

そう、待たなくていい。あなたはこの合体と自己実現を、物理的な生涯のなかで経験できる。多くのひとが経験しているんだよ。

より大きな調和や平和、神性と共鳴するというか、ひとつになる状態にひとが移行する方法として、あなたはすでに瞑想《めいそう》や深い祈り、ヨガ、太極拳《たいきょくけん》などある種の修行、舞踊、儀式などをあげられました。ほかにも「工夫」はありますか？

あらゆる生命の驚異と畏怖《いふ》を感じ、そしてその充実感を経験しようとする単純な意志、純粋で真摯《しんし》な欲求。そういう超越の瞬間の可能性に向かって自分を開くために必要なのは、それだけだ。

ごくふつうの日常活動のなかで、ふいにこの「ひとつであるもの」と溶け合う経験をしているひとは多いよ。皿を洗っているとき、カーペットに掃除機をかけているとき、車を洗っているとき、赤ん坊に着替えをさせているとき、職場で作業をしているとき、車を走らせているとき、シャワーを浴びているとき。

ふいにどこからともなく、前触れも理由もなしに、「べつべつではない」という感覚、「すべてとひとつである」という経験がやってくる。ふつうはほんの一瞬で終わってまた「ふつうの」状態に戻るが、しかし、その経験は決して忘れられはしない。


そんなことが起こったら、どうしたらいいんですか？


何であっても、とにかくその経験を無視しないこと。その経験の意味を見損なったり、無視したりするひとが多いのだよ。そういう経験をしたことがあれば、それを思い出して経験した感覚をよみがえらせることができる。

それをもっと長続きのする経験への出発点、踏み切り台にすればいい。

その気になれば、この「ひとつになる」経験に入っていけて、長くそこにとどまれるひともいる。残る生涯をずっとそこで過ごすひともいるしね。

要するに、焦点の置き方の問題というか、存在全体の中心を決める《センタリング》の問題なのだよ。

「存在全体の中心を決める《センタリング》」ですか？

また、言葉の問題にぶつかったね。限界のある言葉を使って説明するのは困難な経験というものがある。だから、できれば絵を想像してごらんと勧めたんだよ。心のなかで描く絵も比喩《ひゆ》にすぎないが、言葉よりも「わかった」と感じられることが多いからね。「存在全体の中心を決める《センタリング》」というのは、人生の「いま、ここ」という瞬間に自分の存在すべてがある、身体と精神と霊《スピリット》のほんの一部でも「どこかほかに」ふらふら出かけてはいない、ということだ。

ほとんどのひとはめったにそんな経験をしないが、しかしありうることだし、真の意志をもっていれば、定期的に経験することもできるのだ。

強い決意をもってすれば、ほかのすべてから精神を引き離して、いまこの瞬間に集中させることができる。それを「中心を決める」とか、全面的に「いまにある」経験と呼ぶひともいるね。

ラム・ダスが『ビー・ヒア・ナウ——心の扉を開く本』（邦訳：平河出版社）のなかで

書いているのもそれですね。それからもっと最近では、エックハルト・トールの『さとりをひらくと人生はシンプルで楽になる』（邦訳：徳間書店）という本がありました。

その状態をつくり出す方法のひとつは、鏡で自分の目を見つめることだ。あきれるほど簡単だが、しかし信じられないくらい強力な方法だよ。

秘訣《ひけつ》は、落ちつかない気分になってきても見つめつづけることだ。一〇数えるより長く自分の目を見つめつづけられれば、自分自身に対する共感と愛の体験が始まる。

そうなると、自分でもどうしていいかわからなくなるだろう。自分を愛することに慣れていないと、その気持ちを受け入れるのはとてもむずかしいかもしれない――しかも悲しいことに、たいていのひとがそうなのだがね。しかし、その気持ちをただ感じて受けとめればいい。

さらに続けて、自分の目を深く深く見つめる。手鏡を使えば座ったままで見つめていられるよ。

さて、できるだけ長く自分の目を見つめたあと、ふっと目を閉じてみる――そして、そのあとの気持ちをじっと感じる。そうすると、エッセンスとの合体を感じることがよくある。それはほんの一瞬かもしれないし、その日いっぱい続くかもしれない。

人生のパートナーや親しい友人がいるなら、そのひとの目を深く見つめてみるといい。このときもやはり、落ちつかない気分になっても目をそらさないこと。やがて相手の「自己」とあなたが混ざり合うのが感じられると、落ちつかない気分は消え、やわらかな内なる輝きへと溶けこむだろう。

自分や誰かの目を深く見つめるとき、そこに見えるのは魂《たましい》だ。目は魂の窓なんだよ。前に、誰かあるいは自分の目を見つめ、そこに神が見えると予想すれば、神が見えるだろう、と言ったのを覚えているかな？　予想しなければ、神は見えない。しかしどちらにしても、そのときあなたは「全面的にいまにある」だろう。

そして全面的に「いま、ここに」あるということは、精神があちこちにそれたり、ふらついたりするのを防いで、自分が生きる人生／生命の経験をもっともっと高く引き上げるために、とても有効な方法なんだよ。

生き物の目をじっと見つめながら、「全面的にいまに」いないことはできない。ペットのイヌやネコでも野生動物でも同じだ。立ち止まって、野生動物の——ライオンやトラやクマの——目をじっと見てごらん。そして、全面的にいまにあると感じないかどうか、やってみるといい。

こうしてほかの生き物とともにいて、全面的にいまにあると、きっとその生き物を愛するようになる。ひとはペットと恋に落ちるし、その感情はとてもリアルなものだよ。

誰かの目をある期間じっと見つめながら、そのひとと恋に落ちないでいるのは、とりわけむずかしい。

だからこそ、ひとはすぐにお互いから目をそらす。長く目を見つめ合う勇気がないのだ。そのあとに訪れる愛に圧倒されてしまうからね。しかしそれは圧倒された愛を、どうしていいかわからないからだよ。

愛に屈服し、魂《たましい》が行きたがるところへと愛の導きに身を委《ゆだ》ねるとき、あなたには何の困難もない。

すべての葛藤《かっとう》や苦闘は消え、あなたは「ひとつであること」を知る。

これが「合体の瞬間」に起こることだ。「エッセンスとの全面的な溶け合い」のときに生じることだ。こうして一日を始めれば——あるいは終えれば——とても癒《いや》される。


あるいは「人生を終われば」、ということでもあるんでしょうね。

つまり、あなたはこうおっしゃっているんじゃないですか？　ひとによってはこの合体を、「ひとつに溶け合う」経験を、この物理的な人生を生きているうちにできるが、しかし死の瞬間にはすべてのひとが経験する。そうじゃありませんか？


そう、まさにそのとおりだよ。誰も例外ではないし、誰も失格しないし、誰も取り残されない。

そうなると信じていないひとはどうなんですか？

死の第二段階以降は、信念が経験を創造するのではないよ。

じゃ、何が？

欲求だ。

すごい。すごい、すごい！　もういちど言わせてください、すごいなあ。

死の三つの段階は、アイデンティティの再確立のプロセスを穏やかに、しかし、あなたが望むかぎり迅速に進むようにできている。

死の第二段階では、あなたはまだ精神に自分を同一化《アイデンティファイ》しているから、精神の「なかに」何があるかで経験が決まる。信念が経験を創造する。

だが、そのアイデンティティを捨てれば、経験は信念によってではなく、欲求によって創られる。これが「天国」と呼ぶものの経験のはじまりだ。

いままで何回か説明してきたこの死の三段階を、あなたは生きているうちに経験することもできる。

ちょっと待ってください。生きているうちに「合体の瞬間」を経験できるとはおっしゃいましたが、でも、いまの言い方は初めて聞きましたよ。

どっちも同じことだよ。ここで言っているのは、分離という考え方の死だ。それがあなたがたの物理的な死の際に起こる。そして、それはいつだって起こりうる。死の三段階とは要するにアイデンティティ、つまり自分を何と同一化《アイデンティファイ》するかを再確立する三つのステップだ。

①身体への自分の同一化を手放す。
②精神への自分の同一化を手放す。
③魂《たましい》への自分の同一化を手放す。

でも、その三つのどれとも自分を同一化しないなら、何がアイデンティティになるんですか?

何もない。

何もない？　何にも自分を同一化しないんですか？


とくに何かにということはない。

自分が何かであると考えたとたんに、あるいは自分が何かではないと考えたとたんに、あなたは自分自身を限られたものとして想像するようになる。

だが、「エッセンス」はどんな意味でも限られてはいない。「合体の瞬間」にあなたは「すべて」に自分を同一化する――つまり、とくに同一化するものは何もないということだ。何もないんだよ。

ブッダはこのことを完璧《かんぺき》に理解していたし、達成した。多くの〈マスター〉たちも達成した。

ほとんどのひとは、生きているあいだには達成できない。だが、死の際にはすべての魂が達成する。それが死というものの意味だよ。


それじゃあ、それは起こりうることではなく、身体から離れたときには誰にでも起こることなんですね。

そうだ。そして死の第三段階で、あなたは神の目を通して見た自分というものの驚異的な完成に出会う。

すばらしいですねえ。なんと言ったらいいんだろう……ほんとうにすばらしい。

しかも、それはほんの手はじめにすぎない。「エッセンス」への合体は終点ではない。

それどころか、正反対だ。ほんのはじまりだよ。

30

――「あの世」には何の苦しみもない。

この「エッセンス」との合体段階にあなたは好きなだけとどまることができるが、前にも説明したように永遠にそこにいたいとは思わないだろう。そこでは経験の喜びを知る能力を失うから。

「全面的な溶け合い」のあいだに経験する猛烈なエネルギーの変化によって、あなたは「エッセンス」から押し出される。記憶しているアイデンティティが新たに再創造されて、「自分の存在の核心」に立つ。

たとえ話に戻れば、アップルオレンジの芯《しん》にある小部屋ですね。

そう。

今度は大きな部屋を想像してごらん。その部屋の壁には「時間の回廊」を通り過ぎるときに見た壁画の一部が描かれている。壁画全部ではなく、あなたが「回廊」を通り過ぎるときに目を向けた部分だけが、そこにはある。

その絵が展覧会のように壁にかかっていて、あなたはこの「画廊」をゆっくりと歩きながら、絵を一枚一枚、眺める。

絵を深く見つめているうちに、あなたはその絵のなかで起こったすべてを経験する。あなたに起こったことだけではなく、その絵のなかの全員に起こったことだ。

絵の一枚一枚はあなたの人生の各瞬間を表し、それを見つめることによって、あなたはそれぞれの瞬間に起こったことの「完全な全体像」を初めて知る。

多くの場合、それはあなたが起こっていると考えたこととは違うし、必ずあなたの想像を超えているはずだ。

いや、またしても不思議なんだな。

この対話をしているちょうどいま、英国のブリストルで開いたスピリチュアルなイベントで出会った女性に、あなたの「たとえ話」とそっくりの話を聞いたんですよ。これは偶然でしょうか？

ここであなたの話を聞いた直後にその女性の物語を聞いたんですから、ほんとうに信じられない気分でしたよ！　ここでの風変わりな対話の中身はほんとうだよと誰かが……天使か何かが……この物理的な「実世界」での証拠を送ってよこしたみたいじゃないですか。

その女性の話と不思議な偶然に衝撃を覚えたので、彼女に一部始終を手紙に書いて送ってくれないか、と頼んだんです。そうしたら書いてくれた手紙がこれです。

英国のエリザベス・エヴリットという女性の、不思議で感動的な臨死体験の物語なんですが。

——親愛なるニール

ブリストルで過ごした週末に、わたしの経験を書いてみるとお約束したので、やってみました。長くなりますが、用意はよろしいですか？

わたしは当時二五歳で、波乱の多い生涯で初めて、ほんとうに満たされて幸せだと感じていました。

(王子さまだと思ってたくさんのカエルに口づけしたあげくに)やっと夢見る男性に出会い、ともに深く望んだ女の子を妊娠して七か月半になっていたのです。

ところがインフルエンザにかかったらしく、入院しました。

まもなく自分がじつは水疱瘡《みずぼうそう》だと気づき、ふるえあがりました。たまたまわたしは入院した病院で助産師として働いていましたので、それまで同じような妊婦が集中治療室に運ばれた例を三つほど知っていたからです。どんな治療が必要かも、「たったいま」手を打たなければならないこともわかっていました。

ひどく不手際ではありましたが、わたしは自分の病状をなんとかしようと必死になり、本気になってくれない同僚たちに事態は深刻なんだと訴えました。

でもまるでブラックコメディのような手違いが続いて、彼らは治療を先延ばしにし、わたしの言葉を信じてくれず、誤診し、放置し、投薬量を間違え、とうとう水疱瘡が悪化して肺の炎症を起こしてしまったのです。

目を配っていた同僚たちは、わたしが真っ青になったのを見て、酸素レベルをチェックしたほうがいいと考え、酸素濃度計が六四パーセントを表示したのを見て仰天しました。それから大騒ぎになったのですが、なぜわたしがすでに死亡していないのかと誰もが首をかしげたほどでした。

大急ぎで手術室に運ばれたとき、麻酔医の同僚が悲壮な調子でわたしの耳にささやきました。「血液ガスが大変なことになっている。あなたの命にかかわるから、気の毒だけど処置分娩《ぶんべん》をしますよ。わたしの言うことがわかりますか?」

わたしは何も言わなかったようですが、(心のなかでは)はっきりと叫んでいたのを覚えています。「もちろんわかるわよ。だから一週間前にそう言ったのに、あんたがたは誰もわかってくれなかったじゃないの!」

ほんの何秒かのうちに、少なくとも一〇人の同僚が群がってきて、引っぱったり、押したり、突いたり、衣服を脱がせたり、ばたばたと緊急帝王切開の準備が始まりました。

あんな恐ろしい思いをしたことはなく、「とうとうダメなんだわ」と確信しました。

自己保存本能って強いんですね。赤ん坊の心臓の鼓動が見つからないと騒いでいるのがわかっても、わたしは何とも思わなかったんですから。

「それより、わたしはどうなるの！　わたしは死にかけているのよ。お願い、どうか助けてちょうだい！」わたしは何度も何度も叫びました……それも心のなかでだけだったようですが。

麻酔医が明らかにいらだった様子でかがみこみ、小声でわたしに言い聞かせました。「頼むから落ちついてくれよ。もうすぐ麻酔が効くから」

さらに絶望の涙があふれ出るのを見て彼は言いました。「泣いちゃいけない。それでなくても粘膜が炎症を起こしているんだから。ますます気管挿入がむずかしくなるじゃないか！」

それから麻酔の処置をすませるなり、もう効果があったと思ったらしく、ほかのひとたちに、「まあまあ、そうあわてることはない、外科医はまだサンドイッチを食ってるからさ……」と言ったのです。

混乱と恐怖と絶望と孤独のなかで、自分は死ぬのだ、死んでも誰も気にもかけないんだと思いながら、わたしは麻酔で意識を失いました。

手術後まもなく、（そうは見えなかったらしいのですが）意識を取り戻したわたしは、集中治療室に「寝かされている」自分に気づきました。

まわりでおおぜいのひとたちが心配そうに走りまわっていましたが、霧がかかったようにぼんやりとしか見えません……ただひとり、わたしの左側に立って、糊《のり》のきいたちょっと古風な白衣を着ているひとだけがべつでした。

彼女はわたしに微笑《ほほえ》みかけ、優しく力づけるように言ったのです。「さあさあ、このひとたちに任せておきなさい。だいじょうぶよ。みんな、何をすべきかをちゃんと知っているんですから。わたしといればあなたは安全よ。もうお眠りなさい」

手術が無事にすんだと知ってほっとしたわたしは、彼女のあらがいがたい穏やかさに安心して、また「眠りに」落ちたのですが、そのとたん、激しい渦巻きに巻きこまれたと感じました。

これはいったい何なの？　激しい渦にさらわれながら、わたしは次つぎに何十もの体験にぶつかりました。

それぞれの体験は一秒ほどだったようにも一生のようにも感じられました。ある瞬間に突き刺されたかと思うと、つぎにはイヌをひき殺し、今度はマスタードガスで肺を焼かれながら沼地みたいなところを必死で逃げているかと思えば、その一瞬後には爆発で身体を粉みじんに吹き飛ばされるというぐあいです。

その体験はイメージだけではなくて、はっきりと身体に再現されていました。すべてを見て、聞いて、味わって、嗅《か》いでいたんです。どれも意識的な記憶はまったくありませんでしたが、なぜかどれもいつかどこかで自分に起こったことだと確信していました。

――ここでちょっと中断しますが、あなたもこの対話の前のほうで同じことにふれていませんでしたか？　死んだとき何が起こるのかとたずねたとき、似たようなことをおっしゃっていませんでしたか？

言ったよ。あなたが死んだら、そして輪廻転生《りんねてんしょう》を信じていたら、あなたは意識的な記憶にはない前世の瞬間を経験するだろう、とね。

やっぱり。すると、これは「ピンポン、正解です」ってことですね。

ひとつだけ違うがね。「あの世」には何の苦しみもない。

ふうん……。

エリザベスのその体験は、一部は死の「こちら側」で、一部は向こう側で起こっている。

彼女はじつは二つの世界のあいだにいたんだ。その体験のはじめから完全に「あの世」にいたのなら、苦痛も恐怖も苦しみも感じなかったはずだよ。

なるほど。それじゃエリザベスの物語に戻りましょうか……。

そのローラーコースターのような体験はしばらく続き、それから始まったときと同じく、唐突に終わりました。

すべての感覚が消えて、文字どおりの無、暗闇《くらやみ》です。はじめはほっとしました。ありがとう、ありがとう、ありがとう、そう叫びました。恐怖は薄らいで、わたしは自分の状況を推しはかりはじめました。

暗闇。無。待ちました。無。口笛を吹いてみたり、身じろぎしてみたり、心のなかでハミングしてみたり。何もありません。じわじわとパニックが起こりかけ、疑問が浮かびました。「まさか、わたしは死んだの？　そうなの？　あんな目にあったあとは永遠の無で、ただわたしがあるだけ、そんなことってある？」

パニックが激しくなります。でも何もありません。パニックのうえに、怒りも激しくなりました。「どういうことなの。わたしの旅を支えてくれる明るい光も導きもないの？　パパはどこ？　せめて姿を見せてくれたっていいじゃないの！　ああ、お願いよ。いや。助けて、お願い。わたしが何をしたっていうの？　わたしは死んだの？　誰かいないの？　ああ、神さま、こんなのいや、お願いです。赤ちゃんに会いたい。赤ちゃんはどうなったの？　赤ちゃんも死んじゃったの？　お願いです。どうかどうかお願い。わたしは死にたくない」

やっぱり無です。やがてわたしは気力を失って、麻痺《まひ》したように静かになりました。

「どうして、自分が死んだと思うの？」

無意識のなかで耳をそばだてました。無意識のなかで立ち直ろうともがきました。しっかりするのよ……ベッドの脇《わき》から聞こえるあの看護師の声だと気づきました。

「ああ、ありがたい。いったいどこに行ってたんですか？　わたしはどこにいたの？　わたし、どうなったの？」

「どうして、自分が死んだと思うの？」

「ええ、ええ、わかったわ。わかりました。わたしは死んではいない。だってあなたの声が聞こえるもの。変ねえ、麻酔の影響？」

大げさなため息が聞こえます……「どうして、自分が死んだと思うの？」

「はいはい、わかったってば。変よね。でもあなたは誰で、どうして同じことを聞きつづけるんですか？」

「聞いたのはあなたよ。それでは……」

それからへとへとになるほどの議論が始まりました。何日も続いたような気がします。

わたしは自分がここにいるのが、その「ここ」ってのがどこにしろ、どれほど不公平で不当で残酷かとまくしたて、抗議しましたが、相手はいちいち反論します。わたしに生きる権利があるのか、わたしにほかのひとと違う特別扱いをしてもらう資格があるのか、と問いかけるんです。わたしはその石頭の狂人をどうしても説得できなくて、怒りで頭がくらくらしてきました。

すると、ぱらぱらアニメが始まったんです。ご存じでしょう。案山子《かかし》みたいな人間の少しずつ違う絵を描いて、ぱらぱらめくるとその人間が動いているように見える、あれです。始まったとたん、登場人物に気づきました。それはわたしの人生の映画でした。

「なるほどね！」わたしはせせら笑いました。「どこかで聞いたような話じゃないの。自分の人生を早回しで見せられるなら、わたしは死んだってことなのね」

返事はありません。ただ深いため息があって、それからガーン！

わたしはそのぱらぱらアニメのひとつひとつのシーンを感じとって、魂《たましい》の底から衝撃を受けました。そのシーンは一瞬で過ぎ去るにもかかわらず、そのひとつひとつがもつ力のすべてを、まるでもういちどそれを体験しているように、しかも自分だけでなく関係者全員の魂が受けた影響を自分のなかで体験しなおしているように感じたのです。

それはわたしが意識のなかで思い出す自分の人生とは違っていました。すぐに思い出せるような印象的な出来事はほとんどありません。大きな事件を拾って綴《つづ》る自伝ではなかったんです。

たいていのシーンは生まれたときから順番に現れましたが、いくつかの出来事がつながりあっているときは、時間的にさかのぼったり先へ進んだりもしました。そうやって、それぞれの考えや行動やふるまいの結果を充分に理解させようとしているようでした。

それはありとあらゆる感情が詰めこまれた回想シーンの集まりで、そうか、どれも神性のある側面を自分が見せたか見せられた場面だわ、と気づきました。そして、ほとんどが影響の大きかったドラマチックな出来事ではないこともわかりました。

時間を貫いて残っているのは、一見、何でもない出来事の影響でした。ちょっとした意地悪な言葉が引き起こした痛みやつらさ、初めて補助輪なしで自転車に乗れたときの限りない喜びと達成感。

わたしはひとつひとつのシーンにこめられた感情と真実を、まるで自分に刻印されていたかのように思い出しましたが、でもそれがどんな出来事にまつわるものだったかはよく思い出せないのです。それぞれの価値が理解されると、物理的な出来事そのものは意味を失うかのようでした。

いま思えば、わたしは批判されているとはまったく感じませんでしたし、自分を批判しようともしませんでした……ただほんとうの自分を見ているのだとわかっただけです。

ぱらぱらアニメが終わると、もうへとへとになっていました。それでもなんとか相手を説き伏せなくてはならない、生きる権利を立証しなくてはいけないとすがりつくように思っていましたが、ぱらぱらアニメのせいですっかり気力が失《う》せていました。ただ子供を抱きたい、愛するひとたちと一緒にいたいという必死の思いだけが、わたしに残された武器だったのです。

しかもその必死の願いすらも、人生の復習をさせられたせいでしぼんでしまったようでした。なんとか反論しようとするのですが、勢いがないんです。どの主張も疑問も、完璧《かんぺき》な応答で封じられてしまいます。ついにわたしはつぶやきました。「もういいです。あなたの勝ちよ。もう闘えません。わたしにはもう何もない。あきらめました」

その言葉が浮かぶか浮かばないうちに、なぜか深い安堵《あんど》感に浸されました。どうせダメだと苦々しく思っていたのに、わたしの存在はあふれるような癒《いや》しに包まれ保護されて、文字どおり無条件に支えられたと感じたのです。わたしは慈しまれ、守られ、活力を与えられました。たくさんのすばらしい魂がわたしを囲んで、みんなでわたしを安全な腕に抱きとってくれたのです。

ふいに、わたしはそのすばらしい場所から引き離されて、不思議な体験に放りこまれました。何がなんだかわからないまま、わたしは雪をかぶった山脈や広大な湖や森林、草原の上を飛んでいました。アメリカ先住民の上を通り過ぎましたが、その部族はわたしが見聞きしたどんなものとも違っていました。お母さんが穏やかな誇りに満ちて子供たちを見守っている姿に感動し、それからその上を通り過ぎて、遠くにある荘厳な山の頂上に向かって飛んでいきます。

その山の頂上で、わたしはガイドらしいひとと向かい合いました。彼はアメリカ先住民の族長で、その老いて皺《しわ》だらけな顔の瞳《ひとみ》をのぞきこんだとき、残っていたすべての絶望がきれいに消えました。

自分が深い真理を実現するのを彼が助けてくれると、わたしは全身で感じたのですが、実際問題として覚えているのは、彼が「辛抱しなくてはいけないが、あなたは三つになるだろう」と言ったことだけです。

その瞬間、わたしは眠りに落ち、ほんの一瞬と感じたのちに集中治療室で目覚めて、それから厳しい部分が始まりました!

わたしは部分的には薬物のせいもあって、九日間も人事不省《じんじふせい》だったと知らされました。二人の看護師には、昏睡《こんすい》状態のあいだに二度、呼吸停止に陥り人工呼吸器の世話になったと聞きました。

でも、いちばん印象的だったのは、約六時間くらい、心臓の鼓動が乱れて不規則になる心房細動《しんぼうさいどう》が続いたということでした。その間、わたしの心臓はまるでぱらぱらアニメのように猛烈な速さで鼓動していたというのです。その「ぱたぱた鼓動」によって病状が良くなることも悪くなることもなく、またどんな処置も効果がなかったそうです。

そして医師たちがびっくりしたことに、心房細動は突然、理由もなく解消したのでした。その時点で医師のひとりが以前扱った症例を急に思い出し、そこから始まった治療が効果をあげて、わたしの生命が救われたというわけです。

たぶん、わたしが「あきらめて」癒《いや》しに包まれたとき、わたしの身体は治療に反応するようになり、不可欠の情報が医師たちに「与えられ」たのだと思うんです。あの族長が「辛抱しなくてはいけないが、あなたは三つになるだろう」と約束したとおり、わたしの心と身体と魂《たましい》がうまく組み合わさったのでしょう。

娘のリリーはもちろん生きていて、とても元気で、生命力そのもののようです。

先日、テレビを見ていたとき、昏睡状態のときに上を飛んだのとそっくりの景色が出てきました。それがどこを撮影したものだったかを調べましたので、この八月にはそこへ行ってみる予定です。その地域のこともいろいろと知りまして、そこのひとたちと自然がわたしの癒しのプロセスの継続に役立つに違いないと思っています。

31

――あなたは人生の個々の瞬間を、「自己」という体験を創造するために使っている。

不思議でしょう？　実際のところエリザベスの体験は死後の体験とどれくらい近いんでしょうか？

彼女にはそのとおりのことが起こったんだよ。物理的な人生／生命と霊《スピリチュアル》的な領域のあいだにある通路を先へ先へと進んでいったときにね。対話のずっと前のほうで言ったとおり、その経験はひとによっていろいろな違いがある――どれにも共通して起こることもあるしね。「人生の復習」もそのひとつだ。

でも、人生の復習ってつらそうですよね。だって自分の人生を考えれば、思い出しても楽しくない瞬間があります。自分の経験がいやだったり、いまとなれば、ひとにどんな思いをさせたかわかるからいやだったり、ですが。

苦痛だとか気まずいなんてことは、ぜんぜんないのだよ。

ああ、そうでしたね。忘れていました。

精神や自分に関する考えへの自分の同一化《アイデンティファイ》という個人的なアイデンティティの感覚は、死の第二段階で捨てられる、ということを思い出してごらん。そして第三段階で、あなたは「ひとつであるもの」と合体する。

そして「合体の瞬間」には、「わたし」と呼んできた存在の個としての側面への同一化という最後の個人的アイデンティティも脱ぎ捨てるんですね。わたしは「わたし」から離れて、「わたし」を明確に見るけれど、感情的なレベルで自分が見ている存在と自分とを同一化することはなくなる。

そうそう。理解しているじゃないか。

さて、たとえ話に戻るとして、あなたは死の第三段階にいて、「合体の瞬間」を経過し、今度は「自分という存在の核心」を充分に経験する。「展覧会」に飾ってあるすべての絵、人生経験のすべてを眺め、それぞれの人生経験を、絵本をめくるか、映画を見るか、芸術作品を鑑賞するように客観的に見る。あなたはそれぞれの瞬間を充分に理解したと思うまで鑑賞する。

それからつぎのイメージに、つぎの瞬間に、つぎの「絵」に移る。

そうやってあなたは展覧会をぐるりとめぐる。展示物のどれも見のがしはしない。どの瞬間も大切だ。なぜなら、それぞれの瞬間を見直すうちに、その個々の瞬間はあなたが「自己」という体験を創造するために使われたと気づくからだ——そしてまもなく、「自己」をどう新たに再創造したいかを決めることになる。

すみません、ちょっと待ってください。ひとつ、わからないことがあるんです。すべてはたとえ話で、ほんとうに「そういうふうに」なるわけじゃないことは知っていますが……。

「どういうふうに」なるのかを、たとえ話なしにあなたに理解できるように説明することは、文字どおり不可能だよ。

わかっています。でも、たとえ話ではあってもはっきりさせないと気がすまないんだな。ひとつ、どうもわからないことがあるんです。「エッセンス」から分かれて現れたとき、「神との出会い」が終わったときに、わたしは自分のアインデンティティを「再取得」するんですよね。そうでないと「自分が誰か」がわからないですから。

そうだよ。

それじゃ、どうやって「人生の見直し」をするんでしょうか……自分が生きてきた人生の瞬間をすべて見直し、しかも何も感じないでいるなんてことができますか？ だって、残念だけど、わたしはいろいろみっともないこともしてきました。多少は良いこともしましたがね。死の最初の段階で捨てたアイデンティティを再取得したのに、それに対して悲しみや幸福や苦しみを感じないでいられるでしょうか？

「神との出会い」が終わったとき、あなたは最後の人生でもっていた限られたアイデンティティに、ふたたび目覚める。

それはほんとうだが、そのアイデンティティに戻るわけではない。そうではなくて、もっと大きな、もっと限度のない「自己」を経験する。

わたしがたとえ話を考えてみましょうか。自分の理解が当たっているかどうかを調べるために。

どうぞ。

わたしは芝居の世界で、何年も過ごしてきました。六つの州で地域の演劇やプロの演劇にたずさわってきたんです。それで、いまのお話を聞いて思いついたのですが……。それはちょうどひとつの役割、つまり能力も技術もかなり限られている人物の役割を演じたあとに舞台を下り、衣装を脱いで私服に着替え、充分な能力をもった力強いひとりの人間として劇場の外の世界に出ていく、というようなものじゃないかと思うんです。劇場の表には看板があって、ライトに照らされて芝居のさまざまな重要な場面を演じるわたしの写真が掲示されています。わたしはその写真を見る。写真のなかでわたしは顔をゆがめたり、微笑《ほほえ》んだり、泣いたり、怒り狂って叫んだりしていますが、もちろんそれを見ても何も感じませんし、反応もしません。だってそれが自分ではないことを……自分は写真を見ていることを……知っているんですから。でも劇場のなか、舞台の上では、わたしが演じる苦しみも痛みも喜びも観客にとってリアルなだけでなく……わたし自身にとってもリアルなんです。いい役者とはそういうものなんですから！

とはいえ、写真を見ているときには、どうすればもっとうまく演じられるか……あるいは場面をまったく変えたらどうなるか、と考えます。そしてつぎの公演で試してみようと決心する。それから前進します。最初の目的地は図書館です。だって、自分が演じたキャラクターについてもっとたくさん知りたいじゃないですか！

すばらしい！　うまいたとえだ！　それは、あなたが「自分の存在の核心」を過ぎて、人生の各瞬間の「展覧会」を見ているときに起こることをよく表しているよ。「自分の存在の核心」から離れたあと、ある意味では「自分のキャラクターについてもっと知るために図書館に行く」のと同じだからね。

すみません、もうひとつ聞きたいのですが、どうして、わざわざそんなことをするんでしょうか？　どうしてまた「核心」から離れるんですか？　いままでの説明を聞いたあとでも、不思議でならないんですよ……なんだってまた「エッセンス」から離れるのか、離れたがるのか。どうしてずっとそこで溶け合ったままでいないんですか？　それが「天国」ってものなんでしょう？

それは、「生命」が自らを表現しようという性質をもっているからだよ。それが「生命」の発現なのだ。そうせずにはいられないし、そうしたい。

ところで、いまの「生命」という言葉を替えてみてごらん。「生命」の代わりに「神」や

「あるもの」「エッセンス」「エネルギー」などを入れても、文章が成立することがわかるだろう。どんな言葉を使おうとも、結局は「生命」について言っているのだ。

自己表現のプロセスで、「生命」は文字どおりそれ自身を「表現する」。つまり、それ自身を「それ自身から」押し出し、「それ自身の」一側面として誕生させる。「それ自身」を「それ自身の体験」として「知る」ことができるようにするためだ。

なんだかむずかしくなったなあ。理解が追いつかないですよ。

ゆっくり考えなさい。気楽に受け止めなさい。概念をひとつずつ順番に検討していくといい。

①「自己」表現のプロセスで、「生命」は「自己」を文字どおり表現する。

②「表現」とは「押し出す」ことを意味する。「生命」は「それ自身から」「それ自身」を押し出す。

③ある意味では、「それ自身の」一側面としての「それ自身」を誕生させる。

④それは「それ自身の体験」のなかで「それ自身を知る」ためだ。

それが、ふたたび生まれるってことのほんとうの意味なんですね。

そう、それが正確な意味だ。

そうしてわたしは「ふたたび生まれ」、「核心」から離れる。それは……あなたが使った言葉によれば……距離をおいた視点から、自分が「核心」で出会ったものを「現実として」「より良く知る」ためです。

なるほど、完璧《かんぺき》に把握できたようだね。それが死の——そして誕生の——プロセスだ。あなたがたはつねにほんとうの自分の真の本質を「知って」「経験」しようとして、「自分の存在の核心」から出たり入ったりしている。「全体性」をそれ自身の別個の、あるいは単一の表現として「知り」、「経験」するために距離をおく。なぜなら「全体性が全体性である」とき、それは「全体性としてしか」体験できず、その構成要素である部分はまったく体験できないからだ。

それでは、自分はもうこれ以上良くはなれない、ということになったら、どうなるんですか？
直前に生きた人生で完璧な〈マスター〉という経験をしてしまったら？　そのあとはどうなりますか？　そこでサイクルは終わるんですか？

いや。「〈マスター〉であること」を再定義するだけだよ。

飛び越えるべきバーを上げるんですね。ゲームをさらに進行できるように。プロセスがさらに続くように。

そうだよ。もっと多くの「生命」をもっと豊かに生み出そう。それが「生命」の欲求であり本質だ。

すべては成長するし、進化に終わりなどというものはない。いつも、このことを覚えておきなさい。なぜなら——。

●思い出すこと——その一五
進化に終わりなどというものはない。

永遠に続く生命のサイクルについては、もう話してあげたね。すべての生命と同じく、あなたも自分自身を新たに再創造しようとして霊《スピリチュアル》的な領域に入り、そこでほんとうの自分と、自分が選んだ自分についてよく知って理解し、それから「自分の存在の核心」に引き返して物理的な世界へと戻り、同じ「時間の回廊」をべつのやり方で、あるいはぜんぜん違った「時間の回廊」を旅して、自分が選んだ自分とはどのようなものかを「自分の体験」のなかで「知る」のだよ。

でも、自分がどんな自分でありたいかはどうやって知るのですか？　そこがわからないんですよ。自分を選ぶって、いつ選ぶんですか？

選ぶのは、「聖なる審問」に答えるときだ。

ああ、とうとう、そこに来ましたか。

32

――死ぬひとのほとんどは、初めて死ぬのではない。

ずっと、このときを待っていたんですよ。もうしびれが切れているくらいです。どうか教えてください。「聖なる審問」って何なんですか？

人生／生命の終わり、死の第三段階と前に説明したところで、あなたがたは、ただならぬ質問をされる。その質問はあらゆる問いのなかで最も重要な質問であり、それに対する答えはあらゆる言明のなかで最も重要な言明であって、それは想像しうるかぎりの最も重大な「自由な選択のとき」でもある。それほど重要だからこそ、天国にいるすべての天使が手を止めて、あなたの言葉に聞き耳をたてる。それほど重要だからこそ、あなたが愛したひとたちすべてが、あなたの言葉を聞こうと集まってくる。それほど重要だからこそ、神である彼自身がその質問に立ち会う。それどころか、神である彼女自身がその質問をする。

で、その質問とは？

「あなたはとどまりたいか？」

はあ？「とどまりたいか？」って、聞かれるんですか？　とどまるって、どこに？

つまり、死んだままでいたいか、ってことですか？

そう。人間の言葉、あなたがたの言語で言えばそういうことだ。それが質問だよ。

それじゃ、わたしに選択肢があるってことですか？

あなたにはすべてについて選択肢があるんだよ。わたしたちの対話が始まって以来、ずっとそう指摘してきたじゃないか。一〇年以上も対話をしてきて、いよいよ終わりにさしかかっているというのに、まだあなたはそんなことをたずねるのかな。

ええと、自分の生涯では、すべてに選択肢があることは知っていますよ。でも、死についても選択肢があるなんて知らなかったな。じゃ、死んでいたくないと思えば死んでいなくてもいいんですか？

そうだよ。さっきからそう言っているではないか。

だけど……そんなこと、ありえないですよ。だって……それじゃ、いままで聞かされてきたこととぜんぜん違いますよ。わからないなあ。死に際して、「進むか、引き返すか」を選べるってことですか？

そう、そのとおり。それがあなたがたに与えられた選択肢だ。そこで――。

●思い出すこと――その一六
死から引き返すことができる。

なんだかローラーコースターに乗ってるみたいな気がしてきました。しがみついているだけで精いっぱいだ。いったい何がおっしゃりたいんですか？

「死ぬ」ひとは誰でも、どうやって――それにどこで――生きつづけるかを決めることができるのだよ。

おもしろい表現をなさる。

そのとおりだから、こういう表現しかないのだ。

「思い出すこと」の七は、「死は存在しない」だよ。死は存在しない。あなたがたが「死」と呼ぶときに、ひとはつねに選択肢を与えられる。あなたはたったいま後に残してきた人生が続くという経験をしたいだろうか？　それとも、前進して霊《スピリチュアル》的な領域に向かうという現実を経験したいのか？

つまり、死ぬひとは誰でも「人生に戻る（生き返る）」チャンスがあるってことですか？

そう。魂《たましい》は通ってきたばかりの「死」を「取り消す」経験ができる。

どうやって？　どうすれば、そんなことができるんですか？

ただ「いまは死にたくない。戻りたい」と言う／考える／感じることによって、神に告げればいい。

魂はみな、「用意はいいか？　前進したいか？」とたずねられる。このうえなく優しい質問だよ。物理的な世界から「境界を越える」すべての魂が、こう質問されるのだ。思考／感情／返事が「イエス」なら、魂は霊《スピリチュアル》的な領域への旅を続ける。「戻してください」と魂が頼めば、すぐに物理的な世界へ「送り返され」――「死ぬ」寸前の瞬間に到着する。

　これはびっくり仰天だなあ。それにちょっと困るかもしれない。だって、それがほんとうなら、どうして家族を心から愛していたひとたちは戻ってこないんですか？　つまり、たしかに「天国」はすばらしいところでしょうけど……「あちら側」では何が起こるのか、まだ話していただいてはいませんが……それはいつもそこにあって、わたしたちを待ってるんですよね。それなら、戻れるとわかっているのに戻ってこないで、先立たれた愛するひとたちを傷つけるって、ちょっと、自己中心的じゃないですか？　そんなこと、信じられないなあ。だって、そうだとしたら……何と言うか……ひどくむなしいですよ。

　じゃあ、この話はこのへんでやめておこうか？

　そう、言われちゃうとなあ。だって、それを言ったらおしまいだ、ってことがあるじゃないですか。それ、無視すればいいんですか？

べつに、あなたを困らせようという意図はないのだよ。

そりゃそうでしょうが、でも……じゃあ教えてください。どういうことなんですか？

要するに、あなたの言ったとおりだよ。死後、すべての魂《たましい》は「あの世」にとどまるか、置いてきたばかりの物理的な人生に戻るかを選ぶ機会が与えられる。

そう、それはわかりました。でも、もっとくわしく教えてくださいよ。それは正確にはどの時点のことですか？

あなたが「光」のなかに溶けこんだときだ。「合体の瞬間」のあとだよ。

それは、あんまり公平じゃないんじゃないかな。だって、それでは逆らえるひとなんていないんじゃありませんか？　「ひとつであるもの」との合体のあとに、物理的な人生に戻りたいなんて、いったい誰が思います？　ほんとうのところ、ですよ。

そう思う魂は、じつはとても多いのだ。

なんですって？　どうしてですか？　多くの魂が天国にとどまるよりも地上に戻りたがるっておっしゃるんですか？　それじゃ天国なんてどんなところだい、ってことになりますよ。

天国はあなたが想像するとおりのところ――どんなことでも望めるところ――だということだよ。

「エッセンス」との合体ののち、魂は多くのことを理解する。審判や天罰などというものはないことを理解するし、「あの世」では否定的なことはいっさい起こりえないことを理解するし、魂が「何もの」で「何」であるかを理解する。「生命」と「生命のプロセス」の目的を理解するし、「究極の現実」の本質を充分に、完全に、理解する。そして「あの世」はつねにそこにあって、未来永劫《えいごう》待っていてくれることを理解する。

あるいは『天国から来たチャンピオン』（原題：Heaven can wait）という映画のように「天国は待てる」ということを。

そのとおり。「エッセンス」と合体したあと、魂は要するに、いままでここで話してきたことを理解する。頭ではなく経験的に理解するのだ。それから多くの魂は物理的な人生に戻ることを選ぶ。それどころか、ほとんどの魂《たましい》が少なくとも一度は戻ることを選んでいる。

ほとんどの魂が、ですか?

死ぬひとのほとんどは、初めて死ぬのではない。だが今回は「死にとどまる」ことを選ぶとしたら、それはここに来た目的がほんとうに完了したと感じたからだ。だから、彼らが先へ進んだことを恨んだり、戻ってこなかったことに腹を立てたりしてはいけない。彼らは以前に、何度もあなたといるために戻ってきたのだから。

そこがわからないんです。わかりませんよ。この対話ではじつにいろんなところに連れていかれたし、わたしは一生懸命についていこうと努力したつもりです。それにかなりがんばったと思うんですが……でも、そこだけはついていけないんだな。だって、あんまり突拍子もないんで、とても手が届かない気がするんです。

努力してごらん。

どこからその努力を始めたらいいのかわかりませんよ。

質問をしてみたらどうだい？

いいですよ。それでは、わたしの愛するひとたちが何度も戻ってきたって、どういうことですか？

そのとおりの意味だよ。あなたの愛するひとたちは、一度ならず死んで戻ってきた。あなたとの関係を完成させたいと思い、人生で達成しようとしたことをすべて完成したいと思ったから。

母は死んで行ってしまいました。帰ってきません。

父は死に、それっきりです。

兄は運転中にいきなり倒れたんですよ。助手席にいた義姉がハンドルに手を伸ばして、ブレーキペダルを必死で探して路肩に止めたんです。しかもその彼女は発作の後遺症で、半身不随なんですよ！
俗っぽいことを言いたくはないですが、魂が死後も戻ってこられるのなら、そういう選択肢があるのなら、なぜ兄は誰かほかの犠牲者を出さないように車を路肩に動かすあいだだけでも、身体に戻ってこなかったんですか。

だいぶ頭にきているようだね？

そりゃそうでしょう。あなたは、死んだひとは誰でも望めば生き返ることができるとおっしゃる。母も父も長兄も、「あちら側」に行ってしまった大好きなひとたちがみな、この世に戻ってくる機会を与えられたのに断ったっておっしゃるんですか？　そんなことを聞いて、頭にこないでいられますか？　それこそ見捨てられたってことじゃないですか……。
そんなひどい見捨てられ方ってありますか。それこそ、いちばんひどい見捨てられ方じゃないですか。

わかったよ。すると問題は彼らではなくて、あなたにあるわけだ。

何ですって?

あなたの愛するひとが死ぬ。そのとき、あなたの気がかりは彼らではなくて、あなた自身のことなんだね。

よしてくださいよ。それは不当です。

いましがた、あなたはとんでもないことをおっしゃった。わたしの近しいひとたちは悲嘆にくれる愛する者たちのところへ戻る機会があったのに、それを拒否した、と言ったんですよ。

だが同時に、彼らは一度ならず戻ってきた、とも言ったよ。彼らが行ったままとどまっているのは、今回こそはほんとうに「なし終えた」から、完了したからだ。やっと最後の旅立ちをしたのだ。最後の暇《いとま》ごい、別れだったのだよ。ほかのときにはいつも戻ってきていた。

ほかのときにはいつも、ですか? 誰かが「戻ってきた」って記憶はありませんよ。いま話したひとたちは誰も手術室で蘇生《そせい》したり、病気が突然、快方に向かったなんてことはありませんでした。

彼らが「行った」ときは、行ったんです。はい、おしまい。ジ・エンドですよ。

あなたのお母さんは四回「行った」よ。

何ですって?

あなたが言うお母さんの死とは、彼女にとっては最後の死だ。その前の何度かを、あなたは数に入れていない。

母が前に何度か死んだとおっしゃるんですか? そして戻ってきたと?

では、たずねよう。あなたのお母さんには「危機一髪」ということはなかったかな?

「危機一髪」ですか?

ほとんど死ぬところだったが助かった、ということだよ。

ああ、「死の瀬戸際」まで行ったという意味ですね。

そのとおり。お母さんがそんな経験をした、という覚えはないか？

いいえ、ありませんね。もしそんなことがあったとしても、聞いていません。どうしてですか？

じつは、彼女には四回、そのような経験があったと教えてあげようと思うからだよ。その四回のうち二回は、あなたが生まれてからのことだ。

冗談でしょう？　まさか？

冗談なものか。それに、その経験によって彼女は死にかけたんじゃない。どの場合も彼女は死んだ――そして、どの場合でも戻ることを選んだのだよ。

そんなこと、とても信じられませんよ。どういうことなんですか？　どうして、母は戻ってきたんですか？

まだ終わっていなかったから。完了したと感じなかったから。あなたを産んだときも、彼女が死にかけたことを知っていたかな?

いいえ。そんな話は聞いてません!

ほんとうだよ。

いまのあなたの現実では、彼女はあなたをこの世に送り出したことで死にかけた。だが、べつの現実では死んだのだよ。それから戻ろうと決めた。あなたを自分の手で育てたい、他人《ひと》まかせにはしたくないと思った。だから戻った。あなたの現実では、それを彼女が「死にかけた」と言う。

ほかにも彼女が死んで「あの世」へ行き、思い出す必要があることを思い出して、それから戻ろうと選択したことがある。

そのあと末っ子(あなただ)も成人して自分で自分の人生を歩き出してから、彼女は「永久に」死んだ。当時でもまだ若かったが。いまのあなたよりひとつかそこら上なだけだったね。だが、彼女はほんとうに終わった。完了したのだよ。もう戻る理由はなかった。休むべきとき、つぎの経験を楽しむべきときだった。要するに彼女の進化のつぎのレベルに進むチャンスだ。彼女はそうしたんだよ。いまはあなたがたが天使と呼ぶものになって、他者を助けている。いつもそうしていたように。

それについてはぜんぜん驚きませんが。じゃあ、父はどうなんですか？　父はどこにいるんです？

あなたの人生にかかわったひとたち全部の魂《たましい》の旅や地位について立ち入るのは、賢明でもないし、役に立ちもしないと思うよ。あなたが父と呼んだひとの魂とエッセンスは、死後に全面的な幸福と完全な安らぎを発見した。それだけは確かだから安心していい。すべての魂《たましい》がそうなのだ。そうでない魂はひとつだってありはしない。

あ、ちょっと待ってください。いま母についておっしゃったのを聞いて考えたことがあります。

母はもう、物理的なかたちには戻らないんですか？　霊《スピリチュアル》的な領域と物理的な世界を行き来するプロセスは永遠に続くとおっしゃったと思うんですけど。

言ったよ。そのとおりだ。お母さんが物理的な世界に戻らなかった、とは言わなかった。天使になった、と言ったのだ。

天使は物理的な存在なんですか？

天使は、望めばどんな存在にもなれる。物理的な存在であろうと思えばそうなる。純粋な霊《スピリット》であろうと思えば、そうなる。天使は二つの世界を行ったり来たりしているよ。あなたは天使に囲まれている。物理的なかたちをとっているものもあれば、霊《スピリチュアル》的なかたちをとっているものもある。

そのひとりが母かもしれない、と？

あなたはどう思う？

ええ、そう思います。よく、母がそばにいると感じたものです。でも空想だと思ってました。

もういちど、考えてみることだな。

それでは、父は？

彼は、あなたがこの本を書くのを助けた。あなたがこの気づきに達したのが彼の誕生日だった、というのは偶然だと思うかね？

そうか、そうだった！　父の誕生日ですよ！　一日じゅう、父のことを考えていたんです。そしてこれを書いているのが六月二九日……父の誕生日だ……こんな偶然って、あるものでしょうか？

お父さんは「あたりまえだろうが」と言ってるよ。

はいはい、わかりました。もう充分です。なんだか妙な気分になってきましたよ。だって、それは父の口癖でしたからね。それじゃ先に進むことにしましょうか。どうやって天使になるのか、教えてくれませんか？　どうすれば昇進できるんですか？

「昇進」するわけではないよ。ランクが上がるとか、そういうことじゃない。ある魂がべつの魂よりも「良い」とか、そういうことではないのだ。

それじゃ、道をもっと先に進んでいるとか……。

循環してぐるぐる円を描いているのに、どうやって「もっと先」に行くのだね？

でも、あなたは……。

よく聞きなさい。あなたがたは終わりのない円周の上を動いている。はじまりもなければ、終わりもない。円の上では、べつの魂と比較して「良い」とか「悪い」ということはありえない。円のすべてが神聖で、あなたがたはただ自分のいるところにいるだけだ。人間が地上でつくり出した困難のひとつが、あまりに多くのひとたちが「より良い」という考え方にとりつかれていることだよ。イスラム教徒のほうが「良い」とか、モルモン教徒のほうが「良い」、ユダヤ教徒のほうが、バハーイ教徒のほうが「良い」、キリスト教徒のほうが「良い」。男性のほうが、女性のほうが、保守派のほうが、リベラル派のほうが、フランス人のほうが、イタリア人のほうが、黒人のほうが、アジア人のほうが、白人のほうが、あるいはギャング団ならクリップスのほうが、ブラッズのほうが、何でもとにかくこっちのほうが「良い」と言う。あなたがたは区別をして、あるものがべつのものより良いとか良くないと決めつける。

「昇進」するとか「進んでいる」ということではないなら、どうやって天使になるんです

か？

天使になることを選ぶんだよ。

選べるんですか？

あなたはすべてを選べる。選べないことは何もない。

天使は、もう天使はやめようと選ぶこともできるんですか？

もちろんできるし、そうしているよ。しばらくのあいだ天使でいて、それからやめることもできる。そしてまた天使になることもね。あなたがたはぐるぐると円の上を回れる。輪を描ける。らせん状に旅することができる。まっすぐに進むこともできる。永劫《えいごう》のあいだ「天国にとどまる」こともできるし、つぎの瞬間に地上に戻ることもできる――あなたがたは望むとおりにできるのだよ。

あなたは「自分が何者か」、わかるかな。

それをおっしゃろうというのですね。でも、わたしはそれに抵抗しているんだな。

——汝《なんじ》は神である。

33

——わたしはあなたであり、ただあなたにわたしを思い出させているだけだ。

ロバート・ハインラインが四五年ほど前の著書でそう言っていますね。

彼もわたしのメッセンジャーのひとりだ。

すると、わたしも「人生に戻って」きたんですか？

それでは、こちらからたずねよう。あなたは「もう終わりだ」と思ったことがないかね？

ありますとも。あなたがどういう経験を指しているのか見当がつきますよ。そういうことが何度もありました。

もちろんあっただろう。そのことを話そうか？

いやいや、どの経験のことかはわかりますけどね……。

だが、あなたの知らない経験もある。たぶん覚えていないだろう。あなたが生まれたときのことだ。あなたはまだ小さな赤ん坊で、二千グラムもなかった。たぶん生きられないだろうと思われていたよ。

でも、生き延びました。

そう、二度めには。

何ですって？

二度めには、あなたは生き延びた。一度めはそうではなかった。

まさか。またとんでもない話になりましたね。わけがわからなくなってきたぞ。

最初に死んだあとにあなたは、自分が物理的な世界に生まれ出て経験しようと思ったことがまだ完了していないと感じると言った。

その、経験しようとしたことって何ですか？

他者に与えることだ。あなたは他者に与えるという経験をしたかった。そして死ぬことでベストを尽くしたが、まだ充分ではないと感じた。もっと経験したかった。

ちょっと待ってくださいよ。わたしは他者に与えるために、生まれたとき「死んだ」んですか？

あなたはご両親の課題《アジェンダ》に完璧《かんぺき》に役立った。その瞬間、あなたは両親の課題に完璧に役立つために、自分が与えることのできる唯一のもの、つまり生命そのものを与えた。

両親の課題って、何だったのですか？

それは時がくれば、ご両親が教えてくれるだろう。そのときはいつかやってくるよ。

だが、あなた自身の課題《アジェンダ》のことなら、いつでも話してあげるよ。この人生におけるあなたの課題は、どうやって愛するかを経験することだ。無私に、完全に愛することだ。あなたは人生の最初の瞬間に、それを行った。生命を他者に与えた。だがさっきも言ったように、それだけでは完了したと感じられなかった。あなたはもっと与えたかった。与えつづけたかった。だから現実から現実へとジャンプした。

はあ？

前に代替現実の可能性について話したのを覚えているかな？ あなたが「死んで」、そこから「戻る」というのは、じつは意識的な気づきをべつの代替現実に移行させるだけなのだよ。

その現実のなかで、あなたはまた「死」の瞬間を経験するが、今度は死なずに生き延びる。「危機一髪」に見えることもあるだろう。驚異的に回復したとか、突然、快方に向かったと見えることもある。「時間の流れ」のなかで「死」の直前に何分間か何週間かが挿入され、それから転轍機《ポイント》が働いて分岐線に誘導されるようなものだね。

ほかの場合でも、そうだったのだよ。あなたが知っている、覚えている経験のことだ。そのどれでも——思い出したかな？ ——あなたはもうダメだと思った。

ええ、たしかに。

あなたが思ったとおりだった。あなたはダメだった。つまり行ってしまった。逝《い》ったのだよ。

わたしは死んだんですか？

そう、どの場合もね。

これは驚いたなあ。わたしは死んでたんですか？

そう、完全に。

それなのに、いまわたしはここにいるんだ。

九つの命をもっているのはネコだけだと思っていたかな？

そう、どの場合もあなたは「死」と呼ぶ状態になっていた。すべての段階を経験した。

人生のその時点では「地獄」について聞かされていたから、あなたは前進して自分自身の「地獄」を創り出し、その経験を通過した。

それから思い出す場所に到達した。「地獄」は存在しないことを思い出した。それでべつのものを、もっと楽しいものを創り出したが、満足しなかった。

そして、わたしと出会った。「全面的な溶け合い」の瞬間だ。それから「人生の復習」をした。

わたしは「聖なる審問」を行い、あなたは戻ろうと決めた。そして、あなたは「完了した」と感じないと言った。

ああ……それで、数か月前に届いた読者からの手紙の意味がよくわかるようになりましたよ。いま思えば、ちゃんと筋が通っていたんだ。完璧《かんぺき》に。こんな手紙ですが……。

――親愛なるニールさま

お話しする価値があるかどうかわかりませんが、クリスマスの直前に起こったことを、お知らせしたいと存じます。

クリスマス前の六週間、わたしは夫を置いて出張していました。

その後、まだ仕事は残っていましたが、一週間の暇がとれましたので、うちでクリスマスを過ごすために車で五時間かけてコロラド州のグランド・ジャンクションからラブランドまで戻ったのです。出発したのは一二月二二日午後一一時でした。翌日は悪天候という予報だったので、その前に帰るつもりでした。ラブランド峠のアイゼンハワー・トンネルに入るまでは、よく晴れて星が出ていました。

ところがトンネルを出ると猛吹雪で、ほとんど視界がきかなくなりました。運転は危険どころではなく、神さまに、どうかお守りくださいと祈りました。デンバーに着くと、だいぶましになっていました。二五号線を北に向かうころには道路は乾いていて、わずかに雪が舞っているくらいでした。直線道路を時速八〇キロくらいで走っていたときです。路面が凍結していたらしく、いきなりハンドルがきかなくなって車が横滑りを始めました。午前四時でした。

車は左のガードレールを直撃し、わたしは顔の下半分に激痛を覚えました。けがの程度がどれほどなのかもわからず、対向車のトラックのヘッドライトが遠くに見えたときは、パニックになりました。

エンジンは止まっていて、車は道路の真ん中に投げ出されているのです。路面は凍結しています。対向車のドライバーが気づく前に衝突するでしょう。

車から飛び出して逃げることは考えつかず、ただハザードランプをつけることだけ思いついて、必死で手さぐりしましたが、スイッチボタンが見つかりません。

そのとき、奇跡が起こったのです。

不思議なことに車はするすると後退を始め、右の路肩のガードレールに触れたところで止まりました……その脇《わき》をトラックが猛スピードで通り過ぎていきました。

そのあとのことはあまり関係ありません。

かいつまんでお話しすれば、エンジンがかかったので、二五キロ走ってわが家にたどり着きました。

その日、歯科医に診《み》てもらいましたが、骨折はしていないとのことで、ぐらぐらした歯も二か月くらいすれば元に戻ると言われました。わたしの身にはたいした被害もなくすみ、なんて恵まれていたのだろうと感じたのです。

そんな経験をして不運だったと思うひともいるかもしれません。ただ幸運だっただけだと思うひともいるでしょう。

でも、わたしにはわかっていますし、わかってくれるひともいると知っているのです。

愛をこめて、インガ・クラウス

すると「危機一髪」というのは、ほんとうは「再上演」して新しい結末になったってことなんですね。なんてことだろう。二度めのチャンスですね。成し遂げようとここにやってきたことを完成させる、完了させるチャンスなんですね。

そうだよ。

そして、わたしも以前に三度「死んだ」んですか？

四度だよ。生まれたときのことを忘れないように。

そして、おとなになってからもわたしは戻ったんですか？　人生を生きたあとに？

あなたは、まだまだやりたいことがある、もっともっと経験したい、と言った。子供たちとの関係ももっと良くしたい。愛してくれる女性たちを傷つけるのではなく愛する経験もしたい。それに何より、神と生命についての世界の考え方を変えたい、そう言ったのだよ。

その最後の部分は、愛することを思い出したいというのと、どういう関係があるんですか？

神は誰で何なのか、生命／人生とはほんとうはどんなふうに働くものなのか、それを世界が思い出しさえすれば、人びとは簡単に愛し方を思い出すだろうし、誰もがみんなを無条件に愛するはずだと気づいた、とあなたは言った。

「あちら側」に何があるかを思い出し、「あの世」でいくらかのときを過ごし、「地獄」は――そのほかのすべても――想像の産物にすぎないと気づき、そして何よりも「わたし」に出会ったあとに、あなたは世界があることを理解するのを助けたいと言った。

ただし、まずは自分があることを――経験的に――理解する必要があるのです、とね。

あることって、たとえば何なんですか？

あなたは四九歳、人生のまっただなかでホームレスになった。

人生のパートナーをおおぜい創り出し――そしてそれまでと同じように別れた。

そうしたいきさつを通じてあなたは裏切りについて、自分が他者を裏切る力について、裏切られたときにどう感じるかについて学んだ。それから愛についても少々学んだ。見捨てられることについてはたくさん学んだ。人生そのものに見捨てられることについてだ。

あなたは路頭に迷い、路上生活者になり、一年近くテントを住処《すみか》とした。

あなたは金が無いというのがどういうことかを学んだ。一ドルですら大金と思い、二ドルならひと財産だと思うほどの貧しさだ。

ある日、あなたは自分に与えられるとは思わなかった金を与えた。あるひとに心を動かされて、持っていた小銭を与えたのだ。その日、あなたは真の寛容について学んだ。それに、じつは「もっとたくさんある」ことを学んだ——とても大きなことを思い出したわけだ。

あなたは、宇宙は無限に供給してくれることをふたたび発見した。そしてほどなく金持ちになった。想像もしていなかったほどの金持ちに。

そしてあなたは、神についての世界の考え方を変えることを始めた。

それから人生／生命について。

それにお互いについて。

いま、あなたは子供たちとも良い関係になっている。それに新しい愛し方のはじまりについてまでも、学んでいる——厳しいやり方で、いまも他者を傷つけつつではあるが、少なくとも学んではいる。

あなたは本を書き、それがミリオンセラーになった。あなたはいま世界中を旅行し、おおぜいのひとに語りかけている。テレビやラジオに、それに映画にまで出演している。

そのすべてが、偶然に起こったと思うのかな？

そのすべてが、偶然に起こったと思うのかな？


わたしは……わたしは……。


いいかね、あなたがそのすべてを選んだのだよ。

それにもちろん、あなたは何も学んだわけではない。「学んだ」と言ったのは言葉のあやだ。あなたがそういう言い方をするから、わたしもそう言っただけだ。あなたの語り方で語った。あなたの用語を使った。だがわたしたちはどちらも、あなたが何も「学んだ」わけではないことを知っている。

あなたはただ思い出しただけだ。見捨てられることについて思い出し、寛容について思い出した。愛について思い出そうと一生懸命に努力している。

あなたは「神」について、「生命／人生」について、そのほかについて、思い出せるかぎりのことを意識的な心に取り戻したのだが、どれもつねに知っていたことなのだ。

そのすべてがどこから発していると思う？


どこから発していると思うかって、何のすべてがですか？

あなたがここに書いていることのすべてが。

それは、あなたから発していると考えていたと思います。神から発していると考えていたんじゃないかな。

それはわたしから発している。神から発している。

だが、わたしはあなたと離れたべつのもので、あなたに何かしら、新しいことを語っていると思うのかな？

いいかね、聞きなさい。

わたしはあなたであり、ただあなたにわたしを思い出させているだけだ。

あなたの「神との対話」は場所を創り出し、扉を開き、あなたがつねに知っていたことをあなたに思い出させた。

さて、最後の問題はあなたが思い出しつづけるかどうかではなく、自分が思い出していないかのような行動を続けるかどうか、だね。

やられたな。

しかし、それが問題じゃないか。そうだろう?

34

――「究極の現実」を真に理解するためには、あなたは理性／心の外に出なければならない。

ここで語られていることが、わたしには信じられませんよ。それに読者にだって信じられないと思うな。これを本にしなければいけないんでしょうか？

この対話で語られることはひとつ残らず、すべて忠実に記録する、と言ったのは「あなた」だ。

わたしではない。あなたがそう決意したと言ったのだよ。

わたしは、あなたがこの対話を編集したくなるだろう、と言った。しかしあなたは、そんなことは思いません、と答えた。

そこであなたはあることを思い出す。自分が言った言葉を守るということを思い出しているね。

言ったことを実行するということだ。信頼されるということだ。それがほんとうのあなたなのか？

選択するのはあなただ。

つねに選択するのはあなただよ。

ひゃあ、厳しいなあ。

いいかい、ここでやめてもいいのだよ。ここで終わりにする。なかなかおもしろい本だ。これ以上進まなくてもよろしい。あなたは充分に言うべきことを言った。充分すぎるかもしれない。充分すぎるどころかとんでもないことまで言っていると思うひともいるだろう。ここでパソコンの電源を落として、席を立ちなさい。

いや。わたしたちはまさに突破口にさしかかっているんです。これこそ突破口だ。それもわたしにとって、だけじゃない。この本を読むすべてのひとにとって。それどころか、これが突破口だとは知らないひとにとっても、だ。そうなんです。それがわたしには感じられますよ。

それでは、どこへ向かいたい?

さっきの最後の言葉をもっと深く検討したいと思います。そのあとで、対話の結論を出せるんじゃないでしょうか。

もうひとつ、言っておきたいことがある。もうひとつ、大きな知らせがある。そのあとは結論を出せるだろう。

それじゃ、そういうことにしましょう。そこで、さっきの最後の言葉をわたしが理解したかどうか確認させてください。

あなたは、すべての魂《たましい》は死の瞬間のあと、死そのもののプロセスを振り返る機会を与えられる、とおっしゃった。それはわかりました。あなたがわたしたちをどれほど愛してくださるかを考えても、筋が通っていますよね。

わかってくれてうれしいよ。

神の愛への信頼は、人生の日々を生きるときに役に立つし、死を迎える日にも同じく役立つのだよ。わたしはあなたがたを愛している。あなたがたすべてを深く愛している。

それじゃ教えてください。それはどんなふうに起こるんですか？

もしわたしたちがほんとうに「戻ってくる」としたら、どんなふうになるのでしょう？　みんなが簡単に「蘇生《そせい》」できるような都合のいい死に方をするわけじゃありませんよ。だって戦場で身体を粉々に吹き飛ばされて死ぬひとも、事故で死ぬひともいるじゃないですか？　なまなましい言い方をしてすみませんが、でもそうでしょう。誰もがベッドで安らかに息を引き取り、それから不意に「目を開けて」、医者が「奇跡だ！」と叫ぶってぐあいにはいかないです。

それでは、少し戻ろうか。

前に話したように、「死んだ」あと、あなたは死の最初の二段階を通過する。まず、あなたは自分が身体ではないことに気づく。それから自分の信念にもとづいて経験すると予想したことを経験する。その経験は好きなだけ楽しんでいられる。それから死の第三段階へ進む。この最後の段階で、あなたは「エッセンスとの全面的な溶け合い」を経験し、その経験から分かれて現れ、終わったばかりの物理的な人生を振り返り、あなたの言い方で言うなら「先へ進むか、戻るか」を決定する。

自分の「人生の見直し」をもとに、その決定をするんですね。

そのとおり。自分が何を見たか、あなたが「自分」と考える特定のアイデンティティを担う魂《たましい》として、知って経験したいことがまだあるかをもとにして決める。

言い換えれば、「完了」したと感じるかどうかで決めるのだ。

でも考えたんですが……あなたの言葉をずっと聞いてきましたけれど、あなたは前に、完了していないと感じながら死ぬ者は誰もいない、とおっしゃったと思うんです。あなたは「この物理的な世界に経験するためにやってきたことのすべてを経験できずに死ぬ者は誰もいないよ」とおっしゃった。「完了できない」なんてことはない、と。それが「思い出すこと」の一一だ、死のタイミングと状況はつねに完璧《かんぺき》である、っておっしゃいましたよ。

そう、すべて言ったとおりだよ。

それなのに今度は、死んだあと何かが「完了」していないと感じて、「人生に戻る」ことがある、とおっしゃる。言ってみれば、死の瞬間をもういちど生きて、そして……そして……。

そして……なんだね？

自分が死んだことを抹消するんでしょう？

そのとおりだ。

つまり、死なかったことになる。「死のタイミングと状況はつねに完璧《かんぺき》である」ということだね。この物理的な世界で経験するためにやってきたことのすべてを経験できずに死ぬ者は誰もいない、ということだよ。

そうですね。でもそのひとたちは「死んで」、自分が完了していないとわかり、戻ってきたんでしょう。ということは、完了しないまま死ぬことがある、って証拠じゃないですか。

あなたの考え方はわかった。それではもうひとつ情報をあげよう。

あなたがたが「死」と呼ぶプロセスは、魂《たましい》が「あちら側」へと「境を異にする」までは完了しない。

アップルオレンジの「あちら側」の霊《スピリチュアル》的な領域で、魂は自分のアイデンティティを再確立し、自らを新たに再創造するという楽しい仕事にとりかかる。

だから、誰もこの境界を「越える」までは「死なない」。言い換えれば、あなたがたの死はあなたがたがそれが決定的だと言うまでは決定的にはならない。

「聖なる審問」のときに、まだ完了していないと感じる、いま後にしてきたばかりの物理的人生に戻りたい、と答えれば、そのとおりになるし、それも即座にそうなるだろう。

そうでした。でも、どうしてそうなるかというと、「現実から現実へとジャンプ」するんだとおっしゃいましたよね。魂は代替現実にジャンプするって。そうだとすると、「この」現実にいる魂は完了しないまま死ぬじゃないですか。

そう考えると死ぬほど不安になる、そうじゃないか？

上手にはぐらかしますね。

あまり考えすぎないように気をつけなさい。

いいかな、「究極の現実」を真に理解するためには、あなたは理性／心の外に出なければならない。

しかし、あなたの質問をはぐらかすのはやめよう。

ええ、お願いしますよ。

あなたは、魂は一度に二か所にいることができるか、と聞いたことがあったね。

ええ、聞きました。そしてあなたは、二か所どころか、とてもたくさんの場所にいることができる、とおっしゃった。

そうそう。よく覚えているね。それでは聞きなさい。魂《たましい》が完了していないと感じ、死んでいない代替現実にジャンプすると、その魂は完了しないまま死にはしない。そこまではいいね？

ええ、わかります。でも、もうひとつの現実のほうに残っている魂は……。

——ちょっと待ちなさい。いまその話をするから。

いわば、最初の現実に「残った」魂は、何が起こったかを知らないわけではない。自分自身の一部が代替現実にジャンプし、完了したかったことを完了することを知っている。さらに時間などというものがないことも知っている。だから、自分自身の一部が「戻って」完了しようとしたことを、すでに完了したことも知っている。

だから魂は、「存在する一瞬」「いまという瞬間」にいて、完全に完了したと感じながら、霊《スピリチュアル》的な領域を移動する。


驚いたなあ。あなたは何にでも説明をつけちゃうんですね。


そういうことだ。しかし、そういう細部にこだわって分析しても、あまり役に立たないと言いたいのだよ。それよりも、この対話のもっと大きな原則と主要なメッセージに焦点を絞ったほうがずっとためになるのではないかな。

地上の多くのひとは、細部にとらわれている。彼らは細部までつきつめて、すべてを説明してもらいたがる。

刺しゅうした布を裏返して観察し、糸がどんなふうに刺してあるかを色糸の一本一本までこまかく調べることもできるが、しかしそれでは刺しゅうが描く模様の美しさを楽しめはしないだろう。

べつの見方をしなさい。

「何がなんでもすべての答えを得なければならない」という視点は捨てなさい。

自分自身に全体像を見る機会を与えなさい。

それはきっと気に入る、すばらしいものだよ。

35

あなたがたはこの世界で、聖職者に「任命される」必要はない。
——あなたが生きているということは、
神が聖職者に任命したということだから。

わかりました。それじゃ、ついに「あちら側」に着いたときには、すべての魂《たましい》は「完了している」んですね。それがパズルの最後の一片なんだ。そして、そこでは何がわたしたちに起こるんですか？　わたしたちがする仕事って何なのですか？　どうやってそれをするんですか？

完了したと魂が言えば、「聖なる審問」に「進みます」と答えれば、即座に霊《スピリチュアル》的な領域に移動し、そこで「光」と合体したときに経験したものとして「自分自身を知り」はじめる。

それは「聖なる存在」としての自分自身に気づきはじめるということだ。これはとても早く明確になる。なぜなら霊《スピリチュアル》的な領域では、魂が望むすべてが即座に実現するから。何らかの概念を思い浮かべることとそれを自己として知ることのあいだに「時間差」はない。

霊《スピリチュアル》的な領域では、魂は創造の三つのレベルで同時に創造する。物理的な世界ではめったにないことだがね。

わたしが「死ぬ」と、突然、潜在意識、意識、超意識のレベルで同時に創造しはじめるんですね。

霊《スピリチュアル》的な領域ではそうなる。

たとえ話に戻れば、アップルオレンジの芯《しん》を通過して「あちら側」に移動したとき、だね。光と合体したとき、すべてのレベルの意識が「ひとつ」になり、その単一の意識をもって、あなたは「小部屋」から――「存在の核心」から――離れて、霊《スピリチュアル》的な領域に入る。それと同じく、存在のすべての側面――身体、精神、霊《スピリット》――もひとつになる。さらに創造の三つの道具《ツール》――思考、言葉、行為――もひとつになる。こうしてついに、あなたが「時間」と呼ぶ三つの経験――過去、現在、未来――のすべてがひとつになる。何もかもが統合される。

じつは、「死」とは再統合なのだよ。「死」とは崩壊などではなくて「再」統合だ。すべての三位一体《さんみいったい》がひとつになる。「聖なる三位一体」とも呼ばれるものがひとつになるのだ。

このように、気づきのすべてのレベルですべての創造の道具《ツール》を使っていっぺんに創造するから、あなたの創造は即時的になる。

それじゃ、霊《スピリット》の世界では超絶意識で創造するんですね！

そう。そしてあなたの欲求は即座に、あなたが「知ること」として現れる。〈マスター〉たちは物理的世界でも、このレベルで創造している。その即座に現れる結果が「奇跡」と呼ばれる。

それでは、あちら側ではわたしはほんとうに「天国」にいて、欲求がすべてかなうんですね。

そう。そしてあなたが欲するのは、ほんとうの自分を十全に知ることであり、ほんとうの自分について、つぎにいだく最も壮大なヴァージョンとして自分自身を再創造することだ。

これがすべての生命の欲求だよ。それは成長と呼ばれる。それが進化ということだ。あなたは生きることについて、自分であることについて、神聖な存在であることについて、知りうるすべてを知りたいと願うだろう。だからこの「天国」あるいは霊的《スピリチュアル》な領域にいることは喜び以外の何ものでもない。物理的な領域での生命／人生も同じく、喜び以外の何ものでもない。ただほとんどの魂《たましい》はそれを知らないだけなのだよ。彼らはほんとうの自分を忘れている。

霊的《スピリチュアル》な領域における魂の活動をもっとくわしく説明することは、むずかしい。いまのあなたの意識のレベルには限りがあるからね。

それは「偉大なる知るとき」である。それだけは言える。しかし「知る」だけでは充分ではないときがやってくる。魂はそれ自身についての新しい考えのなかでそれ自身について知っていることを経験したくなる。だがそれは物理的な世界でしかできないとわかる。

それで魂は物理的な存在に戻ってくる。

そう。幸せな喜びに満ちて。あなたの魂は「自分の存在の核心」に戻り、もういちど帰りの旅を始め、「聖なる審問」に答える。

あなたは自分が何を欲しているかを知っているか？　あなたは物理的な存在に戻ることを選ぶか？

その答え／思考／感情がイエスなら、魂はもうひとつの選択をする。同じ物理的な生涯に戻るか、それとも違う物理的存在として戻るか？

魂が戻る先は、地上と決まっているんでしょうか？　それともほかのかたちで、あるいはほかの星や宇宙のほかの場所に物理的存在として戻ることもできるんですか？

この対話で以前、話したように、「時空の回廊」を通るルートはたくさんある――。

『異星の客』（邦訳：東京創元社）のなかで、ロバート・ハインラインはたくさんの「時間／場所」があるって言っていました……。

そうだよ。彼の言うとおりだ。あなたは好きなように選べる。

選んだあと、あなたはもういちど「全面的な溶け合い」へ入る。

そこで生命エネルギーが減衰することによって、「誕生」と呼ぶ経験のなかへ入ることが可能になる。

ありがとうございます。

いままで説明してくださったことに、それからこの対話全部にお礼を申し上げます。

ここでたくさんの「プロセスの説明」が……比喩《ひゆ》や科学やすべての生命に関する形而上《けいじじょう》学的宇宙論や「すべての仕組み」を通じた説明が……行われることはわかっていましたが、同時にすばらしい霊《スピリチュアル》的な洞察や深い理解と気づきが安らぎをもたらしてくれました。

その安らぎがほかの多くのひとたちに……とりわけ愛する者の死に遭《あ》ったひとたちや、自分自身が死に近づいているひとたちに……安らぎをもたらしてくれるよう願っています。

真の神の聖職者には誰にでも——あなたがたは任命されているかどうかにかかわらず、全員が神の聖職者だ——死にゆく者に安らぎをもたらす機会がある。

そうですね。そうは言っても、愛するひとを失って悲しみにくれているひとにどんな言葉をかけたらいいのか、むずかしいですよね。数年前、シェイラという女性から手紙をもらいました。

——親愛なるニール

弟のチャックが数年前に亡くなりました。まだ二七歳でした。以来、わたしは悲嘆から立ち直ることができません。毎日、弟のことを考えます。何を見ても弟を思い出します。もう何もかもどうでもよくなりました。ずっとうつ状態です。助けていただけますか？

ウィスコンシン州にて、シェイラ

こういうひとに、ふつうの人間が何を言えますか？　それが問題なんですよ。だって、誰もが訓練を受けた聖職者じゃないんですからね。ライセンスをもったカウンセラーでもないし。長いこと、ひとを助ける専門職に就いていたわけでもないですし。

そうだね。で、あなたは何と言ったのかな？

神との対話によって知ったことをもとに、できるだけは答えました。こう書いたんです……。

――親愛なるシェイラ

弟さんを亡くされて、悲しみに沈んでいるとのこと、ほんとうにお気の毒に思います。

そこで少しだけお話ししたいことがあります。あなたの心のキャンバスに描かれた記憶を塗り直すのに役に立ち、あなたが見直したとき、いつも悲しくならなくてすむかもしれません。

まず、チャックは死んではいないことをわかってください。死はフィクション、嘘《うそ》で、絶対に起こってはいない。それが第一です。あとの話を理解していただくためには、このことを最高位の真実としてあなた自身のなかに収めておいてください。第二に、チャックは「死んで」はいない、それどころかとても生きいきしていることを受け入れるとしたら、疑問が出てきます。それでは彼はどこにいるのか？　何をしているのか？　そしてもちろん、彼は幸せなのか、と。

最後の質問に最初に答えましょう。チャックはこの地上の人生から移行した瞬間ほど、幸せで楽しかったことはありません。なぜなら、その瞬間に彼はふたたび最大の自由と最大の喜びと最高にすばらしい真実を……彼自身の存在についての真実を、そして「存在するすべてとひとつである」ことを……知ったからです。

その瞬間に、チャックにとって分離は終わった。「ありとあらゆるすべて」との再合一は天地におけるまさに栄光の瞬間でした。それは、ほんとうは祝福すべきときであって、悲しむべきときではないのですが、わたしたちが真に起こったことを充分に理解しておらず、また個人としてとても大きなものを失ったことを考えれば、悲しむのは理解できます。誰にとってもそれは自然な経験です。

その自然な悲しみが（それは自分自身に認めてやるべきでしょう）しばらく続いたあと、なおも悲しみに荒れ果てた場所にとどまるのか、それともより大きな気づきともっと大きな真実に移行するかは、わたしたち自身が選ぶのです……後者を選べば微笑《ほほえ》むことができるようになります……そう、彼の旅立ちについて考えたときにさえ。

その旅立ちがどれほど早く、どれほど突然であっても、神の時刻表のなかでは「早い」とか「突然」ということはなく、すべてが完璧《かんぺき》なタイミングで起こるのですから。

このより大きな気づきへの移行を選べば、わたしたちはチャックの人生を、つまり彼がふれあったすべてのひとに与えた贈り物と、彼の存在という驚異と彼の愛とを、いまも充分に祝福する自由を得ることになります。

それにはまず、チャック自身に完璧な自由を与えることです。

そこで、さっきの三つのうちの最初の疑問がふたたび生じるでしょう。チャックはいまどこにいるのか？「神との対話」の三冊めで明かされたことがあります。神が住まう絶対の世界では、わたしたちはすべての場所にいる、ということ。つまり「ここ」も「あそこ」もなく、あるのはただ「すべての場所」だけなのです。だから人間の言葉で言うなら、一時に複数の場所にいることが可能なのです。わたしたちは二か所にでも、三か所にでも、望めばどこにでもいて、選んだどんな経験でもできます。これが神の性質であり、神の創造物すべての性質なのですから。

それでは、わたしたちはどんな経験を選ぶでしょうか？身体というかたちのなかにいたときと同じように、愛する人びとと共感し、ひとつになることです。それはつまりチャックがいまもあなたを愛している、それも理論的な話ではなくて、ほんとうに現実的な意味で愛しており、その愛は生きつづけて決して死ぬことがない、という意味です。その永遠の不朽《ふきゅう》の愛によってチャックは（チャックであるエッセンスの一部は）あなたのもとへやってきて、あなたへの思いをたずさえ、あなたとともにいるのです。わたしたちを愛しているひとの思いは否定も無視もできない強力な引力となって、その存在を動かすのですから。

あなたがこれをお読みになっているたったいまも、チャックはあなたとともにいます。あなたの心に彼がいるから、彼の一部はたしかにあなたとともにいるのです。静かにじっと感覚を研ぎ澄ませば、彼の存在を、彼を感じとることができる……それどころか彼の声を「聞く」ことができるかもしれません。

これはどこにでも、誰にでも、あてはまることです。だから毎年、遺《のこ》された何千もの人びとが亡くなった愛するひとの「訪れ」を報告するし、精神科医やそのほかの医師、聖職者、あらゆる種類の癒し手《ヒーラー》たちはその報告を耳にすることにすっかり慣れて、疑問にも思わないのです。

たいていは亡きひとのエッセンスが飛んできて、その思いがわたしたちのスペースに愛と共感をあふれさせ、完全にわたしたちとひとつになる、ということが起こります。こうしてひとつになることで、愛するひとのエッセンスはわたしたちが何を感じ、何を経験しているかを完璧《かんぺき》に知って理解することができるのです。

もし、わたしたちが亡きひとについて考えて悲しんだり嘆いたり苦しんだりすれば、亡きひとのエッセンスはわたしたちのその経験を知ります。亡きひとのエッセンスはいま、純粋な愛そのものですから、なんとかわたしたちの悲しみを癒《いや》したいと思うでしょう。そうせずにはいられないのです。

いっぽう、わたしたちが喜びや祝福とともに亡きひとについて考えれば、わたしたちが深く愛した亡きひとのエッセンスはわたしたちの喜びを知り、わたしたちはだいじょうぶだとわかって、つぎの偉大な冒険へと自由に旅立つことができます。でも、ほんとうにだいじょうぶかな、と確認するために戻ってくるかもしれません。わたしたちのことを思うたびに、戻ってくることでしょう。

その訪れは、わたしたちの心のなかで喜ばしいダンス、きらめくすばらしいつながり、短いが輝かしい瞬間、すべてを全《まった》きものとする微笑《ほほえ》みとなるでしょう。それからエッセンスは亡きひとの人生に対するあなたの愛と祝福を思い、あなたとの交流は完成したが決して終わらないことを感じとって、ふたたび飛び去ります。

わたしたちの嘆きと悲しみを癒す手伝いをするプロセスのなかで、愛する亡きひとのエッセンスは、いまは限りない喜びの場におり、生命とあの世への移行のプロセスは完璧だという真実を伝えるメッセージを届けるためにどんなことでもしようとするし、どんな道具《ツール》でも使い、どんな仕掛けでも拝借し、(たぶん、こんな見知らぬ者の手紙をも含めて)可能なかぎりどんな方策でも講じようとするでしょう。

わたしたちが生命とあの世への移行のプロセスの完璧さを祝福できるようになったとき、愛するひとのエッセンスと魂《たましい》もそれを祝福できるようになります。わたしたちも言葉にしがたい驚異であるもっと大きな現実に向けて愛するひとを解放し、わたしたちの人生における愛するひとの存在を、以前の物理的なかたちとしての存在を、この瞬間、そして永遠に称《たた》えることができるのです。

祝福してください。祝福してください！

もう悲しみも、嘆きもいらない。ほんとうは誰にも悲劇は訪れないのですから。微笑みと涙の特別の思い出はあります。その涙はほんとうのわたしたち、ほんとうのチャックという驚異、わたしたちのためにすべてを創り出した神の言葉にならない愛に対する喜びの涙です。

祝福しましょう、シェイラ。あなた自身とチャックに、そして人生であなたがた二人とふれあったすべてのひとに生命の贈り物をあげましょう。悲しみに代わる喜びの贈り物、喪失《そうしつ》の苦しみを超える明るさ、真の感謝、そしてついに訪れる安らぎの贈り物です。

神の恵みは（もちろんそのなかにはチャックの生命といまもあなたとともにいるチャックの存在が含まれているのですが）いまもあなたを包んでいますよ、シェイラ。だから、ほんとうのあなたに戻りましょう。そして微笑みましょう。

チャックだって、それしか望んでいないのですから。

心をこめて、ニール

すばらしい返事だね。シェイラもきっと、とても慰められたことだろう。

そうですね。でも、これは真実ですか？　それともわたしがでっちあげたのですか？

そうだよ。

そうだって、どっちですか？

両方だよ。それはあなたがでっちあげた。だから真実だ。あなたが望めばすべてどうにでもなるのだから。

あなたはずっとそうおっしゃっている。でもわたしは、現実がほんとうにそうだから確かだ、と言ってもらいたいんですよ。

だが、現実がほんとうにそうなのだよ。あなたがそのように創造しているから。あなたが「ほんとうに」そうなのだ。なぜなら、あなたがそのように創造しているから。あなたがべつのことを創造したければ、べつなようになる。

ところで、それはあなたの人生／生命全体について言えることでもある。地上でも天国でも同じだ。

なるほど、ほんとうにわたしが自分の人生とその周辺を自分が選ぶとおりに創造するのだとしたら、「あなた自身がこの世界で聖職者になりなさい」という呼びかけを誰もが真に受け止めることを、わたしは選びます。

二〇〇三年一月に、息子の死でどんなふうに人生が変わったかを教えてくれたジョーン・ベック（これはプライバシーを守るための仮名ですが）のようなひとたちに、とても感銘を受けるからです。

ジョーンの長男のジェイソンは一八歳の高校生でしたが、水泳教室の初日に水死するという悲劇にあったのです。息子の死はジョーンとその家族、そしてコミュニティの人びとにとても大きな衝撃を与えました。

ジョーンは、自分の嘆きがどれほど具体的に感じられるかたちで癒《いや》されるか、それまでは気づかなかったと言います。

ジェイソンの死からほんの二日後に、彼女は息子がそばにいると感じました。息子がそばにいてくれなかったら、あのつらい経験を乗り越えることはとてもできなかった、と言うのです。

息子と霊的《スピリチュアル》につながっているという経験が、ジェイソンの死の奥にある意味を理解する旅のきっかけになりました。

父親が統一メソジスト教会の牧師だったので、ジョーンは神が存在することを信じていましたが、自分の人生の責任は自分でとるべきだと思っていました。しかし、なぜ最愛の息子が死ななければならなかったのか、どうしてもわからなかったのです。ジョーンは良い母親で、子供たちには正邪のべつをきちんと教えていたのですから。

ジェイソンはこの世を去ったあと、答えを求める母親のパートナーとしてとどまってくれた、とジョーンは言います。当人が真実に抵抗するときにさえ、ジェイソンは彼女を導きました。

ジェイソンがジョーンの人生で果たした役割を示す例のひとつは、彼女が体操教師を赦《ゆる》せたことでしょう。

ジョーンはそれまでその体操教師とめったに会わなかったのに、ジェイソンの死後、しじゅう出会うようになりました。ジェイソンはジョーンに、体操教師を赦すことが彼女のとるべき道だと気づかせたのです。彼女はそれで怒りの感情から解放されました。ひとによっては頭がおかしいと思うかもしれないと考えつつも、彼女は新しい生き方を見いだせた事実に慰めを得たのです。

ジョーンがこの体験を語ってくれたとき、わたしは感動し、感謝しました。そして、こんな手紙を書きました……。

——ジョーンへ

ジェイソンが亡くなったとき、あなたがどれほどつらかったか、よくわかります。ジェイソンがあなたとのつながりを維持する方法を見つけて、あなたがすべてに対処できるように手助けをしてくれて……そしてもっともっと大きな真実に導いてくれて……ほんとうに良かったですね。

いまははっきりと感じるのですが、それが最初からジェイソンの目的だったのでしょう。

わたしたちはみな、理由と目的があってほかのひとの人生とかかわります。そしてほとんどの場合、それはあるレベルの霊《スピリチュアル》的な成長に関係しています。あなたもそれと同じ理由で、その体操教師の人生にかかわったのです。

息子さんの事故であなたはとても苦しい思いをなさいましたが、たぶんその教師も同じように苦しかったでしょう。それを外には見せなくても、心のなかでは打ちのめされていたに違いありません。

彼の目の前で事故は起こったのですから。そのことを決して忘れられないでしょうし、その事実を変えることもできません。彼はこれから何年も夜になると思い出しては泣くに違いないと思います。

そこで、あなたが心のなかで彼を赦すだけでなく、じかに話をして人間としての愛を分かち合い、（くり返しますが、たとえ外には見せていなくとも）彼の気持ちはよくわかっていると伝えてください。

そしてあなたが彼を「赦す」のではない（それでは、彼が「悪事」をして「罪を犯した」けれど、あなたはその罪を「免除」してやるように聞こえます）、彼を赦さなければならないとは思わない、なぜなら彼が善人であること、決して悪意があってわざとしたのではないことがわかっているし、悲劇ではあるが起こったことはどうしようもないのだから、と伝えていただきたいと思うのです。そうした事故については、誰にも「責任」はないのだと。

そのことが自分にはよくわかっているし、あなたもわたしと同じように、ほかのひとの人生に喜びと愛と笑いと幸福を与えたい、与えられるという気構えで生きていってほしいと彼に言ってください。

そうなんです。

そしてジェイソンは、彼とおおぜいの若者たちとのふれあいはとても重要で意義のあるものだから、彼がその若者たちのことを、いつも忘れないでほしいと思っているでしょう。それに彼の教師としての人生はまだまだ続くのですから、と伝えてください。

過ちを犯し、それでも生きていく方法を学べば、悲劇は祝福に、すべての人類への癒《いや》しになります。

わたしたちはみな人生で過ちを犯すものですし、誰もが生身の人間で、誰もが世界に愛をもたらす力をもっていて、その気になれば愛を与えられるのですから。

そういうことを彼に話してください。

彼の傷も癒されなければなりません。そしてあなたは彼を助けるうえでいちばん大きな力をもっているひとりなのですから。そうでしょう?

愛をこめて、ニール

そう、その話はジョーンが真の聖職者になれることを示している。

あなたがたはこの世界で、聖職者に「任命される」必要はない。あなたが生きているということは、神が聖職者に任命したということだから。

あなたがたはたったいま聖職者になれるし——聖職者である。見る目さえあれば、毎日、新しい誰かに癒しと愛をもたらす聖職者になるチャンスが見つかるだろう。

死にかけているひとには何と言えばいいのですか？

いままで、それはとてもむずかしい仕事でした。たぶん、誰でもそうでしょう。死にかけているひとにどんな慰めを与えることができるんでしょうか？

もしそのひとたちが、「天国に入れてもらう」ためには赦《ゆる》しが必要だと信じていたら、赦しを与えなさい——そして神も赦してくださっていると言いなさい。

もし、そのひとたちが、死後すぐに神と愛する人びとの腕に抱きとられると信じていたら、そのとおりだと保証しなさい——そして神も保証してくださっていると言いなさい。

もし、そのひとたちが、死後の世界なんかないと信じていたら、違う考え方を教えてあげなさい——そして神もそう教えてくださっていると言いなさい。

神は、人生のさまざまな出来事を通じて、さまざまなたくさんの機会に、さまざまなたくさんの声を通して、真に聞く耳をもつひとたちにそう語っている。

あなたと人類のすべてにとって、この対話もそのような出来事のひとつだ。

だから、死にゆくひとのための祈りをここに記してみてはどうかな。

――あなたが理解するとおりの神がいま、この時間、この瞬間にあなたとともにいます。神を理解していなくてもかまいません。それでも神はここに、この場所に、いまのあなたのそばにおられ、あなたの魂《たましい》にささやきかけているからです。

「あなたが、神へ帰る――つまり『神とともにあるわが家』に戻る用意ができたときには、いつでもあなたを歓迎するよ」と。

どんな理由、どんな原因があっても、あなたが拒絶されることはありません。あなたが拒絶される理由や原因があると信じているとしても、神は――あなたがそう望めば――この瞬間に、その理由や原因を無効にしてくださいます。神は――あなたがそう望めば――この瞬間にその理由や原因を消してくださいます。神は――あなたがそう望めば――この瞬間にすべての道は明白で、すべての道はまっすぐだと示してくださり、「『神とともにわが家にある』ことを選んだわが愛する者のために道は開かれる」と言ってくださいます。

この祈りは、あなたがすばらしい驚異に満ちた、かつてなかった最も喜ばしい旅を始めるとき、宇宙のすばらしい子供であるあなたに与えられる。

かつて知ったなかで最高の幸せへの旅、かつて経験したなかで最も壮大な経験への旅だ。

さあ、輝かしいことがらを夢見なさい。

すべての苦痛が消え、時間が盗み去ったすべてがふたたび返されることを夢見なさい。

もういちど、愛するひとたちに――あなたより先に去ったひとたちと後に去るひとたちに――会うことを夢見なさい。

あなたがここから去ったとき、以前亡くなっていつまでも心のなかに残っていたひとたちときっと再会できることを知っておきなさい。

それからあとに遺《のこ》していくひとたちのことも心配しなくていい。永劫《えいごう》のなかで、それにいまの瞬間にさえ、そのひとたちとも何度も再会し、何度も愛するから。

なぜなら愛があるところに別離はないし、「いま」しかないところでは待つこともないから。

だから先に待っていることへの喜ばしい期待に微笑《ほほえ》みかけなさい。あなたのために贈り物が用意されていて、あなたが「わが家」に戻るのを神が待って迎えてくれるから。

いまもいつまでも、平和と喜びと愛、それがあなたであり、あなたのものである。

いつまでもいつまでも、永遠に。

――アーメン。

36

あなたの祖先があなたとともに歩む。
——あなたの子孫があなたの傍らに立ち、
彼らのためのあなたの決定を見守る。

ほんとうにすばらしい祈りをありがとうございます。親愛なる神よ。この祈りが死の瞬間に役立つと感じ、安らぎと慰めと希望と理解をもたらしてくれると感じて、全世界のあらゆる場所の人びとがこの祈りを活用してくれますように。

でも、ちょっと待っていただきたいんです。もうちょっとだけ、理解しておきたいことがあります。

わたしはあなたの言葉を正しく理解したんだろうか？　わたしたちは後に遺《のこ》していく愛するひとたちに、「それにいまの瞬間にさえ」再会する、とおっしゃいましたが、あれはどういう意味ですか？

この対話の前のほうで、アンドリュー・パーカーの妻ピップについて話していたとき、あなたが彼女について質問したのを覚えているかな？

ええ。彼女はあんなに若いうちに、ガンになることを望んだのか、と聞きました。

ほんとうに彼女が自由意思で、あんなに若いうちに死んでこの世を去ることを選んだのだろうか、って。夫や子供たち、家族にしてみれば、そんなことはとても受け入れられないだろうと言いましたよ。みんなとても悲しがって、どうしてピップはこんなふうにぼくたちを遺して逝《い》ってしまいたかったのか、とたずねるだろうって。

そのとき、わたしが何と答えたかを覚えているかな？

ええ。あなたは「その答えを聞いたら、あなたは衝撃を受けるだろうな」とおっしゃった。

わたしは思い出すことを二つ、対話の最後までとっておいた。「思い出すこと」のなかでも最も喜ばしく、最も驚異的なものをね。

そのひとつはこうだ——。

●思い出すこと——その一七

死んだら、あなたがたは愛するひとすべてに迎えられるだろう。
あなたより前に死んだひとと、あなたより後に死ぬひとたちに。

あなたが物理的な世界への愛着を捨てたとき、そのひとたちの魂《たましい》があなたを慰めて、霊的《スピリチュアル》な領域へと優しく導いてくれる。あなたは決して、絶対に、孤独ではないし、いまもいままでも、決して孤独ではない。

それを聞いて、とってもうれしいですよ。「孤独な」旅をするのがいちばん怖いんです。

本来の性質からして、あなたは決して孤独ではないし、孤独ではありえない。あなたは個人ではなく、「すべて」の個別化なのだから。あなたは「生きとし生けるものすべて」の一部であり、あなたの経験に、生きとし生けるものであるわたしたちすべてが投資しているのだから。

あなたの祖先があなたとともに歩む。あなたの子孫があなたの傍らに立ち、彼らのためのあなたの決定を見守る。わたしたちすべてがいつもあなたとともにいて、あなたはわたしたちとともにいる。

わたしたちがいることを「知る」には、信じさえすればいい。

でも、そこが理解できないんです。さっきの「思い出すこと」がわからないんですよ。わたしが死の床《とこ》で目を閉じ、「あの世」でふたたび目を開いたとき、わたしが愛したひとたち全員が……後に遺《のこ》してきたばかりのひとたちを含めて……そこにいるとおっしゃるんですか?

あなたがいてほしいと思えば、いるだろう。あなたがいるはずだと信じれば、どうかいてくれるようにと願えば、みんながそばにいることに気づくだろう。

でも……いいですか、前にも言いましたけど、あなたは何度も、わたしが「境界を越えた」とき、わたしより「先に」旅立ったひとたちの魂《たましい》がそこで待っていてくれるだろうとおっしゃった。この対話の前のほうで、そうおっしゃいましたよね。でも、「いま」一緒に生きているひとたち、わたしが死ぬときも生きているひとたちが、向こうで出迎えてくれるなんて話は聞いたことがありませんよ。どうして、そんなことがありえるんですか?

それが「究極の現実」の驚異だからだ。物理的な世界にとどまって時間という幻想をもちつづけているひとたちには長い時間として経験されるかもしれないが、あなたがたは「いまという瞬間」に再会するのだよ。

だけど……彼らが死ぬとき、わたしが待っていてやるんだと思っていたんだけどな。

つまり、わたしが「彼らに」先立った愛するひとだとしたら、彼らが死んだとき、わたしが待っているんじゃないですか？

そうだよ。あなたは出迎えただろうし――出迎えるだろうね。

まいったな。すみませんが、わけがわからなくなりましたよ。「彼ら」が境界を越えたときに、わたしが待っているとしたら、そしてわたしが境界を越えたとき、もう彼らが向こうにいるとしたら、どうやって……いったいどんな順序になるんですか？

あなたがたは物理的な人生／生命の終わりに、連続同時に互いに出迎えるんだよ。

しかし、ものごとが連続的であり同時的なら、わたしはどっちを経験するんですか？そのことは一度も説明してくださってませんよね。わたしはひとつのことのつぎにべつのことを経験するんですか。それとも、すべてをいっぺんに経験するんでしょうか？

どちらでも、あなたが選ぶほうで経験する。あなたは「壁画」の個々の絵を見ることもできるし、後ろに下がって全体を一度に見ることもできる。要は、視点の問題だ。あなたは自分に役立つどんな視点でも選ぶことができる。楽しいと思うどんな視点をとってもいいんだよ。

それって、ものすごいことですよ。だってわたしの人生/生命が終わるときには、すべてのひとの生命/人生も終わるみたいじゃないですか。わたしが死ぬとき、すべてのひとが死ぬ。そんなの公平だとは思えないな。

べつに不公平なことはないさ。不当とか不公平ということは「究極の現実」ではありえない。

いまあなたが愛しているひとたちが死ぬのは何年も先かもしれないが、その年月は「無時間」の場では、一瞬よりさらに短く圧縮される。あなたが壁画から遠ざかって全体像を見渡せば、「あっという間もなく」「あの世」で彼らと再会する経験ができるだろう。

だからあなたが境界を越えたとき、「あの世」で愛するひとたちが——愛するひとたちのすべてが——そこにいると信じれば、どうかいてくれるようにと願えば、みんながそばにいることに気づくだろう、と言ったのだ。信念が視点を創造し、希望が最悪の創造からあなたを遠ざけ、もっと大きな図を見られるようにしてくれる。

すごい。それって、まったく新しい神学ですよ。まったく……驚くべき神学だ。そんなことはどこでも聞いたことがありません。まるで想像もつかなかったなあ。

それが「神の王国」の完璧《かんぺき》な説明だ。

いいかな。あなたは旅をともにしたことのあるすべての魂《たましい》、いまともに旅をしているすべての魂、そして将来旅をともにする、すべての魂と一緒になるだろう。

わたしの将来のパートナーたちもそこにいるんですか？

そう、あなたがそう望めばそこにいるよ。

あなたが選ばないことは何も起こらない。思い出してごらん。「天国」とはあなたの望みがかなうところだ。「地獄」では望まない目にあう。この二つの言葉をめぐってたくさんの神学が生み出されたが、結局のところはこれに尽きる。そして「地獄」は、あなたが自ら創造しなければ存在すらしない――ということは、やっぱりあなたの望みがかなうということだ！　あなたが自分の地獄を創造するのであれば、それを望まなくなった瞬間に消えうせる。

すると、じつは存在するのは天国だけだってことですね。

そのとおり。それがあなたの神学のすべてだ。存在するのは天国だけである。

37

――今日の出来事を使って、明日の約束を創造しなさい。

お話を聞いて、ほんとうにぞくぞくしましたよ！

でも……わたしの「考え」すぎかもしれないんですが、でも……もしわたしが未来の人生でかかわるひとたちの魂《たましい》とこの天国で一緒になるのだとしたら、わたしはあらゆる生涯を……この生涯を含めて……かつて知っていた魂と……時間に先立って……ともに過ごすことになりませんか。

そうだよ。そのとおりだ。誰かと出会ったとき、ああ、このひとは前から知っていると感じたことはないかな？

そりゃ、よくありま……まさか、それじゃ、そういうことなんですか？

美しいわが子よ、これは驚異と栄光のほんの手はじめだよ。シェイクスピアがいみじくも「ホレーショよ、おまえの哲学では想像もつかないことが天にも地にももっともっとあるのだよ」と言ったとおりだ。

以前、わたしの「王国」にはたくさんの邸宅があると言わなかったかな？　汝《なんじ》は「神」である、と言わなかったかな？

いいかね、あなたがた古代の魂はみな一緒になる。あなたがたはみな、ふたたび会って愛し合う。

すべてがもういちど、そしてつねに「再創造の聖なる輪」に加わるのだ。

そして、あなたのすべての生涯の魂のパートナーがあなたを取り囲み、「聖なる審問」に答えるあなたに愛を注ぐ。

いまあなたは進むことを望むか？　「神性」についての現在の経験を完了させるか？

なんという信じがたい啓示だろう！

ああ、わが驚異、わが子、見事なわが創造物よ。

まだまだ、こんなものではない。これから示してあげることにくらべれば、こんなことはまったく色あせる。

あなたがこの生命から離れたとき、最初に見るのは輝かしいあなた自身だ。本来、創造されたとおりのあなたを、あなた自身の愛という鏡のなかに見せてあげよう。

あなたは天国でふたたび――それ以前もできるときにはそうしただろうが――あなた自身

を愛するだろう。

そしてあなたはふたたび全《まつた》き存在になり、ふたたび若くなり、最も盛りだったときの元気と精神《スピリット》で霊《スピリチュアル》的な領域へと入っていくだろう。

あなたはこの世で若者だったころのように自分自身を経験するだろう。

それはまったく時間がたっていないかのような経験だろう――そのとおり、時はまったく過ぎてはいないのだ。


ここで最後の質問をしなくてはなりません……この対話全体を通じて、いままではなぜかふれなかったことなんです。子供たちの死はどうなんですか？　子供たちもこれまで話してきたのと同じ体験をするんでしょうか？


そう、非常に穏やかなやり方でね。

子供たちにとって死は、とても優しい。死んでゆくとき、その先に起こることについてさまざまな否定的な思いこみをいだいている子供はめったにいないからだ。

子供たちは純粋だ。霊《スピリチュアル》的な領域から来たばかりだ。まだ「存在の核心」からそう遠く離れていない。「エッセンス」から分かれて現れたばかりだ。だから幼い子供たちは死の最初の各段階をすみやかに通り過ぎ、ほとんど瞬時に「エッセンスとの合体」に戻っていく。

でも、そこから分かれて現れ、「聖なる審問」の瞬間を体験するとき、子供たちは幼い子供として、というか身体を離れたときの年齢の子供として、旅を続けるのでしょうか？

子供たちには「最大の自由な選択」の瞬間が与えられる――すべての魂《たましい》が霊《スピリチュアル》的な領域に入る前にぶつかるのと同じ選択だ。子供たちは、直前の物理的な人生／生命での経験を離れたときのアイデンティティを保ったままで先へ進むかもしれないし、新しいアイデンティティを創造するかもしれない。すべての魂がこの選択をする。

「あの世」では子供たちは「成長する」と言うべきだろうね。つまり子供たちは起こっていることも「究極の現実」も充分に認識し、充分に意識している。自分がなぜ地上に来たのか、なぜそんなに早く地上を離れたのかも知っている。どんなかたちであれ、選んだことを全部完了したと感じれば、子供たちは先へ進むだろう。完了したと感じなければ、ほかの魂と同じように「人生に戻る」機会を与えられる。そのプロセスは、物理的世界から離れたときの身体がどんな年齢であっても、どの魂にとっても同じだ。

だが、とても幼くして死んだ子供たちの課題《アジェンダ》については、もう少し言っておくことがある。

どうぞ、聞かせてください。ぜひ知りたいですよ。

身体に入ってからごく短期間に身体を離れた魂――生まれたときやごく幼いころに死んだ子供たち――は、必ずとても高いレベルでほかのひとの課題《アジェンダ》に仕えるためにそうしている。

すべての魂は個々の課題に役立たせるために物理的な世界にやってくるが、その課題がじつは当人とはほとんど関係がなくて、すべてが他者の課題にかかわっていることがある。たとえば神の化身や〈マスター〉として戻ってくる魂は、そのような者として自らを経験する喜びのために戻ってくるし、そのためのいちばん良い方法は、もっぱら他者の課題に仕えることだと知っている。

この場合の他者の課題《アジェンダ》とは、そのひとたちが「ほんとうの自分」を思い出し、あるレベルでそれを経験することかもしれない。

神の化身や〈マスター〉は、自分の人生／生命を通じてその課題に仕える。

同じように、べつの方法で他者の課題に仕える喜びを経験するために地上にやってくる魂《たましい》もたくさんある。場合によっては、彼らはそのためにすぐに地上から去らなければならない。だが、それはその魂にとっては決して悲劇ではない。彼らは早々に立ち去ることに同意している。

つまり、わたしたちはほかの魂と協定を結んでいるということですか？　いわば「契約」しているってこと？

そう。思い出してごらん。
わたしは、あなたが死んだときには、あなたがかつて愛したすべての魂があなたを待っているだろう、と言った。そのなかにはあなたに先立ったひとの魂もあるし、あなたの後に旅立つひとの魂もある。あなたは「境界を越えた」ときに「目」を開き、全員がそこにいることに気づくだろう――彼らもまた、境界を越えたときにあなたがそこにいることに気づくように。
あなたがたすべてが「存在する唯一の瞬間」に、お互いのためにそこに存在するだろう。

わたしたちは同じとき／場所で出会うんですね。

そのとおり。

そしてあなたがたは、それぞれが「ほんとうの自分自身」を知って体験するために共同で創造したすべてを、喜びのうちに祝福するだろう。それからあなたがたはつぎの連続同時の表現のためにそれぞれが何をするか、互いに「契約」というか――協定を結ぶ。つねにそうであるように、あなたはこのつぎの表現が連続的に起こるかのような経験を選ぶだろう――そしてつねにそうであるように、それは同時に起こるだろう。

さて、あなたは少し前に天使について、天使は物理的なかたちで地上に戻るだろうか、とたずねた。

わたしの答えを覚えているかな。

もちろんです。あなたはそのとおり、いつでも戻っている、とおっしゃった。

ここでは、ごく幼くして死んだ子供たちの話をしているね。

彼らは天使なんですか？

他者の課題《アジェンダ》に仕えるために身体に宿った魂はすべて天使だ――そして、ごく幼くして死んだ子供はすべて、他者に贈り物を与えるためにそうしている。両親やそのほかの人びとは、その贈り物をすぐには理解できないかもしれない。当然ながら、深い悲しみに沈んでいるからね。だが約束するが、時がたって癒《いや》されれば、その贈り物が見えてくるし、受けとれるし――天使としか形容しようのない――いとし子の仕事は完成するだろう。

そのお言葉は、とても大きな癒しの力をもっていますね。とても優しい癒されるお言葉です。

ただの言葉ではないよ。そういうものなのだ。ものごとのありのままだ。それが事実なのだよ。

それを知ったことを、それに神との対話で語られたすべてを知ったことを、とても感謝しています。この対話はわたしの人生を変えてくれましたし、全世界のたくさんのひとの人生に影響を与えたと思います。何と言えばいいのかわかりません。これがわたしたちの最後の対話だということは、わかっていますから……。

公表される最後の対話だね。

わたしはつねに、あなたとともにいる——つねに。

あなたの愛するひとたちが、つねにあなたとともにいるように。

彼らはいまもあなたのそばにいる。物理的なかたちをもっている者もいれば、霊《スピリチュアル》的な導き手や天使もいる。

だが、ほんとうはみな天使だ。あなたが対立相手だと思っているひと、敵だと想像しているひとたちでさえそうなのだよ。

すべて神聖な理由と神聖な目的があって、あなたの世界に現れている。

あなたが「ほんとうの自分」を知って、選び、表現し、経験し、そして余すところのない存在になること——それが目的だ。

だから、このことを知っておきなさい。

この地球における人生／生命はあなたの最大の宝物であり、あなたが自分自身についてつぎの最も栄光ある決断をすることができる場としてあなたのために創造された。

また、その選択をするあなたを助けるために、わたしが天使以外の何ものも送りはしなかったことも、知っておきなさい。

そのことは前にもおっしゃいました。でも、いまやっとわかりましたよ。

わたしの人生はめちゃくちゃでした。わたしは誰かのせいにしたかった。世界はいま崩壊に近づいていますし、わたしはそれも誰かのせいにしたかったんです。

だがわたしは、批判するな、非難するな、と言わなかったかな？

だから闇《やみ》をののしらず、闇を照らす光となりなさい。起こることはみな、想像するなかでも最高にすばらしい世界と経験に導く道を開くのだから。

今日の出来事を使って、明日の約束を創造し、「いま」の経験を使って、「永遠」の驚異を生み出しなさい。

これを締めくくりとして、公表されるわたしたちの対話を終わろう。

あなたは前に対話のなかで、自分は成し遂げるべきことをまだ成し遂げていないと言った。だが、いまそれは成し遂げられた。ほとんどね。あとはいかに愛するかを思い出すだけでいい。

少しだけでなく、完全に。自分の利益になるときだけでなく、無私無欲に。

いまのあなたはそれに集中するだけで充分だから、この公的な対話は終わらせることにしよう。

あなたは生命のすべてと死後の生命のすべてについての宇宙論に関する最後の情報によって、人類すべてのためのこの対話を完了させせた。それで充分だ。

あなたはこのプロセスに人生の一〇年以上を費やした。もう充分だ。あなたは「神」について、「生命／人生」について、世界の考え方を変えた。それで充分だ。

はい。でも世界のすべてではないですよ。全世界ではありません。

全世界が変わったよ。約束する。

『新しき啓示』と『明日の神』はあらゆる場所のひとたちに受け入れられ、あなたの仕事とあなたと同じようなほかのおおぜいのひとたちの——教師や作家や講演者や歌手や癒し手《ヒーラー》や聖職者や動く壁画の語り手や、真実不変の愛で子供たちを抱くママとパパや、ブドウ園の労働者や、地上の人生のあり方を変えることに献身するすべてのメッセンジャーたちの——仕事のおかげで、全世界が驚くべき変容を始めている。

やがて、その変容が完了するだろう。

「時間／無時間」のなかでは、それはすでに達成されている。

それがあなたの意志であり、わたしの意志だから。そして、このわたしたちの創造物である世界で、わたしたちの意志は実現するのだから。

驚いたかな？

驚くべき瞬間とは、あなたが最初に霊《スピリチュアル》的な領域に入り、自分が思考のスピードで何でも創造できることを知る瞬間だろうね。

そしてあなたは、自分が選んだとおりに、連続的あるいは同時的に創造していると知るだろう。

そう、それはなんと驚くべきことだろうか！

しかし、最大の驚きと最大の驚異はまだ先にある。

あなたが自分自身を新たに再創造することを選んだとき、愛するひとたちの魂《たましい》に囲まれて、ほんとうの自分の驚異と栄光をどんなふうに経験したいかを決断したとき、その選択の瞬間に初めて、つぎの思い出すことに向かって、あなたの気づきの総体が開かれる——。

●思い出すこと——その一八

自由な選択は純粋な創造行為であり、神の署名であり、あなたの贈り物であり、あなたの栄光であり、永劫《えいごう》のあなたの力である。

あなたはその力を霊《スピリチュアル》的な領域と物理的な世界の両方で行使するだろう。

あなたの思考によって、言葉によって、行為によって、その力を行使するだろう。

あなたはいま、この瞬間にもそうしている。

したがって、この「いま／いつも」という栄光のときに、あなたは「ほんとうの自分」についてつぎにいだく最も壮大なヴァージョンとして「自分自身」を再創造している。

最後に、このことを知っておきなさい。

あなたが何を選び、どこにいようとも、あなたはつねに、瞬時に——。

神へ帰り、「神とともにわが家に」いることができる。


そのとおりになりますように。

おわりに

親愛なる、すばらしい友人のみなさん……。

ここまで旅をともにしてくださって、ほんとうにありがとう。深い感謝の念でいっぱいです。

なぜ、これほど深い感謝の念をいだくか。この長い期間、「神」と「生命／人生」に関する新しい姿勢や考え方に対して心を開き、この対話とつきあってくださるには、並々ならぬ勇気と意志が必要だったことがよくわかるからです。また、いまはみなさんも理解してくださったに違いないと思うからです。みなさんも思い出してくださったに違いない。みなさんも「ほんとうの自分」を知ってくださったに違いない。そして、それによって世界が変わる可能性があるからです。

一〇年以上前、最初に「神との対話」を始めたとき、わたしはとても孤独でした。それでも、この「神との対話」シリーズという並はずれた本に含まれるメッセージを決して自分だけのものにしてはならないと知っていました。このメッセージは世界全体に向けられた、世界全体を変えるためのものでした。わたしたちがこの先も美しい地球で冒険を続け、これまでよりもっと良い人生を楽しもうと思うなら、いますぐ世界に多少なりとも変化が起こらなくてはならないでしょう。

わたしたちはこれまでの路線では行き着くところまで行き着いてしまいました。せっかく長い進化の過程で築き上げてきたすべてが分解しかかっています。周囲を見まわせば、あらゆるところで崩壊が始まっていることがわかるでしょう。

しかし、まだ賽《さい》は投げられていないし、わたしたちの将来の運命も決まったわけではありません。それどころか、明日への入り口に立ったわたしたち人類の前には、明白な二つの可能性が選択肢として開かれています。

わたしたちは量子的飛躍を遂げて、贈られた集団としての生命/人生を輝かしく表現し、真に高度に進化した存在になるのか？　それとも大幅に後退して貧相なはじまりにまで戻り、もういちど洞穴に住む石器時代のひと並みの精神で最も原始的な優先順位にしたがって生きるのか？

これがいま人類につきつけられた問いです。

わたしはごく若いころから、この人類の問いが大きくのしかかるのを見つめてきました。そして当時から、この緊急の問題の解決策は目の前にある、わたしたちが人生/生命に関する基本的な考え方を変えさえすればいいはずだと感じてきました。一〇年にわたる「神との対話」の終わりにあたって、わたしはその思いをさらに強くしています。

しかし、人生／生命に関する人びとの基本的な考え方を変えることはそう簡単ではないこと、また、ひとりでできるはずもないこともよくわかっているのです。そのためには明日を創造しようという呼びかけを聞いているすべての人びとが一致協力して努力する必要があるでしょう。あなたがそのひとりであるかどうかは、ご自身がよくおわかりのはずです。

そしてあなたもそのひとりであるなら、「およそ一〇年にわたる神との対話」の終わりを「世紀の変化」のはじまりにするために努力しようと思ってくださるに違いありません。人類の未来を確かなものにするには一〇〇年くらい――わたしやあなたの生涯の残り全部と、さらにまだ何十年かが――かかるかもしれません。それでも宇宙的な時間のなかではほんの一瞬でしょうが。人類にとっては息の長い仕事です。だからすぐに始めたほうがいい。その仕事を始めるにはどんなに早くても決して早すぎはしないことは、ほんのちょっとまわりを見まわせばよくおわかりのはずです。

わたしたちの使命は（その使命を受け入れることを選ぶなら）、世界そのものに関する世界の考え方を変えることです。

そのためにはわたしたちの「文化的な物語」を変えなくてはなりません。自分自身について、人生／生命について、わたしたちがなぜこの地球に生まれたのかについて、そして神が何を望んでいるかについて、自分に語りつづける内容を変える必要があるのです。さらに子供たちにも、人間であるとはどういうことかを新しい方法で教えなくてはなりません。そのためにはまず、自分自身を再教育することから始めなくてはならないのです。

もちろん、みなさんはこのことをよくご存じです。心の奥底では何もかもすでに承知していらっしゃる。だからこそ、この本を手にとられたのです。

偶然だ、たまたまだと思われるかもしれませんが、しかしもちろんそうじゃないし、もうみなさんもそれはおわかりでしょう。

あなたはこの「神性」との対話に自分自身を開いて、神との対話に参加した。それはあなたという存在のいちばん深い部分でつねに理解していたことを思い出すため——そしてほかのすべてのひとたちにも同じことを思い出してもらう力になれる言葉を獲得し、つくり上げるためでした。

だからこそ、この「神との対話」シリーズという出来事がわたしに起こり、みなさんに起こったのです。

そこで、いまこそ、ほんとうの仕事が始まります。みなさんはそのなかで大切な役割を担っている。あなたの人生がこの先、四週間でも、四か月でも、四年でも、四〇年でも同じです。

死にごく近いひとたちでさえ——むしろ、そのひとたちこそ——できる仕事があります。

その気になれば、自らの死に方によって周囲のすべてのひとたちに、そしてそのひとたちの世界に、深い影響を及ぼすメッセージを分かち合うことができるのです。それが本書の主要なポイントのひとつです。「死は創造の行為である」、この最後の対話はそう語っています。

同じく、いまの物理的なかたちでしばらく生きつづけていくひとたちも、すべての魂《たましい》がほんとうの自分を思い出し、なぜこの地上に生まれてきたかを思い出すプロセスに多くの貢献ができます。ほんとうの自分を知って経験するためにこの地上に生まれてきたわたしたちは、同じくほんとうの自分を知って経験するほかのひとたちを助けることで、そのプロセスを加速することができるのです。

これが「生命／人生の偉大なる秘密」です。「神とともにあるわが家」への帰路にあるわたしたちにとって、これが最も重要な曲がり角です。

この仕事をするための方法はたくさんありますが、この最後の対話の本を終える前に、あなたの人生と世界を変えるすばらしい方法をひとつ提案させていただきましょう。しかしその前に、「新しい霊性《スピリチュアリティ》」のすばらしいエネルギーを個人的に体験するうえで、すぐにできることと簡単に手に入るリソースについてお話しいたします。

みなさんは恐怖と分離、怒りと暴力の古いパラダイムから人類を解放して、もっと平和で楽しい生命／人生の表現へと移行させる「新しい霊性《スピリチュアリティ》」についてともに考え方を深めるグループを結成したいと思われるかもしれません。

それならば「神とともにあるわが家」の勉強会を始めませんか。月に二、三度、誰かの家に集まって話しあう少人数のグループをつくれば、日常の暮らしのなかで新しい行動を生み出す新しい信念にもとづいた新しい「文化的な物語」を書くうえでとても役に立つでしょう（「神とともにあるわが家」勉強会についてくわしいことを知りたい方は、わたしのホームページにアクセスしてください）。
◎ホームページ：http：//www.nealedonaldwalsch.com
そういう方法が世界を変えるのです。どうか信じてください。

世界中の「小部屋（細胞）」に定期的に集まるほんのひと握りのひとたちが、すでに人びとの日常生活に深い影響を与え、世界を変えています。残る問題はそうやって集まる穏やかなひとたちが世界を変えることができるかどうかではなく、どんなふうに世界を変えたいか、ということです。

ところで、わたしはどこへ行ってもよくこんなふうに聞かれます。

「神との対話」のメッセージを子供たちに伝えるにはどうしたらいいでしょうか？

ありがたいことにロバート・フリードマンというすばらしい人物のおかげで、この質問に答えられるようになりました。フリードマンは「神との対話」にもとづく子供のための本のシリーズを出版してくれたのです。最初の二冊は『小さな魂《たましい》と太陽』（邦題：神との対話フォトブック／小社刊）、『小さな魂と地球』（邦訳：PHP研究所）といいます。これは霊的《スピリチュアル》な領域と物理的な世界の両方で冒険をする「小さな魂」の物語です。美しい挿絵の入った良書ですので、四歳から七歳くらいまでの子供でもらくに深い意味のある内容を読みとることができます。

これからも「小さな魂《たましい》」の冒険の物語は続きます。出版社はフリードマンがこのメッセージを世界に伝えるために設立したハンプトン・ローズ社です。

一〇年前に最初の「神との対話」シリーズ三部作を出版するというリスクを冒してくれたのもフリードマンだったことを申し添えるべきでしょう。いまではたいしたことがないと思えることも、当時は大きな賭《か》けでした。多額の資金と善意がむだに消えるかもしれなかったのです。それでもフリードマンはひるみませんでした。すべては彼の勇気と努力のおかげです。

一〇代の子供や孫たちのためには、『一〇代のための神との対話』（邦訳：なし）があります。これは人生／生命について若者がいだく的確な質問を取り上げた本です。わたしは世界中で、またインターネットを通じて一〇代の若者にたずねてきました。「神さまに何を聞いてもいいよと言われたら、何を聞きたい？」――この聞きとり調査の結果が、若者向けのユニークな並々ならぬ対話の本になりました。

メッセージを思い出させてくれる美しい音楽を聞きたいと思われる方には、何をお勧めしましょうか？　数年前に出たカーリー・サイモンのアルバム『Have You Seen Me Lately?』には、この本のなかで引用したロシター・W・レイモンドのメッセージをもとにした「Life Is Eternal」というすばらしい歌が入っています。またカントリーソング・スタイリストのアニー・シムズも、「神との対話」からインスピレーションを受けた二曲を含めたかずかずの特別な歌をレコーディングしています。アルバム『Half the Moon』のなかの「Go Within」も胸を打つ感動的な曲です。それから近年、深い洞察力のある歌をたくさん発表しているアラニス・モリセットも、わたしたちすべてのなかにある神の心から発する言葉を伝えています。彼女がそのすぐれた才能で人びとを楽しませるだけでなく、この地球の意識を拡大しようと努力していることに、わたしは感銘を受けています。

それから、何年も前から行われている「神との対話」スピリチュアル・リニューアル・リトリートの参加者がナンシー・フレミング・ウォルシュ指導の特別瞑想会《めいそう》で体験したことを分かち合う方法もあることをお知らせしておきましょう。

おおぜいの参加者がこの瞑想会で、真の自分を「知ること」から「経験すること」へ移行するすばらしい方法と、「源《ソース》」とのつながりに気づく手段を教えられたと語っています。

この「知ること」から「経験すること」への移行こそ、この本のなかでくわしく取り上げてきた旅そのものです。深い力のあるナンシーの瞑想の三回分が『Your Secret Place』というCDになっています。「神とともにあるわが家」とはどのようなことかについて豊かな体験をしたい方には絶好の道具《ツール》となることでしょう。

「神とともにあるわが家」学習コースや、子供のための「小さな魂」のシリーズ、アニー・シムズとアラニス・モリセットの音楽、すぐれたガイドとなるイメージを伝える『Your Secret Place』CD、全世界で行われる「神との対話」スピリチュアル・リニューアル・リトリートについては、わたしのホームページで情報を得ることができます。これはほんの手はじめですが。
◎ホームページ：http：//www.nealedonaldwalsch.com
何のために以上のようなお話をしたかといえば、「あなた自身」が、わたしたちの集団的な明日を創出する強い力になれるとわかっていただきたいからです。問題は、あなたにそれができるかどうかではなく、その意志があるかどうかなのです。

しかしながらそのためには、あなたのなかにある強い力が外にある強い力に影響を及ぼす道具《ツール》、方式、やり方が必要です。あなたにはその道具《ツール》があるが、しかし気づいていないかもしれない。それは集団的な行動を通じた個別的な実現の道具《ツール》です。つまり、同じ目的のために努力する人びとがおおぜい集まることによって、わたしたちそれぞれが道を知るという方法です。

この言葉は前にも引用しましたが、くり返させてください。「現在の世界の問題は市民が組織化されていないこと……組織化されると市民ではなくなることだ」。これはたしかコラムニストのジミー・ブレズリンの言葉だったと思いますが、まさに的を射ていると言えるでしょう。したがって、わたしたちの仕事は組織化することなのです。

二〇〇五年一〇月にオランダで、約七五〇人ほどの聴衆を前にして、わたしはふとあることを口にしたのですが、それがきっかけとなり、並はずれた人びとのグループによる活動が全世界で始まりました。その晩、わたしはこう言ったのです。「ご存じのとおり、ほんのひと握りのひとたちがこの世界で恐怖をつくり出しています。それでは同じくひと握りのひとたちが同じように努力して世界に平和と愛と喜びを生み出そうとしたらどんなことができるか、考えてみてください」

さらに、わたしは付け加えました。「一千人でいいのです――オランダから一〇人、デンマークから一〇人、フランスから一〇人、ドイツから一〇人、イタリアから一〇人……ヨーロッパから一〇〇人、韓国、中国、日本、極東から一〇〇人、中東から一〇〇人、アフリカから一〇〇人、南米から一〇〇人、北米から一〇〇人というように……そう、世界中にわたしと思いを同じくするひとが一千人いたら、わたしたちは世界を変えることができるでしょう」

それから、自分でも驚いたことにこう続けていました。「もし、そのひとりになりたいと思われたら、info@TheGroupOf1000.comまでeメールを送ってください」

じつは、その時点ではそんなアドレスは存在しませんでした！　わたしは講演のあと大急ぎでホテルに戻り、アドレス作成の手続きをしたのです。翌朝、新しいメールボックスを開いてみたら、なんと七七のメッセージが届いていました！

こうして、わたしたちの活動は始まったのです。

わたしたちはいま、人類についての人類の考え方を変えるグローバルなイニシアチブを支援する世界的なネットワークをつくって前進しています。これによって「文化的な物語」を変え、さらにわたしたちが自分自身について自分自身に教える内容を変えようとしているのです。

この一千人グループについて問い合わせてきたひとたちがひとり残らずメンバーになったわけではありません。世界とその未来に貢献するために要求される努力のレベルはとても高度です。参加したひとたちは深くめざましいやり方で地球に変化をもたらすことを選んだのです。

もしこの地道な霊的《スピリチュアル》イニシアチブについて知りたい方がありましたら、メールをお送りください。

◎アドレス：info@TheGroupOf1000.com

※編集部注：以上の連絡先はすべて英語でのやりとりとなります。

終わりに、伝統的な宗教とその最も新しい「動き」について、ひとこと申し述べたいと思います。伝統的な宗教のメンバーのなかにも、この対話とわたしたちの活動に関心をもたれる方がおおぜいいることと思いますので。

わたしは、伝統的な宗教がほんのちょっとものの見方を変えてくれればいいのに、とよく思います。そうしたら大きな変化が起こりうるし、伝統的な宗教が神によって地獄に送られるぞとか、最後の審判の日に神が褒美をくれるか天罰を与えて永遠の地獄に突き落とすなどと教えるのをやめれば、何百万人ものひとたちが、人生や死や神に恐怖をいだかずにすむでしょう。

わたしは、「どれもこれもわたしたち自身が自分にしていることだ」と宗教が教えてくれればいいのに、とよく思います。そうすれば死のときが近づいたとき、罪悪感をぬぐい去ることができるでしょうし、死の扉を通るときに自分自身の「地獄」を創造することもなくなるでしょう。

とはいえ、伝統的な宗教が発するメッセージは最近そうとうに変化してきています。これはわたしたちの進化の確かな証《あかし》でしょう。ほんとうに喜ばしいことです。現代の宗教指導者たちの言葉に生じた驚くべき変化、これをわたしは喜んで認めますし、尊敬いたします。

わたしはこれまでの本で何度か、ヨハネ・パウロ二世の注目すべき言葉にふれてきました。「地獄」という場所が存在するのではない、とヨハネ・パウロ二世は言いました。「天国」も「地獄」もどちらも「ある状態」のことである、と（これは「神との対話」の言葉ではなく、法王の言葉なのです！）。

一九九九年七月の毎週水曜日、ヨハネ・パウロ二世は八千人の信者を前にして、天国と地獄の考え方について話をなさいました。法王庁の機関紙『オッセルヴァトーレ・ロマーノ』によると、法王はこう語ったそうです。「この世界のかたちが過ぎ去るとき、人生に『神』を迎え入れて、その愛に自分自身を真摯《しんし》に開いたひとたちは、少なくとも死の瞬間に人間の生涯のゴールである『神』との十全な交わりを享受することだろう」

もちろんこの言葉は、まさにいま、みなさんが手にされている本の内容そのものです。「天国は究極の終わりであり、人類の最も深い憧《あこが》れの実現であり、至高にして決定的な幸福の状態である」と法王は続けています。

教えのなかで地獄についてふれた法王は、聖書のなかの地獄のイメージを誤解しないように気をつけなくてはならないと述べ、地獄は「場所というよりは、生命と喜びの源である『神から』自らの自由で決定的に離れた人びとの状態のことである」と説明しました。

これらのことを語られた法王は「神性」から直接インスピレーションを受けたに違いない、とわたしは思います。法王はきっと、その一語一語に全世界が耳を傾けていることをご存じだったでしょう。わたしの「神との対話」では、地獄は神の懲罰《ちょうばつ》ではなく、神から分離したと教えられた人類が孤独のなかで勝手につくり出したものである、とくり返し説明されています。

さらにわたしはこの対話のなかで、わたしたちが生涯にわたっていだきつづけた地獄と天罰についての考え方や概念そのものが死後の経験として再生産されることを明らかにしました。それが起こるのが死の第二段階で、そこでは——地獄を含めて——わたしたちが経験すると期待したことを経験する、と神は教えています。

ヨハネ・パウロ二世は一九九九年の教えのなかで、地獄は「『神』によって外部から与えられる懲罰ではなく、この世で人びとがすでに展開している前提条件である」と述べたのです。

信じられますか？　これが全世界の数十億人の人びとの人生を律している最高の宗教的権威、世界最大の宗教の現世の霊《スピリチュアル》的な指導者の口から発せられた言葉なのです。「地獄とは、この世における人びとの姿勢や行動の結果として生じる状態である」とヨハネ・パウロ二世は続けたのでした。

これもまた、まさにこの本のなかで言われていることではありませんか。

地獄は神の懲罰ではなく、わたしたちが「神性」から分離したという考え方を通じて自ら創造したものである、というのが法王の考え方で、これは伝道者のビリー・グレアムが数年前に述べた言葉と驚くほどよく似ています。

「わたしが確実に言えるのはただひとつ、地獄は『神』からの分離を意味する、ということだ。『神』の光から、『神』の仲間から離れる。それが地獄に行くということだ。文字どおり、火かどうかについては確信がもてないので、わたしは教えていない」（「タイム」誌、一九九三年一一月一五日号）。

それでは未来永劫《えいごう》焼かれつづける「火の池」とは、はたしてどのような現実なのか？

聖書は、地獄の現実は「基礎的な教義」だと述べています（ヘブル人への手紙）。

ユダは地獄とは文字どおり永遠の火の刑罰が与えられる場所だと教えました（ユダの手紙）。

使徒ヨハネは、地獄とは現実の場所であると言っています（黙示録）。

しかしグレアム牧師もヨハネ・パウロ二世もこのような聖書の教えをはっきりと否定したのです。

わたしたちを神に近づけるどころか遠ざけるだけの時代遅れな教えに、著名な宗教指導者が疑問を呈しはじめたのは、ほんとうにすばらしいことです。そこで、主流派の宗教も目覚めつつある、と喜んで認めましょう。明るい明日のための希望はたしかにあります。

わたしたちが力を合わせ、インターネットやラジオ、テレビ、映画などのコミュニケーションの道具《ツール》を利用すれば、「神」と「生命／人生」についての新しい考え方を世界と分かち合うために必要な臨界量《クリティカル・マス》に到達できるのです。

わたしの「任務」が変化したいま、これからの歳月にこのすべてのかたちの道具《ツール》を使うつもりです。前に言ったとおり、本書は「神との対話」シリーズの最後です。しかしわたしの仕事が終わったのではありません。神はわたしの「職務内容」を、メッセージの媒介者であることからメッセージを広めることへと変えたのです。

この新しい使命に取り組むにあたって、わたしは実現不可能と思われる夢を描いています。その夢とは、世界に向けた神の最も重要な言葉に人類が耳を傾ける日がいつか来る、という夢です。

その言葉とは……。

——あなたがたはわたしをまったく誤解している。

いまのところ、人類の長年の夢である自己実現をはばむ大敵がひとつあります。それは、わたしたち自身についてのわたしたち自身の考えです。ウォルト・ケリーのマンガのキャラクターであるポゴがいみじくも言ったとおりです。「敵にぶつかったんだ。そしたら、その敵はぼくたちだったんだよ」

だからわたしはいまから前進します。ドン・キホーテのように自分を、わたしたちみんなを、そして世界そのものをまったく違った目で見ながら……。

みなさんにもぜひ、この任務を受け入れていただきたいと思います。神はわたしたちに、人類の考え方は変化している、わたしたちの夢はほんとうに世界を変える夢になりうると約束してくれました。わたしも「自分のいま」という「現在の瞬間」にその現実を目にしたいと願っています。

みなさん、時空のなかで集団的な現実を創造しつづけるにあたって、一緒にエネルギーを結集し、わたしたちが長く願ってやまなかったすばらしい新たな結果を生み出そうではありませんか。みなさんとの霊《スピリチュアル》的なパートナーシップのもとに「神との対話」を分かち合ってきたこの一〇年あまりのことを、わたしは決して忘れません。わたしの存在の時空のすべてをあげて、みなさんに愛と優しさを捧げます。

さあ、みんなで前進しましょう……。

実現不可能と思われる夢を描き
討ち果たしえぬ敵と闘い
耐えがたい悲しみに耐え
勇者もひるむ地に向かって馳《は》せるために

正しえぬ悪を正し
純なる清らかな乙女《おとめ》を遠く愛し
両腕が疲れ萎《な》えてもなお励み
達しえぬ星に手を伸ばすために

星の導きに従うことこそ、わが使命
望みはいかに薄くとも、道はいかに遠くとも
迷わず、立ち止まらず、正義のために闘おう
天なる大義のために地獄におもむく覚悟で

この栄《は》えある使命に忠実であるかぎり
永遠の床《とこ》につくとき、心は平安であることをわれは知る
そのひとりのゆえに、この世界は良きところとならん
あざけられ、傷つきしひとりの男の
されどなお最後の勇気を絞り
達しえぬ星に手を伸ばしつづける者のゆえに

――いつもいつまでも
ニール・ドナルド・ウォルシュ
オレゴン州アッシュランドにて
二〇〇五年クリスマスに

思い出すこと

1
死とは、あなたが自分のためにすることである。

2
あなたの死を引き起こすのは、あなた自身だ。
いつ、どこで、どんなふうに死ぬのであっても、
これが真実だ。

3
あなたは自分の意志に反して死ぬことはない。

4
「わが家」へ帰る道のなかで、ほかの道よりとくに良い道はない。

5

死は決して悲劇ではない。死はつねに贈り物である。

6

あなたと神はひとつである。両者のあいだに分離はない。

7

死は存在しない。

8

あなたは「究極の現実」を変えることはできないが、
それをどう経験するかは変えられる。

9

「すべてであるもの」が「自らの経験」によって
「自らを知ろう」とする欲求。
それがすべての生命／人生の因《もと》だ。

10

生命は永遠である。

11

死のタイミングと状況はつねに完璧《かんぺき》である。

12

すべてのひとの死は、
つねにその死を知るほかのすべてのひとの課題《アジェンダ》に役立つ。
だからこそ、彼らはその死を知る。
したがって「無益な」死は——生も——ひとつもない。
誰も決して「むだ死に」はしない。

13

誕生と死は同じことである。

14

あなたがたは人生／生命においても死においても、
創造行為を続けている。

15

進化に終わりなどというものはない。

16

死から引き返すことができる。

17

死んだら、あなたがたは愛するひとすべてに迎えられるだろう。
あなたより前に死んだひとと、あなたより後に死ぬひとたちに。

18

自由な選択は純粋な創造行為であり、
神の署名であり、あなたの贈り物であり、
あなたの栄光であり、永劫《えいごう》のあなたの力である。

訳者あとがき

ついに、神とニールさん（こう呼ばせていただいてもかまわないでしょう。たぶん、「対話」の以前からの読者もそう呼んでおられるでしょうし。なにしろ一〇年にわたるおつきあいですから）との「最後の対話」をお届けすることになりました。この最後の対話のテーマは「死」です。

訳者もいつのまにか年を重ね、一巡して再び生まれ年の干支《えと》を迎えました。この年齢になりますと、もう道の先のほうに「死」が見えてきます。

親も見送りました。先に逝《い》った仲間もいます。直接には知らなくても若いころになじみだった方々の訃報《ふほう》を始終、新聞やテレビで目にします。「死」を一日に何度も意識する年齢になったのです。

「死」をテーマにした最後の「対話」が出版されると聞いて、心待ちにし、ちょっとわくわくしながら原本を手にとったのも当然でしょう。

しかし考えてみれば、「死」というテーマが切実なのは、訳者のような年齢の者ばかりではありません。この世で絶対確実なものは「死と税金」だという言葉があります。税金のほうは、ちょっとわきに置いておくことにしましょう。

ひとは誰でも死ぬ。「死」なんか関係ない、と言い切れるひとは誰もいないのです。本書のなかでも言われているとおり、「全員、目的地は同じ」なのです。

では、その目的地はどんなところなのでしょう。そこでは何が起こるのでしょう。「あの世」とやらで、愛するひとと再会できるのでしょうか。そこはどんなところで、わたしたちはそこで何をするのでしょう。それとも、いっさいは無で何もない虚空《こくう》が広がっているばかりなのでしょうか。

本書で、神はニールさんを相手に、「死と、死にゆくこと」について語ります。この世とあの世の境界を越えたときに起こる「究極の現実」について語ります。

「死」とは「神とともにあるわが家」へ帰ることだ、と教えます（実際には、「帰る」わけではない、とも言われます。そのあたりは、本書をお読みいただきたいと思います）。

「死という究極の現実」についてはこの世の人間の言葉では語りつくせない、と言いつつ、美しい比喩《ひゆ》やたとえ話を使って、神は説き聞かせてくれます。

多次元宇宙から代替現実、時空論と多彩に展開しつつ、死と死にゆくこととは何か、生命とは何か、わたしたちはいま、なぜここにいるのか、そしてどこへ行くのかを語る神の言葉は、まさに一〇年に及ぶ対話の最後にふさわしい圧巻だといえましょう。

思い切ってごく大ざっぱに言えば、「死」とはべつのかたちの生命、「ひとつであるもの」との合体である、それがこの対話で語られていることです。

わたしたちは死んで、「すべて」「ひとつであるもの」と合体し、そこである判断をして、再生する、と神は教えます。このあたりの考え方は輪廻転生《りんねてんしょう》に似ていますが、しかし苦の再生、くり返しとしての輪廻転生ではなく、完成への道程としての再生です。

その「ひとつであるもの」との合体がどのようなもので、そこでどのような「問い」を投げかけられて、どんな選択をするのか、とてもヴィジュアルに美しく語られているので、くわしくは本書をお読みいただきたいと思います。

わたしたちはみな「神とともにあるわが家」へ帰る旅の途中であり、帰り着かないことはありえない。神はそんなふうにはなさらない。

だが「神なしに生きることも死ぬことも不可能だが、神なしに生きて死ぬと思うことは可能」で、「究極の現実」は変わらないが、「死の体験」はそれぞれ違うと神は言います。

そして、神なしに死ぬと信じていれば、神なしに死ぬという経験をするだろう、と。

ここまで読み進んだとき、訳者はふと、「ひとは生きてきたように死ぬ」という言葉を思い出しました。ふつうには、ひとに優しく心穏やかな人生を生きたひとは、穏やかな死を迎えるだろうし、荒々しく乱暴な生き方をしたひとは、それにふさわしい死に方をし、ケチンボにはケチンボにふさわしい死が待っている、というような意味だと考えますが、もしかしたら、この死に方というのは境界の向こうでの経験にまであてはまるのかもしれないな、と思ったのです。

必ずしも神を信じて愛情豊かに生きてきたわけではない訳者としては、おやおや、困ったな、という気もしないではないのですが、もし、読者のなかに同じ思いをいだかれた方がおられましたら、ご安心ください。おまえの生き方は感心しないから、ひとつ懲《こ》らしめてやろう、などということは、神はなさらないようです。死んだら地獄だ、と信じていれば地獄を経験するが、そこで地獄の「苦しみを体験」するわけではないようですから。

「自分はまだ死んだことがないから、死とはどんな経験なのか、楽しみだ」と言った方がおられるそうです。本書をお読みになられたあと、ふうん、死ぬってなんだかおもしろそうだと、この言葉に似た気分になられるかもしれません。

そう感じて「死」が楽しみになったら、きっと楽しい「死」を経験できるのでしょう。

ただし、それもこれも「ひとつであるもの」「すべて」つまり「神」がここで語っている神と同じく、愛情あふれるすばらしい神であるなら、の話です。

うーん、どうなんだろう。窓の外を眺めました。

そろそろ梅雨《つゆ》を迎えた地方都市です。遠くの山々は青くけぶっています。どこかで鳥の声が聞こえる。わたしもあの鳥も山の木々も生きています。この世にはたくさんの生命が満ちあふれている。生命は不思議です。星までロケットを飛ばすことができる人間も、ひとつの生命を人工的につくり出すことはできない。でもゾウも、人間も、アリも、アリより小さな羽虫も「生命」をもって生きています。こんな不思議な「生命」をわたしに与えてくれた何ものか、いや「生命」そのものはなんと恵み深い驚異なんだろう。

ふっとそんな思いがよぎったときに、思い出しました。「神との対話」のなかではくり返し「神」とは「生命」であると言われています。「神」「生命」「宇宙」「ひとつであるもの」「すべて」みな、同義語だと。そうか、この不思議なすばらしい「生命」が「神」であるならば、きっと「神」「宇宙」「ひとつであるもの」は限りなく優しいに違いない、そんな気がしてきたのです。

読者のみなさんはどうお感じになるでしょうか。

死を知らなければ、生を知って楽しみ、味わうこともできないのではないか、と思います。「死」から振り返った「生」は限りなくいとおしいでしょう。

本書をお読みになって、「死」を恐れることはないと知り、それならばこそ、よけいに「生」を大切に享受しようという気持ちになっていただけたら、こんな嬉《うれ》しいことはありません。

終わりに、この一〇年余、「神との対話」シリーズを日本の読者に送るために訳者と二人三脚で走ってくださった編集者の青木由美子さんに、心からお礼を申し上げます。楽しい一〇年でしたね。そして、これからの歳月もまた楽しいものとなりますように。

二〇〇七年　夏

吉田　利子

文庫版訳者あとがき

本書は「神との対話」シリーズの一冊で、テーマは「死」です。

わたしたちは誰でもいつかは死にます。子供のころ、そこに気づき、死というものを意識してなんだかとても怖い思いをした、という経験を、かなりの方がおもちなのではないでしょうか。訳者にもそんな覚えがあります。そしてあれ以来、死ということは頭のどこかにあるけれど、でもできるだけ見ないようにしてきた、あるいは生きていることに忙しくてあまり考えずにきた、という気がします。

正直に言いますが、この本で著者のニールさんと神さまが語り合っていること——たとえば神さまがニールさんに「アップルオレンジ」という宇宙の比喩や「時空の回廊」という時間と空間の比喩を使って説明していることを——訳者は充分に理解できたとは思っておりません。いつもながらの展開のおもしろさに、うまいことを言うなあ、さすがだなあと感心したり、ふうん、そうなんだ、そうかもしれない、と思ったりはしましたが、じつは得心はしていないのです。なぜかとあらためて考えてみると、まだ「死んだこと」がないからわからない、というのがひとつ。それに、どちらかというと「死」というものをあまり見ないようにしてきたことも理由になっているのかもしれません。

この本の邦訳が出版されたのが二〇〇七年。このときのあとがきに「(くわしくは)本書をお読みいただきたい」と二度も繰り返しているのは、圧倒されつつも戸惑い、うまく消化できていない訳者の気持ちがはからずも表れているようです。

あれから五年がたちました。当然、訳者も五つ歳をとりました。あのころは「道の先のほうに」見えていた「死」がどんどん近づいてきているようです。とくに昨年は、東日本の大震災と津波で大勢の方々が亡くなられましたし、訳者も親戚知人の訃報をいくつか耳にしました。それも訳者とほとんど年齢が違わないひとたちで、なかには年下の知り合いもおりましたし、いずれも突然のことでした。亡くなったと知らされるたびに、どうしてなの、まだ早すぎる、と思いました。理不尽としか言いようのない思いでした。

それでも、何か月かたって振り返ってみると、どのひとの人生も見事に完結していたなあ、そのひとらしい人生を終えて旅立っていったのだなあ、と感じるのです。この本には、死とは「完了」だと書かれています。ひとは今生で経験したいこと、解決したい課題をもって生まれてくる。それが「完了」したとき、ひとつの節目として死が訪れる。でも、その死はけっして終わりではなく、生命はさらに続く、というのです。「棺を蓋《おお》うて事定まる」という言葉があります。ひとの一生の価値は亡くなって初めて決まる、生きているあいだは、まだどんなことをやらかすかもしれないから、というような意味だそうですが、訳者には、棺を蓋うたとき、人生という作品が完成する、そしてどの作品も完璧なのだ、というような意味に思えるのです。

さて、それでは自分は何をするためにこの生を享《う》けたのだろう、と考えても、どうもはっきりしません。ひとは自分の人生の意味をちゃんと知って生まれてくるのだけれど、知っていることにも「潜在意識、意識、超意識」の三つのレベルがあるのだそうです。どうやら、訳者は潜在意識では知っているのかもしれないけれど、まだ意識はできていないようです。ただ、この世を去るときには、ありがとう、いい人生でした、と思って逝きたいなと思います。はたしてうまくいくかどうか、わかりませんが。

死は生きている者にとっては最後の謎でしょう。自分の死、身近なひとの死、死についてそれぞれが抱えるさまざまな疑問や問題に対する回答が本書に見つかるかもしれません。回答が見つかれば、それによって逆に生が輝きを増すのではないでしょうか。そんな体験を読者のみなさんがしてくださったらと願っております。

終わりに、「神との対話」シリーズが出版されたあと、いろいろとお世話くださっているサンマーク出版の桑島暁子さんと、文庫版を担当してくださった池田るり子さんにこの場をお借りしてお礼を申し上げたいと思います。ほんとうにありがとうございました。

二〇一二年二月

吉田　利子

単行本　二〇〇七年八月　サンマーク出版刊

サンマーク文庫

神へ帰る

2012年3月15日　初版発行
2015年1月30日　第2刷発行

著者　ニール・ドナルド・ウォルシュ
訳者　吉田利子
発行人　植木宣隆
発行所　株式会社サンマーク出版
東京都新宿区高田馬場2-16-11
電話 03-5272-3166

フォーマットデザイン　重原 隆
印刷　共同印刷株式会社
製本　株式会社若林製本工場

落丁・乱丁本はお取り替えいたします。
定価はカバーに表示してあります。
ISBN978-4-7631-6011-9　C0130

ホームページ　http://www.sunmark.co.jp
携帯サイト　http://www.sunmark.jp

サンマーク文庫

好評既刊

※価格はいずれも本体価格です。

神との対話

N・D・ウォルシュ
吉田利子＝訳

「生きる」こととは何なのか？　神は時に深遠に、時にユーモラスに答えていく。解説・田口ランディ。

695円

神との対話②

N・D・ウォルシュ
吉田利子＝訳

シリーズ150万部突破のロングセラー、第二の対話。さらに大きな世界的なことがらや課題を取り上げる。

752円

神との対話③

N・D・ウォルシュ
吉田利子＝訳

第三の対話ではいよいよ壮大なクライマックスに向かい、それは人類全体へのメッセージとなる。

848円

神との対話　365日の言葉

N・D・ウォルシュ
吉田利子＝訳

真実は毎日の中に隠れている。日々の瞑想を通し自分自身の神との対話が始まる。心に染みる深遠な言葉集。

629円

神との友情　上

N・D・ウォルシュ
吉田利子＝訳

「神と友情を結ぶ」とはどういうことか？シリーズ150万部突破のロングベストセラー姉妹編。

667円

サンマーク文庫

好評既刊

神との友情　下
N・D・ウォルシュ　吉田利子＝訳
本当の人生の道を歩むためのヒントが語られる、話題作。待望のシリーズ続編上下巻、ここに完結。
648円

神とひとつになること
N・D・ウォルシュ　吉田利子＝訳
これまでの対話形式を超え、あなたに直接語りかける神からのメッセージ。ロングセラー・シリーズの新たな試み。
648円

新しき啓示
N・D・ウォルシュ　吉田利子＝訳
すべての宗教を超越した「神」が表す、平和に暮らすための5つのステップと9つの啓示とは？
880円

「そ・わ・か」の法則
小林正観
「掃除」「笑い」「感謝」の3つで人生は変わる。「宇宙の法則」を研究しつづけてきた著者による実践方程式。
600円

「き・く・あ」の実践
小林正観
「き」＝〝競わない〟、「く」＝〝比べない〟、「あ」＝〝争わない〟。人生を喜びで満たす究極の宇宙法則。
600円

※価格はいずれも本体価格です。